怎样读懂老子

李振宇 著

华龄出版社

图书在版编目（CIP）数据

怎样读懂老子 / 李振宇著 . -- 北京：华龄出版社，
2021.11

ISBN 978-7-5169-2130-2

Ⅰ . ①怎… Ⅱ . ①李… Ⅲ . ①老子－哲学思想 Ⅳ .
① B223.1

中国版本图书馆 CIP 数据核字（2021）第 257035 号

| 责任编辑 | 程 扬 | | 责任印制 | 李末圻 |
| 装帧设计 | 树上微出版 | | | |

书　名	怎样读懂老子		作　者	李振宇
出　版发　行	华龄出版社 HUALING PRESS			
社　址	北京市东城区安定门外大街甲 57 号		邮　编	100011
发　行	（010）58122255		传　真	（010）84049572
承　印	武汉市籍缘印刷厂			
版　次	2022 年 3 月第 1 版		印　次	2022 年 3 月第 1 次印刷
规　格	889mm×1194mm		开　本	1/16
印　张	17.25		字　数	366 千字
书　号	ISBN 978-7-5169-2130-2			
定　价	88.00 元			

李振宇

　　生于 1941 年 4 月 26 日，原籍福建厦门，长期在湖北武汉工作。

　　退休后，著有《怎样读懂老子》《怎样读懂庄子》《怎样读懂易经》《怎样读懂论语》《怎样读懂孟子》《怎样读懂公孙龙》《侨批的故事》等书。

上图为我在家乡福建泉州清源山宋代老子石雕像前的留影。谨以此书送给我女儿李汀、外孙黄泽同。希望他们这代年轻人，不要认为老子的书枯燥无味，不想读。只要读进去，就会觉得越读越有味。我花了20年时间，才写了一点阅读的心得体会。从庄子、韩非子到汉唐明清四大盛世的开国皇帝，历代那么多人以毕生精力研究并践行老子思想，为什么？说明《老子》这本书太有用了！能帮助我们树立正确的宇宙观、人生观、价值观；指导我们怎么看问题，怎么解决问题和矛盾。常读常新，每读一遍都会有新体会。相信会有越来越多的年轻人喜欢读老子的书。

前　言

建议阅读本书前，自我测试一下，简要写出自己的理解：

（1）第一个字：什么是道？第一句话："道可道，非常道。"什么意思？第一章讲什么？怎样理解：名与实；无与有；同与异；玄道、玄德、玄同这"三玄"？

（2）什么是物质？无限可分吗？如何解释波粒二象性和量子的怪异现象？什么是混沌？

（3）什么是精神？同意"精神归根到底是物质"的说法吗？

（4）什么是理？道就是理吗？

（5）什么是德？道就是德吗？

（6）什么是礼？礼就是文明礼貌吗？怎样用平衡解决利益分配的矛盾？

（7）什么是宇宙？空间有形状、会变形吗？时间是否真实存在？时间会变长或变短吗？有几个宇宙？有限还是无限？宇宙产生于一次大爆炸吗？哈勃望远镜拍到的是宇宙婴儿时期的照片吗？宇宙与世界有没有区别？宇宙是否对称？

（8）老子到底是个什么人？有神仙宗教思想吗？

（9）道有什么用？

（10）怎样才能读懂老子？

阅读之后，请回头看，观点是否有变化？带着问题阅读，会有更多心得。不奢望读者同意本书观点，但希望对这些问题展开讨论。

目录

前篇

第一章　对老子的误解

很高兴有机会和大家一起"念经"。不是和尚念经，道士念咒，而是念经典著作，念《道德经》，也就是读《老子》一书。古人把书分为经、史、子、集四类。经书排在首位，备受古人推崇。自古以来，能列为经典名著的书没几本。诸子百家都有自己推崇的经典，如《易经》《道德经》、佛经、四书五经等。史称《老子》《庄子》《易经》为三玄，玄之又玄，像神秘天书一样，深奥难懂。"道可道，非常道。"读起来像念经，不知道什么意思，备受误读误解。我查阅大量资料，发现许多权威人士、名人著作，包括中学历史课本、大学哲学教材、简明知识词典等，对老子多有误解，不信请看事实：

1. 说老子有神仙思想，道是另一尊神

大学哲学专业教材《辩证唯物主义原理》说："把客观精神（虚构出来的离开人和物质世界的道），说成是世界的基础，当作第一性的东西，这叫作客观唯心主义。"道是老子虚构出来的东西。

《简明知识词典》说："老子的哲学体系，就其本质而言，是唯心主义和形而上学的。老子虽然有朴素辩证法思想，承认矛盾对立面，并互相转化。但否认对立面的斗争，夸大对立面的统一。无视转化条件，看不到新旧事物的区别。转化仅仅是循环往复的无限过程，最后导向形而上学。"

中学历史课本说："老子认为世界万物本源为道，道是没有形状、超时空的永久存在，这是一种唯心论思想。""庄子发展了老子的唯心哲学，认为世界就是我的主观产物。"

中国台湾学者南怀瑾说："道只是那些不食人间烟火，却能创造一切、主宰一切的神仙、上帝、佛祖的同义词、代号、别名。虽然名称不一样，那只是表达的方式不同而已，实质是一样的。只是被老子叫作道，实际是另一尊神。"

郭沫若也认为道是人格化的神。他说："道这个观念，确是老聃所倡导的东西。道这个东西，被认为是唯一的。它自己本身恒久不变，然却演化为天地万物。天地万物是有存亡盛衰的，但即使万物消散了，而道还是存在。也就如戏演完了，而演员还是存在的那样。这种观念，其实是很幼稚的，它只是把从前的人格神，还原为混沌而已。"

总之，老子的道，能上天入地，不生不死，无处不在，无所不能，不是神是什么？

2. 说老子是另类的政治家

老子不讲仁义道德，反对文明礼貌。主张绝圣弃智，绝仁弃义。说："礼者，乱之首，

攘臂而扔之。"主张愚民政策；主张小国寡民，国家分裂；主张开历史倒车，回到结绳记事，茹毛饮血的原始社会。

《简明知识词典》说："在政治上，老子主张无为而治，这是为统治者出谋划策的南面之术。老子站在没落奴隶主贵族立场上，对春秋战国之际发生的社会大变革，抱着一种仇视和无可奈何的态度。老子的哲学就是为他这套政治主张服务的。"

3. 说老子是道教的太上老君，为玉皇大帝炼丹的神仙老道

道教认为：道是神。只有神仙才能像老子所说的道一样，不生不死，上天入地，无处不在，无时不有，无所不包，无所不能，主宰一切。老子是道的化身，于是把老子供奉为太上老君。分配给老子的工作是：为玉皇大帝看守炼丹炉。

4. 说老子有权诈思想，是阴谋家

老子主张道隐无名，教人韬光养晦，深藏不露，装傻、装弱，装木讷，装可怜。恍兮惚兮，把水搞浑，让你看不见，听不到，摸不着，以便浑水摸鱼。表面柔弱、守静、不争、无为，什么都不干；背地却暗藏杀机，什么都干。章太炎说："为使自己免于灾祸，要有意识装傻示弱，深藏不露。实质不外一个装字，以为后世阴谋法。"阮籍装疯，李白装醉，郑板桥装糊涂，陶渊明隐居田园，学的就是这一招。有人以《老子》第20章为例，批评老子擅长正言若反，抬高自己，打击众人："老子对当时许多现象看不惯，把众人看得卑鄙庸俗，把自己看得比谁都高。而在表面却说了些贬低自己的话，说自己低能、糊涂、没有本事。其实是从反面抬高自己，贬低社会上的一般人。举世皆浊我独清，众人皆醉我独醒。"最典型是第36章。宋儒程子曰："老子与之，歙之之意，乃在乎取之、张之，权诈之术也。"说老子包藏祸心，猫捉老鼠，欲擒故纵。螳螂捕蝉，黄雀在后。朱熹说："老子此心最毒。"还有人说："老子这个人很阴险，在他脑子里，充满智慧的毒素。是个老于世故，老奸巨猾，神出鬼没，冷酷无情的老家伙。在他额头上，密密的皱纹中，隐藏着太多的阴谋与陷阱，令人望而生畏。《道德经》朗朗上口的韵文，是油猾、狡诈、扭曲、变态心理的典型材料，是夹缝中苟且偷生的法术，是歪门邪道的人生哲学。我们不可以像老子所说的那样生活，要是那样，社会就太卑污了，我们自身也太肮脏了。《老子》是文化罂粟，大毒草，必须铲除。"

5. 说老子主张无为，不敢为天下先，是消极遁世隐君子

鲁迅说："老子之言亦不纯一，戒多言而时有愤辞，尚无为而仍欲治天下，其不为者以欲无不为也。""这个世界充满收拾弱者的手段，弱者若无一点保身之道与制敌之策，岂不就任人宰割。老子是在帮无助的、无实力的弱者出主意的，以减轻君权的压迫，与法家大不相同。柔弱胜刚强，不知是对弱者的鼓励与安慰，仅仅表达一种弱者的阿Q精神、愿望，

还是对一种普遍存在客观自然规律之描述？"鲁迅对老子的评价是褒贬掺半，一方面肯定老子为老百姓出主意，另一方面却又否定无为而治的主张。任继愈说："在老子看来，这个世界到处埋伏着危险，生命随时受到威胁。他主张处处小心，不要进入危险范围。只有无所作为，才最安全，最足以保全性命。"老子这种忍辱不争，保命哲学，对后世影响很深。

南怀瑾说："老子是隐士思想的总代表。是一个博古通今、超凡脱俗、淡泊名利的隐君子。"郭沫若说："老子确有其人，是避世理论的倡导者。"

明代沈一贯《老子通》曰："尊老者过谀，薄老者盛贬。"崇拜老子的人，把老子奉上天，供为太上老君；反对他的人，扣给老子五顶大帽子：唯心主义哲学家；反动政治家；道教的精神领袖；险恶的阴谋家；无为的隐君子。上述误解，相当权威。但我心生疑问：都说老子是伟大的思想家，按照这些权威说法，老子不但不伟大，反而是个大坏蛋。难道我国古代只有神仙思想、唯心论，没有革命思想、唯物论？老子到底是个什么人，《老子》到底是本什么书？

权威的话多数是对的，否则不可能当权威。但权威不见得什么都懂，说什么都对，有时也会说错。因此，不囿于权威说法，使老子研究有新的突破。凡有上述误解的人，都没读懂老子，都没理解什么是老子所说的道。因此，要读懂老子，首先要读懂什么是道。有人说："什么是道，千百年来，多少名人智士都说不清楚，你能说清楚？"古人云："智者千虑，必有一失；愚者千虑，必有一得。"智者说不清，愚者也不见得说不清。不管怎样，就让我来试试，破解什么是道这个千古之谜。看能否说得清，我自信能说清。

第二章　什么是道

什么是道？有人说："这简单，道是道理、是道德。"要是这么简单就好了，也不会争论千百年，至今仍无结果。王弼说："欲言无耶，由物以成；欲言有耶，而不见其形。"朱熹说："解注者甚多，竟无一人说得他本义出，只据他臆说。"南怀瑾说："要说它是物吗？它又不同于物质世界的物体那样可以看得见，听得到，摸得着。要说它不是物吗？宇宙万有的存在都由它造化而来。它究竟是什么东西？只有亲见老子来问个清楚，不然都是他说老子，我说老子。"老子所说的"道"，到底是什么东西？尽管千百年来，各朝各代，说不完，道不尽。众说纷纭，杂陈不一，"无一说得它本义出""无一人得其真"。但归纳百家之言，不外以下几种说法。

1. 道是神

词典、课本、郭沫若、南怀瑾、道士都认为道是神：只有神才能不生不死，上天入地，天马行空。"驰骋天下之至间，无有入无间。"无孔不入，无时不有，无处不在，无所不能。和万能的上帝一样，创生万物，主宰一切。道是神，只是被老子称为道。

2. 道是气

字典定义："没有一定形状，没有固定体积，能在一定范围内自由扩散的物质为气。"认为气是物质，概念上有些问题。因为气是物态，不是物质，不是物的本质。

说道是气、是元气、是阴阳二气的人不少。古人认为构成宇宙万物最基本的物质叫元气。《庄子·知北游》曰："人之生，气之聚也。聚则为生，散则为死。""通天下一气耳。"东汉王充曰："天地，含气之自然也。""天地合气，万物自生，犹夫妇合气，子自生矣。"北宋张载根据《老子》第16章曰："太虚即气，太虚无形，气之本体。气聚为有形之万物；气散而复归于无形之太虚。""气之为物，散入无形。凡有形之物即易坏，惟太虚处无动摇，故为至实。""虚空即气，气之聚散于太虚，犹冰凝释于水，知太虚即气则无。"明末清初王夫之曰："人之所见为太虚者气也，非虚也。虚涵气，气充虚，无有所谓无者。气称沦无涯而希微不形，则人见虚空而不见气。凡虚空，皆气也。聚则显，显则人谓之有；散则隐，隐则人谓之无。"所谓太虚，指太空、宇宙，太空充满气一样的物质。张载和王夫之都认为宇宙是物质的。张载又说："天惟运动一气。""气块然太虚，升降飞扬，未尝止息。""变言其著，化言其渐。"气一样的物质是不停息地运动变化的，化是渐变，变指突变，气化是由渐变到突变的过程。根据老子："道生万物，万物负阴而抱阳，冲气以为和。"张载把变化过程分成对、反、仇、和四个阶段。"一物两体，气也。"一气包含阴阳两面，一中含二，性质不同，这是"对"；物壮则老，物极必反，这是"反"；"冲气"指对立面互相冲突斗争，这是"仇"；冲突必须解决，战争最终结果是和平，冲突的结果必然是和解，从而形成新的统一。这是一分为二，合二而一，矛盾统一的过程。可见，张载的理论最符合老子所说的道，可惜的是，气是物态不是物质，只差一个字。

历史上，凡主张变法、改革、革命的人，或多或少都具有辩证唯物主义哲学思想，反对天尊地卑，以天为帝的理论。例如康有为主张变法，他说："凡物皆始于气，既有气然后有理，为万化之海，为一切根，为一切源。"

也有许多人认为气不是物质性的，而是精神性的。如社会风气、心平气和、怒气冲天、浩然之气等，指人的精神状态。

3. 道是理

认为道是道理。《庄子·缮性》曰："道，理也。道无不理。"韩非《解老》曰："道，理之者也。万物各异理，而道尽稽万物之理。"认为道是万物总的原理。

4. 道是德

认为道就是道德，是人们共同生活应该遵守的行为规范，是精神境界的东西。子曰："吾道一以贯之，忠恕而已。"孔子认为：道是忠孝礼乐仁义道德。

5. 道是心

认为道是道心，修身养性之道。孟子曰："凡道，心术为主。仁义礼智根于心。"《孟子》："万物皆备于我。"我是自我感觉、自我精神，就是说万物（一切）皆出于自我精神意识。仁出自恻隐之心；义出自羞恶之心；礼出自辞让之心；智出自是非之心。"若火之始燃，泉之始达。非由外渗入，而是我固有之。"陆九渊说："宇宙便是吾心，吾心即是宇宙。""道不在心外。"

6. 道是义

认为道是道义。什么是义？义有三种含义：一是认识，即人们认识事情的意义和内容，如义理、定义、字义等。二是行为，如法律或道义上应尽的责任，不计报酬的义务，见义勇为的义举。三是情义，如亲情和友情。儒家认为：义是仁义道德，君臣之义。

7. 道是法

认为道是道法。道法无边，是观其妙之门道，解决问题的方法。有治国之道，以法治国，以礼治国，以德治国等；有运筹帷幄，决胜千里之外的用兵之道；有从善积德，修养之道；有气功疗法，养生之道；还有什么跆拳道、茶道、柔道、武士道等。各行各业都有自己的一套技术、方法、诀窍和门道。长沙马王堆出土的《法经·道法》曰："道生法，法者引得失以绳，而明曲直也。"法家认为：道就是法，法就是道。援道入法，隆礼重法。

8. 道是天道

董仲舒宣扬天人同类，天人感应的天道观。把神权、君权、夫权统统归于天意，君权天授，至高无上，天经地义，不可争议。天和人一样，有喜怒之气，哀乐之心，赏罚之权。天人同类，同类相召，天人之间，互相感应。人的一举一动，天都知道，都有反应。他说："臣观天人相与，甚可畏也。国家将有失道之败，而天乃先出灾害以遣告之。不知自省，又出怪异以警惧。尚不知变，而伤败乃至。"因此，要尊天、顺天、奉天。如有逆天意，则触犯天条。正如孔子所言："天厌之，天厌之！"就会受到上天惩罚，这是董仲舒维护君权的理论。

北宋王安石反驳说："天之为物也，可谓无作好，无作恶，无偏无党，无反无侧。故天命不足畏，祖宗不足法，流俗不足恤。天地运行咸法于道，天道尚变，顺天而效之。"这是王安石变法的理论。

9. 还有许多东西可称为道

字典说：道有许多含义，可作名词。可以是物质性，也可以是精神性的。如物质性的道路、道具、味道；精神性的思路，象征性的人生道路，资本主义道路。《庄子·天下》曰："古之所谓道术者多矣。皆以其有为不可加矣。"道是我国古代学术的总称。《庄子·天下》又说：诸子百家都在谈经论道，都称自己主张的道最正确，不可复加矣。道家讲无为之道；墨家讲大禹之道；法家讲以法治国之道；周易讲阴阳术数之道；《孙子兵法》讲用兵之道，"兵者，诡道"；儒家讲"先王之道"，孔孟之道。《论语》的道字，比《老子》还多。如《论语》中："朝闻道，夕死可矣。""吾道一以贯之，忠恕而已。"总之，各种各样学术主张都叫道。

道还可作动词的"说"；可作量词的一道走，一道光，几道杠杠。郭店楚墓出土的道家文章《太一生水》认为：道是水。有人认为老子的道是养生良方，治乱救世的良药。还有人认为道是文化罂粟，是毒药。

10. 不知"道"是什么东西

胡适在《中国哲学史大纲》中承认：说了半天，也没说清道是有还是无；是物质还是观念。太微妙了，说不明白道究竟是什么东西。

《老子》书中有不少看似自相矛盾的说法。很多人不理解，觉得老子很难自圆其说。但在我看来，并不矛盾，觉得很有道理，彰显出老子高超的智慧。我将在后面一一解读。

例如第7章说："天长地久。"第23章却说："天地尚不能久。"到底能不能长久？第8章："上善若水。"可是洪水能说上善吗？第25章：既然道至高无上，为何还要"道法自然"？第34、67章一会儿说道大，一会儿说道小，到底是大还是小？第62章："道者，万物之奥。"玄之又玄，微妙玄通，深不可识。第70章却说："吾言甚易知，甚易行。"到底是难还是易？第56章："知者不言，言者不知。"白居易挖苦说："言者不如知者默，此语吾闻于老君。若道老君是知者，缘何自著五千文？"诸如此类，似是而非，模棱两可，自相矛盾，神神秘秘的说法太多。好像什么都是道，又好像什么都不是。有人愤怒地说："什么是道？道是胡说八道。天底下哪有这种道？完全是老子在忽悠我们！"中国台湾学者陈鼓应说："这和老子用语的含混性、殊异性有关。道的概念不清，导致人们不求甚解，草率附会。"

面对百家之言，老子以"道可道，非常道"一句话就回答了所有的问题：你们说的没错，道可以是各种各样的道，但都不是我所说的"常道"，即永恒（时间）、普遍（空间）常在的道。郭沫若说："道这个观念，确是老聃所倡导的东西。"胡适说："老子是最先发见道的人。"这话概念不清，把道和常道混为一谈。道是我国古代学术的总称，诸子百家都在谈经论道。道不是老子最先发现并倡导的，最先发现并倡导的是常道。那么，什么是"常道"，永恒的道？老子惜字如金，把常道仍称为道。

我们一直认为道是神仙思想，这才是冤枉！老子没说道之为神，而说道之为物，有物混成。宇宙由无数看不见，听不到，摸不着，淡无味，非常小的实际存在物构成。"道生万物"，万物皆由这无数小东西产生。有人问："这无数实际存在的小东西，到底是什么东西？"老子答："不可致诘，吾不知其名，强字之曰：道。"不要追问了，我也不知道是什么东西，勉强叫道吧！

庄子根据老子的讲述，发明了物质一词。庄子认为：道就是物质，物的本质就是无数的小东西。这无数的小东西不生不死，充满天地，存在于万物之中。《在宥篇》曰："道，物之质也。"《秋水》曰："夫精，小之微也。"《天运》曰："听之不闻其声，视之不见其形，充满天地，包裹六极。"物的本质很小，充满天地，无所不包，无所不容。《知北游》曰："道无处不在，存在于蚁蝼、杂草、稗子、砖瓦、屎尿等万物之中。"就是说万物由物质构成。《大宗师》曰："道无古今，不死不生。自本自根，未有天地，自古以存。"所谓不生不死，即物质不灭，不被创生，不被消亡，是永恒、普遍常在的东西。

可见，老庄是提出唯物论，否定神创论的第一人。但庄子和老子一样，只知"道"是无数的小东西，却不知道这些小东西是什么东西。只有到科学发达的今天，才有可能破解这个千古之谜。我认为：这无数的小东西，就是科学家所说的基本粒子。

什么是道？道是物质，物的本质是基本粒子。可见道是客观存在的，不是老子虚构出来的东西。"道之为物，有物混成，先天地生。"宇宙是物质的，万物是客观产物，不是主观产物。物质不灭，的确是"超时空的永久存在"。可见，老、庄的主张是唯物的。

　　有人说我牵强附会，绝不是！首先，要把物质与物态基本概念搞清楚。第5章说：天地之间，不就像个大风箱吗？虚而不可压缩，越抽动越出气。说明空间好像虚无，实际存在一种若尘、若水、若气的无数小东西。注意，只是像而已，还不能说这无数的小东西就是尘、水、气。因为尘是固态，水是液态，气是气态。气只是物的形态，不是物的本质。而道是物的本质，是无数客观存在的小东西，是内在的，本质的，看不见；物态是外在的，表面的，看得见。故物态不是物质，把物态的气说成是物质，是概念上的错误。

　　为什么说道是基本粒子？因为老子所说的小东西比分子、原子更小。灰尘看得见，水摸得着，风吹能感觉，气味能闻到。说明分子、原子比较稳定，是有物象的。而这些小东西恍兮惚兮，似或存，无状之状，无物之象。只有基本粒子才符合老子所描述小东西的特征：看不到形状和物象，但不等于没有。不生不死，就是物质不灭，是普遍、永恒、无限的存在；基本粒子充满宇宙，构成万物，千变万化，这不就是上天入地，天马行空，无处不在，无时不有，无所不能，"驰骋天下之至坚，无有入无间"吗？无数星辰在充满基本粒子的宇宙空间旋转飞行，就像鸟儿在空气中飞翔，鱼儿在大海中畅游一样。第51章："道生之，德畜之。"道与德生养万物而不管，任其自生自灭，最终又毫无人性地让它们去死，这不就是创生一切，主宰一切吗？可见，道是基本粒子，而不是神。基本粒子是神秘、神奇而又万能的小东西。只有运用现代科学知识，才能理解老子所说的道，为什么能上天入地，不生不死，主宰一切。不用基本粒子来解释老子的道，只能把道归为神。这是千百年来，人们不理解老子的根本原因。但是，问题来了。

　　（1）有人说："不能怪罪古人，因为神仙上帝也符合道的特征，故认为道是神。"我认为：道与神有根本区别。神仙上帝是人想象出来的、人格化的、有思想意识的、不存在的大东西；基本粒子是没有人的思想意识，没有仁爱之心，没有人性，却实际存在的小东西。

　　（2）有人怀疑老子的思辨能力，说老子生活在两千多年前，当时科学极不发达，怎么可能有如此超前的科学思想？于是，就问老子："何以知其然哉？"老子答：我当然不知道什么基本粒子，我只知道"合抱之木生于毫末；九层之台起于累土；千里之行始于足下"。高以下为基，多由少积累，大由小构成。宇宙再大，也由小东西组成。"吾何以知其然哉？以此。"我之所以知道，仅此而已，就这么简单。只有用基本粒子，才能解释得通老子所说的道。

　　（3）有人还是不相信道是基本粒子，哪有那么简单？

　　其实，许多事物既复杂又简单，是辩证的。电脑互联网尖端复杂吧，但基本原理就是0和1，开和关，通与不通，亮与不亮。宇宙最复杂，但基本就那几句话：宇宙是物质的，物质是运动的，运动是有规律的，规律就是矛盾统一。老子把最复杂的哲学问题，简化成一个"道"字，如此简约、形象，让人容易理解和记忆。

　　老子为什么要说宇宙由无数小东西构成呢？

（1）道是基本粒子，基本粒子很神秘又神奇，但不是神。不用说老子，就是科学家也知之甚少，还有许多不解之谜。老子不是科学家，目的不是想解决科学问题，而是想解决社会问题，想用这种大本大源的唯物论为老百姓说话。老子曰："有物混成，先天地生。"老子的哲学是：大由小构成，宇宙再大，也由许多无名的小东西混合而成。在天地产生之前，就已经存在，这是天之道。从宇宙推及社会，人之道也是如此，天下再大，也由许多无名的小小老百姓构成。"象帝之先"，在帝王将相产生之前，就已经是这样。《诗经》曰："日出而作，日入而息。掘井而饮，耕田而食，帝力于我何有哉？"世上本无帝王将相，天下本来是老百姓的。天下者，非帝王一人之天下。第 39 章："贵以贱为本，高以下为基。"从根本上否定"普天之下，莫非王土；率土之滨，莫非王臣""天尊地卑，贵贱有等"的谬论。

（2）"道生万物。"万物都由道（基本粒子）这些无名的无数小东西产生，是天地之始，万物之母。推及社会，吃穿用的东西，都是老百姓生产出来的。邓小平说："我是劳动人民的儿子。"老百姓是生我养我的衣食父母。第 20 章老子曰："我独异于人，而贵食母。"对老百姓的呼声，不能看不见，听不到，摸不着。第 49 章："圣人无常（私）心，以百姓心为心，百姓皆注其耳目，圣人皆孩之。"百姓关注的事，圣人都要像关心自己的孩子一样，认真去办。以贱为本，这是爱民治国的出发点也是落脚点。

（3）虽然社会财富都是老百姓生产出来的，但是，老百姓的天下和劳动成果却被一帮服文采、带利剑，盗夸式的帝王将相抢夺了，只能忍饥挨饿。第 75 章："民之饥，以其上食税之多。"

单个基本粒子、单个老百姓是弱小的，只能任人宰割。但是，团结起来却具有无坚不摧的力量。第 78 章："天下莫柔弱于水，而攻坚强者莫之能胜，以其无以易之。弱之胜强，柔之胜刚。"第 74 章："民不畏死，奈何以死惧之？"第 72 章："民不畏威，则大威至。"只有团结起来，汇成不可阻挡的洪流，才能夺回本属于自己的天下。事物是发展变化的，这是天之道。人之道也一样，"君无常位，禄无常奉，自古以然"。否定了孔子所说的"君君臣臣"不能变。

第 43 章："天下之至柔，驰骋天下之至坚，无有入无坚。吾是以知无为之有益。"奉劝当权者不要妄为，不要以为自己有钱有势，是管别人的大人物，想干什么就干什么，谁也管不了。看不起弱小的老百姓，动不动就烹小鲜，鱼肉百姓，最终必将大威至。

《老子》用唯物辩证法的智慧，启发老百姓维护自己的利益。可见，《老子》不是神仙道书，而是本为老百姓说话的哲学之书。

为加深理解老子的道，有必要澄清什么是哲学，什么是理，什么是德，什么是宇宙，什么是物质，什么是精神等几个基本概念。

第三章　什么是哲学

什么是哲学？至今尚无公认的定义。胡适在《中国哲学史大纲》说："哲学的定义从来没有一定的。我如今也暂下一个定义：凡研究人生切要的问题，从根本上着想，要寻一个根本的解决，这种学问，叫作哲学。"这大概是中国最早的哲学定义，什么是人生切要的问题？胡适接着说："人生切要的问题不止一个，所以哲学的门类也有许多种。例如：宇宙论、知识论、人生哲学、教育哲学、政治哲学、宗教哲学。""大凡一种学说，绝不是凭空从天上掉下来的。时势和思潮是互为因果的。先有那时势，才生出那思潮来；有了那种思潮，时势受了思潮的影响，一定有大变动。所以时势生思潮，思潮又生时势，时势又生新思潮。"春秋战国，天下大乱，闹得百姓流离失所，痛苦不堪。诸侯可以称王称霸，大夫有时比诸侯还有权势。亡国的诸侯大夫，有时连奴隶还不如。富贵的太富贵，贫苦的太贫苦。胡适说："政治那样黑暗，社会那样纷乱，贫富那样不均，民生那样痛苦。有了这种时势，自然会生出种种思想的反动。当时的思潮，除了《诗经》，别无可考。你看那《伐檀》《硕鼠》的诗人气愤极了，对于那时的君子，何等冷嘲热讽！把他们比作硕鼠，不稼不穑，胡取禾三百廛兮！不狩不猎，胡瞻尔庭有县貊兮！彼君子兮，不素餐兮？"那些君子，有哪个不是白拿白吃的？"逝将去汝，适彼乐土，爰得我所。"我将推翻你，建立幸福乐土。胡适说："到了这时代，思想界中已下了革命的种子。老子亲见那种时势，又受了那些革命思潮的影响。故他的思想，完全是那个时代的产儿，完全是那个时代的反动。民之饥，以其上食税之多；民不畏死，奈何以死惧之；天下多忌讳，而民弥贫；人之道，损不足以奉有余。这四段都是很激烈的言论，谁不求生？到了生不如死的时候，束手安分也是死，造反作乱也是死，自然不畏死了。要知道，哲学思想不是悬空发生的。老子生在那种纷争大乱的时代，眼见杀人、破家、灭国等惨祸。老子观察政治社会的状态，从根本上着想，要求一个根本的解决。老子对于那种时势，发生激烈的反响，创为一种革命的政治哲学，遂为中国哲学的始祖。他的政治主张，也只是他的根本观念的应用。老子的学说，在当时真可以算得大逆不道的邪说。"胡适这段话，讲得还是很有道理的。

但胡适又说："老子哲学的根本观念在于超出天地万物之外，别假设一个道。老子是最先发见道的人。这个道本是一个抽象的观念，太微妙了，不容易说得明白。当此名词不完备的时代，形容不出这个道究竟是怎样一个物事，于是想到一个无字。无即是虚空，道即是无，无即是道。"所谓"无"就是无名、无知、无欲、无为。复归于无名之朴的混沌时代。因为知识越高，欲望越难满足，又眼见许多不合意的事，心生无限烦恼。倒不如无知的草木，无思虑的初民，反可以混混沌沌，自寻乐趣。虚其心，实其腹，圣人为腹不为目。老子只要人肚子吃得饱饱的，做一个无思无虑的愚人，不愿人做有学问知识的文明人。无知自然无欲，无欲自然没有一切罪恶。老子常劝人知足不争，在那贫富不均，兵祸连年，灾难深重的时代，武力竞争，决无止境。逆来顺受，暂时吃亏忍辱，并不害事。狂风吹不断柳丝，齿落而舌长存。只有消极无为的软功夫，可以抵抗强暴。

胡适的说法，前后矛盾。前面说革命家之老子，创造了一种革命哲学。后面却说老子逆来顺受，消极无为，是不革命的哲学。看来胡适也说不清什么是哲学。人生切要的问题的确不止一个，吃饭问题，生存问题，婚姻问题，等等，里头有哲学问题，但不能说是哲学。

什么是哲学？常见的定义：哲是聪明、智慧的意思。哲学是一门充满智慧，让人更加聪明的学问，所以定义哲学是智慧之学。有本哲学书说：1+1=2 是知识，能得出"凡物莫不有对"的结论，则是智慧，是哲学。此说不恰当，1+1=2 已经是从感性认识抽象到理性认识，数学也是一种哲学。充满智慧，让人更加聪明的学问很多。这样定义，不能说明哲学和其他学问有什么区别。

哲学的定义还有许多版本，例如：哲学是探索宇宙大本大源的学问。可是科学也在探索这个问题，如此定义，并没有把哲学与科学区别开来。又如定义：哲学以各门科学所提供的具体知识为基础，对这些知识进行概括和总结，进而对具体知识产生指导作用的一门学问；哲学是从具体的自然科学和社会科学成果中，抽象出来的学问，是科学之科学；哲学是人类理论思维的最高形式；哲学既是一般的科学，又是一种社会意识形态；哲学是理论化的世界观和方法论。尽管这些都是词典、哲学教科书上的定义，却不能涵盖所有的哲学。例如，宗教哲学并不是科学，不是从各门科学知识概括总结出来的世界观和方法论，但它是一种哲学。

比较权威的定义是：哲学是关于外部世界和人类思维一般规律的科学；哲学是理论化的世界观和方法论。哲学就是要教人善于认识和处理自己同外部现实世界的关系，为人们认识世界和改造世界提供世界观和方法论的指导。人在具体活动中，所运用的立场、观点、方法，往往是自发的、零星的。而哲学是系统化、理论化的世界观和方法论，是一门研究世界观的学问。人类要做的事情很多，归纳起来就两件事：一是认识世界，一是改造世界。就是怎么看、怎么想、怎么认识、怎么解决问题。哲学为此提供思想方法、思想工具、思想武器，提供一条思路、一种指导思想。既然哲学是方法、工具、武器，不管是唯心、唯物，只要想用，上到皇帝、总统，下到平民百姓，谁都可以用，而且随时随地，免费使用。就看用来干什么，为谁服务。

哲学研究的基本问题是思维和存在，精神和物质的关系。德国哲学家费尔巴哈说："这是哲学最重要，也是最困难的问题，全部哲学史就是在这个问题的周围兜圈子。"的确如此，我国从老子与孔子开始，名与实、有与无、形与神、知与行的争论一直进行到现在，将来还会延续下去，争论的实质就是精神和物质的关系。

哲学的派别很多，基本可分为两大派。凡认为物质第一性的，是唯物主义哲学；凡认为精神第一性的，是唯心主义哲学。有人认为：我国古代没有哲学，没有什么唯心、唯物一说。我国古代的确没有哲学一词，但不等于没有哲学。玄学、道学、理学就是哲学。史称易经、老子、庄子为"三玄"，就是哲学经典著作。孔子也把我国古代哲学分为两类，《论语》中云："知者乐水，仁者乐山；知者动，仁者静。"知者指道家，主张事物像水一样，是流动变化的。由此及彼，周礼奴隶制是可变的，不是不能变；仁者指儒家，主张事物像山一样，是静止不变的，由此及彼，周礼奴隶制要像山一样不能变。老子主张：道之为物，世界由物混成。道生万物，当然包括人。先有人，后有思想。孔子则说："人能弘道，非道弘人。"道是仁义道德，"君子务本，本立而道生。"孝心、爱心为本，先有心，后生道。孟子进一步认为：一切发端于心。说明，两千多年前，我国就有唯物和唯心两大哲学派别。

哲学基本方法，一是抽象，二是推理，把感性认识上升为理性认识。所谓抽象，就是抽去事物所有不同的东西，留下相同的东西，由表及里，透过现象看本质。都以为抽象难懂，恰恰相反，抽象以后，把复杂问题简单化，使问题一目了然，简明易懂，从而使矛盾更容易解决。这好比抽干浑水，水落石出，真相大白，原来如此。老子具有非凡的抽象能力，把最复杂的宇宙万有，抽象简化为一个"道"字。把最复杂的变化规律，抽象简化为"万物负阴而抱阳，冲气以为和"一句话，如此高度抽象，至今无人超越。

所谓推理，就是逻辑推理。由此及彼，看转（变）化；由表及里，看本质；由感性到理性，成理论。老子探索宇宙大本大源，由天道推及人道。哲学看似抽象难懂，其实，基本原理就几句话，并不难懂。

看来，给哲学下定义不是件容易的事情。尽管有许多不同定义，但从这些不同版本的定义，我们仍然可以大致了解到，什么是哲学。

哲学就在我们身边，《易经·系辞》曰："一阴一阳之谓道，日新之谓德，生生之谓易，成像之谓乾，效法之谓坤，极数知来之谓占，通变之谓事，阴阳不测之谓神。"这些哲学原理"百姓日用而不知"。我们往往不知不觉地应用不同哲学观点和方法，处理日常事务。

孔子也有自己的哲学。孔子说："我五十知天命。"在《论语》中有许多信天命、畏天命的言论。虽然，子不语怪力乱神，但信鬼神，只不过"敬鬼神而远之"。"知者乐水，仁者乐山；知者动，仁者静。"可见孔子主张静止不变，是古代形而上学唯心主义的代表人物。

孔子虽然有自己的哲学，但够不上是哲学家。因为孔子"述而不作，信而好古"，没有著作传世。《论语》不是哲学著作，孔子不讲宇宙万物的本质、本体、本原，没有从哲学高度来论证自己的政治主张。德国哲学家黑格尔认为："《论语》只讲了些道德常识，没有多少思辨的东西。中国哲学真正成体系的，只有老子，智慧在孔子之上。"每个人都有自己的哲学，如果说孔子有自己的哲学就是哲学家，岂不是每个人都是哲学家？子贡曰："夫子之文章，可得而闻也；夫子之言性与天道，不可得而闻也。"说孔子的文章，缺少哲学理论来为统治者说话。所以，孔子身后一些儒家弟子认为，有必要"援道入儒"，学习道家论述宇宙大本大源，推及现世的做法，极力弥补孔子哲学上的不足。儒家有四个人，堪称哲学家。孟子从"心"，公孙龙从"异"，董仲舒从"天"，朱熹从"理"的角度，为儒学造道。

孟子说："万物皆备于我"，万物皆出于自我精神，一切发端于心。"人性善"，人天生皆有善心和良心，忠孝礼乐仁义道德皆出于天地良心，所以是正确的、合理的。

公孙龙以白马论、指物论、通变论、坚白论、名实论，论证孔子君君臣臣，不平等周礼奴隶制，克己复礼的正确性。《指物论》说："物莫非指。"万物没有不是人指称出来的，人不指称，物就不存在，是典型唯心论。《白马论》说：白马不是马，牛是牛，马是马，上是上，下是下，君是君，臣是臣，任何事物都是有等级差异的，不可以"合同异"讲平等。可见公孙龙是儒家学者，却被错划为名家。据说，孔子第六代孙孔穿，对公孙龙的五论很不理解，明明白马是马，硬说不是，不承认公孙龙是儒家。

董仲舒则把天说成有思想意识的天神。所谓"天人同类"，是说天和人一样，有喜怒之气，哀乐之心。"天人感应"是说人的一举一动，天都知道，都有反应，天有偿罚功能。天具有至高无上的权威，人如果触犯天条，有逆天意，就会受到上天灾害性惩罚。"天尊地卑，乾坤定矣；卑高以陈，贵贱位矣。"董仲舒把神权、君权、夫权统统归于天意。君权天授，"君为臣纲，父为子纲，夫为妻纲，天之制也。""天子受命于天，诸侯受命于天子，子受命于父，臣受命于君，妻受命于夫，诸所受命者，其尊皆天也。"说明儒家不主张天人合一。天尊地卑，天至高无上，老百姓必须尊天、顺天、奉天，不是天人合一。

老子曰："域中有四大，而人居其一焉。"惠施曰："泛爱万物（众），天地一体。"天和人是一个整体，这才是天人合一。道家认为：天与人不同类，最大不同是：天地不仁，天道无亲，天没有人的思想意识。胡适说："老子以前的天道观念，都把天看作一个有意志，有知识，能喜能怒，能作威作福的主宰，把天看作与人同类。人性之中，人有慈爱，而天无恩意，故天不与人同性。老子的最大功劳在于打破古代天人同类的谬说。""天地不仁这个观念，打破了天人同类的谬说，立下后来自然哲学的基础。"可见，道家的天人合一，与儒家的天人同类，本质不同。

理本来是物的本性、本能、规律，朱熹却把道和理说成是无形体的精神抽象，是物的本体、本质、本原。而器和气是有形体的物质现象。他说："理也者，形而上之道，生物之本也；气也者，形而下之器也，生物之具也。""气是理之所生，先有理而后有气。所谓理与器，此绝是二物。虽未有物，而已有物之理，理在物先。万一山河大地都陷了，毕竟理却只在这里。""未有这事，先有这理。如未有君臣，已先有君臣之理。未有父子，已先有父子之理。""人之所以生，理与气合而已。理在人未形之前，浑然于天空。于人一旦形成，便附于人体，成为先天禀赋予人心的仁义礼智。理便是仁义礼智，这是先天的善性所在，人人皆有，故名天命之性。""所谓天理，复是何物？仁义礼智，君臣父子，兄弟朋友，岂不是天理？""宇宙之间，一理而已。天得之而为天，地得之而为地。凡生于天地之间者，又各得之以为性。其张之为三纲，其纪之为五常。皆以此理流行，无所适而不在。""道者，古今共由之理。如父之慈，子之孝，君仁臣忠，是一个公共的道理。"朱熹主张以理制欲，"存天理而灭人欲"。

至大无外，至小无内，极已是到顶了，不存在太极。故老子只讲无极，不讲太极。而朱熹讲无极而太极，出佛入老，复归儒学。在道之上加一个理，目的是把老子物质性的道，改造成精神性的理，把孔子的忠孝礼智仁义道德上升到天理乃至宇宙本体的高度，为统治者说话。在统治者支持下，朱熹理学，赫赫炎势。"非朱子之传义不敢言，非朱子之家礼不敢行。"如有人非议，轻者拷打流放，重者诛门灭族。戴震曰："人死于法，犹有怜之者；死于理，其谁怜之？"揭露封建理学以理杀人的本质。

老子从宇宙大本大源的高度来为老百姓说话，具有不可辩驳的说服力。老子把哲学的抽象、推理方法用到极致，全书没有一处涉及具体人物和事件，是一本典型的哲学著作，是我国古代成体系的哲学。老子的哲学就一个"道"字。所以，想学哲学，必读《老子》。

第四章　什么是理

　　胡适批评老子只讲道，不讲理。的确，《老子》没有理字。无独有偶，《论语》也没有理字。没有理字，不等于不讲理。这两本书通篇都在讲理，只是各讲各的理。老子为老百姓讲理，孔子为奴隶主讲理。当时，不是没有理字，只是大家认为道和理不可分，故尚无道理一说。庄子首创道理一词，《天下》曰："慎到弃知去己，泠汰于物，以为道理。"慎到放弃自私的心计，清洗淘汰身外之物，以此为理论基础。《缮性》曰："道，理也；道无不理，义也。"认为道与理不可分，理是义理。《天地》曰："留动而生物，物成生理。""夫无知之物，动静不离于理。"《秋水》："万物齐一，道无始终，物有生死。物之生也，若骤若驰，无动而不变，无时而不移，夫固将自化。此乃大义之方，万物之理也。"指理是运动变化的规律。《则阳》："万物殊理，时有终始，世有变化，阴阳相照，四时相代，理不可睹。吾观之本，其往无穷，其来无止。"按庄子说法：物与理相伴而生，即老子所说的同出而异。"理不可睹"，理含在物中，是看不见的。"道无不理"，不可能只有道没有理，或只有理没有道。理是道的理，一物两面，故连在一起称为"道理"。两者虽不可分，但道是道，理是理，是有区别的。道讲是什么（东西）；理讲为什么（原理、理由）。道是物质，是物的本质、本体、本原；理是物的本性、本能、规律。即万物产生、发展、消亡的自然运动变化规律。道好比是一条路，理是走这条路的理由和方法。

　　韩非《解老》曰："道，理之者也。万物各异理，而道尽稽万物之理。"认为道与理不可分。又说："道者，万物之所以然，万物之所以成也。天得之以高，地得之以藏。道与万有同在，以为近乎，游于四极；以为远乎，常在吾侧。宇内之物，恃之以成。万物得之以死，得之以生，得之以败，得之以成。"万物是道形成的，故道是物的本质、本体、本原。而"理者，成物之文也。物有理不可以相薄，故理之为物之制。凡理者，方圆、短长、粗靡、坚脆之分也。故定理有存亡、有死生、有盛衰。夫物之一存一亡，乍死乍生，初盛而后衰者，不可谓常。惟夫与天地之剖判也具生，至天地之消亡也不死不衰者谓常。凡物之有形者易裁易割也，有形则有短长、大小、方圆、坚脆、轻重、白黑之谓理。理定而易割也，万物莫不有规矩，欲成方圆必随规矩。故慈于方圆者不敢舍规矩，慈于身者不敢离法度"，意思是说理是物之文、之制、之分，是万物盛衰生死存亡之规矩、法度。可见，理是物的本性、本能、规律。

　　理原本是物之理，是物质性的理。被人认识后，反映到大脑，产生了理论、学说，成了精神性的理。反映正确的就是真理，反映不正确的便是歪理。所以，理和道一样，可以是物质性的，也可以是精神性的，应注意区别，不可混为一谈。先有物质性的理，后有精神性的理。但物质性的道与理是一物两体，同时具备，不分先后，不会各自独立存在的。所以，张载、王夫之认为："乾坤并建，时无先后。一物两体，动非自外，阴阳不孤行于天地之间。"

总之，道是物质，是物的本质、本体、本原；理是物理，是物的本性、本能、规律。就像一个人，道好比是构成人体的细胞，细胞是人的本质、本体、本原；理好比是人的本性（性格脾气）、本能（本领、办事能力）、行为规律，生老病死的自然规律。可见，道与理是一物两面，同出而异。虽不可分，但道是道，理是理，不是一回事。

老子从大到宏观宇宙，小到微观物质构成；从名与实，有与无，同与异，动与静，好与坏，对与错，善与恶，美与丑，成与败，祸与福等普遍的矛盾现象，研究了万物之形态、状态、运动变化规律。发现了摆脱混沌状态的三大基本规律，也就是现在辩证法所说的矛盾统一、否定之否定、量变到质变，只是语言表达不同而已。规律就是理，讲规律就是讲理，怎能说老子只讲道不讲理？

1. 矛盾统一

老子认为，宇宙基本规律是："道生一，一生二，二生三，三生万物。万物负阴而抱阳，冲气以为和。"有人注解为：一是元气；二是阴阳二气；三是天气、地气、人气。这是误解。这句话形容道生万物，就像细胞分裂，由一到万，由单一到多样，生生不息的发展变化过程。北宋张载的注解比较接近老子原义，张载说："太虚（太空）即气，气聚有形，气散无形。"指物质性的气。"一物两体，两不立则一不可见。""动非自外，有象斯有对，对必反其为，有反斯有仇，仇必和而解。"道生万物，一物两体，皆有矛盾对立、互相依存、互相转化的两面。所谓"冲气""仇"，指矛盾冲突，这是事物运动发展变化的内在动力。所谓矛盾冲突，是广义的。不一定是咬牙切齿，吵架斗殴，或你死我活的斗争。也可以是利益冲突的商业谈判，更多是意见不统一的交流、沟通、以理说服，等等。矛盾冲突的结果，必然是化解、和解、解决，即矛盾统一。所谓"统一"，不一定是武力统一，也可以是和平统一。所谓"和"，不是折中调和，而是要解决问题，化解矛盾。第79章："和大怨，必有余怨。"和稀泥，矛盾还在，问题并不能解决。因此，更多的是求大同存小异的和解，通过沟通、协调，取得统一的意见。简而言之，所谓"矛盾统一"，就是化解矛盾，解决问题。旧的矛盾解决了，又产生新的矛盾。"独立而不改，周行而不殆"，如此周而复始，如环无端，推动着事物不断曲折发展。道生万物，万物负阴抱阳，冲气以为和，一分为二，合二而一，这是老子对矛盾统一最完整、最深刻、最原始的表达。

2. 否定之否定

第40章："反者，道之动；弱者，道之用。"第30章："物壮则老"，物极必反。有生必有死，任何事物，最终都要走向自己的反面。因此，第29章说："去甚、去奢、去泰。"功成身退，不要走极端。

第76章："人之生也柔弱，其死也坚强。草木之生也柔脆，其死也枯槁。故坚强者死之徒，柔弱者生之徒。是以兵强则灭，木强则折。强大处下，柔弱处上。"柔弱的新生事物，必将战胜貌似强大的旧事物。弱小的老百姓，只要团结起来，最终将战胜强大的统治者。老子说理以增强老百姓的信心。怎么能说老子看不到新旧事物的区别？

3. 量变到质变

任何事物的发展，都有量变到质变的过程。量变是渐变，质变是突变。量变时间有长有短，有快有慢。积累到成熟的程度，就是人们常说的超过一个度、临界点、转折点，底线、界限。就会产生本质上的变化。这种变化是瞬间的突变，此时的事物就转化成本质不同的另一事物。第64章："其安易持，其未兆易谋。其脆而泮，其微易散。为之于未有，治之于未乱。合抱之木，生于毫末；九层之台，起于累土；千里之行，始于足下。为者败之，执者失之。是以圣人无为故无败，无执故无失。民之从事，常于几成而败之。慎终如始，则无败事。是以圣人欲不欲。不贵难得之货。学不学，复众人之所过，以辅万物之自然而不敢为。"事物发展由量变到质变的过程，可分三个阶段。

一是发生阶段，要早服，即早做准备。

老子认为事情刚发生，尚处于安定未乱阶段，比较容易把持；未有征兆或处萌芽状态，比较容易筹谋。如果乱到不可收拾，坛坛罐罐都打碎了，损失太大，难以补救。因此，要早做准备，不要让事情发展到无法挽救的地步。例如地震，目前尚无法预测和避免，但可以"为之于未有"。未雨绸缪，预防为主。做好各种应急预案，以免灾难突发时，措手不及。正如第59章所说的"早服"，即早做准备，把损失降到最低。《黄帝内经》曰："圣人不治已病治未病，不治已乱治未乱。未病已成而后药之，乱已成而后治之。譬如渴而穿井，斗而铸锥，不亦晚乎？"提出预防为主的医疗策略，未病先防，已病防变。在人生路上，虽然无法避免慢慢变老的生命历程。但是，通过养生，可延年益寿，防止非正常死亡。虽然不能永生不老，永生不死。但通过锻炼，完全可做到长生不老，即活到七八十岁还不显老；长生不死，即活到八九十岁还不死。老子这一观点，对当今质量管理，防灾减灾，医疗保健，有着重大现实意义。

二是发展阶段，即量变阶段要积德。

任何事物的发展，大生于小，多起于少，都有积累的过程。第24章："企者不立，跨者不行。"急功近利，急于求成，揠苗助长，想跨越这一过程，一口吃成胖子，一夜暴富，这样做，只有失败。但是，脚踏实地，一步一个脚印。通过努力，可以缩短这一过程。

没有毫末，就没有合抱之木；没有累土，就没有九层之台；没有始于足下，就没有千里之行；高以下为基，没有低就没有高；贵以贱为本，没有贱就没有贵；没有民就没有官。量变是事物转化质变的条件。我们要做的，就是做好准备，促进事物向好的方向转化；防止事物向坏的方向质变。怎么能说老子"无视转化条件，转化仅仅是循环往复的无限循环"？

三是完成阶段，即质变阶段、成功阶段，要慎终如始，不忘初心。

老子说：许多人做事，往往快成功而失败。千里之行，只差一步，却放弃了。很遗憾地功亏一篑，半途而废，前功尽弃，白辛苦一场。不知道胜利往往得之于再坚持一下之中。"圣人欲不欲。"聪明人想成功，不想失败。就应该慎重如始，不忘初心，坚持不懈，则无败事。不应该看重那些难得之货，学那些不该学的东西，重复许多人犯过的错误。遵循自然规律，而不敢胡作非为。失败是成功之母，只要吸取教训，好自为之，即可转败为胜。

《淮南子·人间训》根据老子说法，讲了个塞翁失马，焉知非福的故事，说塞翁丢了一匹马。隔天，马不但自己回来，还带回另一匹马，因祸得福；塞翁儿子骑着这匹意外得来的马，不料摔成残废，因福得祸；不久，边塞发生战争，塞翁儿子因残废免于上战场送死，又因祸得福。有人因此得出结论：祸福无常，祸福轮回。祸在旦夕，是福不是祸，是祸躲不过，人在祸福面前是无能为力的。只能顺其自然，无奈地等待祸福的降临。马丢了，不用去找，用不着发挥人的主观能动性，人为地去消灾避祸，创造幸福。

这是对老子的误解。第58章："祸兮，福之所倚；福兮，祸之所伏。"祸与福，正与反，善与妖，成与败，得与失等之间互相对立，互相依存，而又互相转化。但这种转化，只是潜伏着可能，并没说一定会转化，更不会轮回。祸就是祸，福就是福。是福不是祸，是祸不是福。祸与福，成与败，得与失的转化需要一定的条件。石头不能转化为鸡蛋，是因为不具备一定的内因条件；没有一定的温度，鸡蛋不可能孵出小鸡，是因为不具备一定的外因条件。

第58章很具体地讲了矛盾转化的条件："其政闷闷，其民淳淳；其政察察，其民缺缺。"《管子》曰："人至察则无友，水至清则无鱼。"为政如果苛刻妄为，搜刮得干干净净，则老百姓什么都缺，就会起来反抗。这是杀鸡取卵，竭泽而渔的做法。如果为政低调无为，不打仗，少收税。第36章："将欲取之，必先予之。"想获得，必先付出；想多收税，必先给农民土地，发展生产。想搞活经济，必先给企业一定自主权。打仗死人多，破坏性大，军费开支是个无底洞。税收是用来维持必要的行政开支，应取之于民，用之于民，不是用来供统治者挥霍享受的。所以聪明人"方而不割"，为人方正，不割舍原则；"廉而不刿"，廉洁奉公，不伤害老百姓；"直而不肆"，正直而不放肆妄为；"光而不耀"，有亮点，闪光而不刺眼。如能做到"其政闷闷"则民风淳朴，民众不但不会反抗，反而自觉拥护。第60章："治大国，若烹小鲜。"第57章："以正治国，以奇用兵，以无事取天下。"第2章："圣人处无为之事，行不言之教。"第51章："生而不有，为而不恃，长而不宰，是谓玄德。"第3章："圣人之治，为无为，则无不治。"第13章："后其身，外其身，以身为天下者，若可寄托天下。"第10章："爱民治国，能无为乎？"这些都是为政条件，如果能做到则可以。第59章："没有国可以有国，有国可以长久，此为长生久视之道。"第64章："以辅万物之自然而不敢为。"第16章："知常曰明，没身不殆。"第52章："无遗身殃。"不违反规律，终身受益。可见，老子为老百姓讲理，讲规律，讲辩证法时，重点讲了转化条件。

孔子的《论语》也讲理，不过那都是为奴隶主讲的理，没有一句为老百姓讲的理。宋儒理学为往圣继绝学，援道入儒，为儒学造道。把精神性的理说成是万物的本体、本源、本性。从心理、天理角度阐述孔子伦理道德，君臣之义的合理性。程颢、程颐说："天者理也，君臣父子，天下之定理。"朱熹说："先有理，后有气，理是本。如未有君臣，已先有君臣之理。为学之道，在于存天理，去人欲。"所谓天理，就是去人欲，安贫乐道，安分守己，否定老百姓均贫富，等贵贱的革命要求。冯友兰所谓新理学："先有设计理念，后有飞机。"是未有君臣，先有君臣之理的翻版，不是什么新东西。追根溯源，飞机原理，并非设计人员脑中固有，而源于自然界飞鸟实际。陆九渊说："心即理，宇宙便是吾心，吾心即是宇宙。"心是宇宙本原，一切都是心理的产物。王阳明说："心即理，心外无物，心外无事，心外无理。求理于吾心，见君自然知忠，见父自然知孝。见孺子入井，自然知恻隐，此便是良心。理在心中，不在心外，不假外求。"儒家所说的理，是维护旧制度的理，是典型的唯心论。

第五章　什么是德

字典定义："道德是人们共同生活的行为准则、规范。在阶级社会里，道德具有鲜明的阶级性。"道德是精神境界里的事物。

孔子认为：德就是仁义道德。子曰："道之以德，齐之以礼，有耻且格。"所谓道德，就是要有羞耻心，恪守等级周礼和仁义道德。不忠不孝，不仁不义，最不道德。例如：季氏只是个大夫，不遵守礼制，竟敢享受天子的八佾歌舞。就像一个平民，不知羞耻，竟敢穿龙袍一样，那是杀头之罪。大逆不道，犯上作乱，是不道德的行为，是可忍孰不可忍。子曰："天下有道，则礼乐征伐自天子出。"庶人没有资格议论。如果礼乐征伐自诸侯、大夫出，陪臣执国命，庶人议论纷纷，则是天下无道，不遵守周礼，不讲道德。"刑不上大夫，礼不下庶人。"可见，孔子主张的道德只规范老百姓，不规范"朝廷"。是老百姓的紧箍咒，精神枷锁。

第51章，老子曰："道生之，德畜之，长之育之，亭之毒之；养之覆之。生而不有，为而不恃，长而不宰，是谓玄德。"道生万物后，由德畜之。可见，德是畜养万物的环境和条件。道是内因，德是外因。道是生母，德是养母。比如道生鱼，德则是水，是鱼生存的环境和条件。畜养万物，让万物活下去就是德。所以，道是道，德是德，虽不可分，但不是一回事。

第5章："天地不仁，以万物为刍狗。"说天地没有人的思想意识，没有人性，更没有什么爱心，把万物当刍狗，生之畜之，长之育之。却又毫无人性地亭之毒之，养之覆之。其实，这不是什么爱心人性的问题，而是有生必有死，无情的自然规律。道是基本粒子，德是环境条件，道与德都没有人的思想意识。既然是道生万物，万物当然包括好的坏的，美的丑的，善的恶的，真的假的。也不管人们喜不喜欢，愿不愿意，道都照生不误，生生不息。而德也都照养不懈，劳苦不辞。第34章："万物恃之以生而不辞，功成而不有，衣养万物而不为主。常无欲。"第79章："天道无亲，常与善人。"第56章："故不可得而亲，不可得而疏；不可得而利，不可得而害；不可得而贵，不可得而贱。"对万物而言，德是不讲亲疏，不讲贵贱，不讲利害关系的。而是无欲、无为、无私地奉献。第39章："万物得一以生。"让万物活下去，不图回报，就是最大功德。

由此及彼，引申到人间，道是构成社会的老百姓，德是社会环境和风气。第25章："法天、法地、法道、法自然。"我们应该学习自然环境这种无私奉献的精神。但是，第5章："圣人不仁，以百姓为刍狗。"所谓"圣人"，不学这种无私、无欲、无为的道德精神，而像自然环境一样，没有人性。不把百姓当人，当刍狗，百般蹂躏。

　　老子知道：无私、无欲、无为的玄德，只有圣人能做到，一般人是做不到的。因此，第 19 章实事求是地提出："见素抱朴，少私寡欲。"要做到坚持朴素本色，少私寡欲，让万众活下去，不要再受苦受难。这是最大功德。第 57 章："我无为，而民自化；我好静，而民自正；我无事，而民自富；我无欲，而民自朴。"第 32 章："侯王若能守之，万物将自宾。"只要领导带头，万众自然拥护。

　　道生万物，当然包括人。故道生人，不是人生道。第 8 章："善利万物，不争之德，几于道。"德接近于道，但不是道。第 21 章："孔德之容，惟道是从。"精神性的德与物质性的道，是从属关系，这是物质第一性的说法。孔子所谓"人能弘道，非道弘人"。很明显，孔子和老子的道德观是对立的。

第六章　什么是宇宙

要回答什么是宇宙，好像不成问题。其实不然，许多宇宙学家，甚至牛顿、爱因斯坦都没说清楚，只有我们的老祖宗说得最清楚。老子认为：宇是空间，宙是时间。宇宙只是个时空概念，里面充满道这种无数的小东西。道之为物，宇宙是物质性的。我们的祖先在劳动中，仰观天象，俯察地理。起初对宇宙的认识只限于肉眼所能看到的，头顶上的天，脚底下的地。老子把人们的视线，一下子从能看到的"小天地"，拓展到视线之外，无边无际的"域"，无始无终的"常"，无穷无尽的"道"。

第25章："域中有四大：道（物质、基本粒子）大，天（空间）大，地（地球）大，人（万物）亦大。"一般认为天地最大，其实，地是地球，只是宇宙中小小的一颗星球。天也只是人所能看到的一片天，所能想象得到的空间。天外有天，天不是最大。什么最大？老子说：域最大，比天地还大。域中有四大，无所不包，无所不容，囊括一切。可见，域是无边无际、无穷大的空间概念。

第1章："常道、常名、常无、常有"的常指永恒。第14章："视而不见，听之不闻，搏之不得，无状之状，无物之象，既绳绳兮，又恍兮惚兮。迎之不见其首，随之不见其后。"常是无状之状，无物之象。既无始无终，连续不断，又恍兮惚兮，瞬间变化。既短暂而又永久，是个无限的时间概念。

"道生万物""有物混成，先天地生"。域是由物（道）混合而成，在天地产生之前就已经存在。即物质不灭，域充满道这种基本粒子。

根据老子域与常的概念，庄子发明了宇宙一词。《庄子·庚桑楚》定义："有实而无乎处者，宇也；有长而无本剽者，宙也。"即实际存在，却看不见场地和处所的空间叫"宇"；有长短，无本末，不可剽窃、抄袭、复制、重来的时间过程叫"宙"。《文子·自然篇》把庄子的定义精炼成："四方上下谓之宇；古往今来谓之宙。"这个定义至今字典还在用。李白曰："天地者，万物之逆旅；光阴者，百代之过客。"根据古人定义：空间叫宇；时间叫宙，宇宙只是个时空概念。为了好记、好理解，勉强用以下公式来表达什么是宇宙：

$$宇宙 = 域 + 常 + 道 = 空间 + 时间 + 物质$$

其中：道（物、基本粒子）是"运动员"。运动员不是直线奔跑，而是"独立而不改，周行而不殆"地旋转。宇宙中小到粒子，大到天体，都在不停地自转和公转。电子绕原子核转；地球自转一圈24小时，又以每秒30公里的速度绕太阳公转；太阳系以300公

里 / 秒、银河系以 50 公里 / 秒的速度旋转；宇宙天体作为一个整体，每年以 $4×10^{-11}$ 的角速度旋转。就是说：太阳带着地球以不可思议的高速度在宇宙中狂奔，这是一个疯狂旋转的宇宙。

宇（域、空间）是道的"运动场"。物理学家认为：老子的域暗示场的概念；气场与电磁场、量子场类似。无数星球就在这充满基本粒子的空间旋转翱翔，就像鸟儿在空中飞翔，鱼儿在大海畅游。

宙（常、时间）是道运行、物质运动的过程。

我们以为时间是客观存在的，其实不是。时间是人想出来的，记录事物运动开始与结束的时刻，以及计量运动发展变化过程快慢的方法。所谓标准时间，是人为规定的统一恒定不变的标准。如果时间像爱因斯坦所说的可长可短，没个标准，就无法计时。所谓时间观念，时间是观念性的东西，是思维的产物。实际不存在这种叫作时间的东西，实际存在的只是万物运动变化的过程。所谓时间过程，时间就是过程。子在川上曰："逝者如斯夫。"光阴如流水，以为时间会流失。其实流失的不是时间，而是过程。流行歌唱道："时间都去哪儿啦？"不是时间去哪儿啦，而是人生过程，老到什么程度啦。过程可变，时间不可变，应该树立起这种基本概念。

空间（宇）是无边无际、无形无状的。空间之所以看起来有形状，如风箱、车毂、陶器、房间，那是物质充满或包围所形成的局部空间，不是空间本身的形状；时间（宙）无始无终、连续不断又瞬间即逝、不可逆转倒流、停止重来；物质（道）不灭，且不断运动变化。三者都是永恒的，只有物才有形状，空间和时间不是物，都没有形状。两千多年前，当世界许多地方还处在茹毛饮血、蒙昧无知的时代，我们的老祖宗就认识到：宇宙只是时空概念，时空虽然囊括万物，但不能产生万物。"道生万物。"能产生万物的是道，是宇宙中的物质（基本粒子），而不是宇宙。《抱朴子》曰："天地虽含囊万物，而万物非天地所生也。"就像运动场和运动速度，不可能生运动员一样。能生运动员的是其父母，而不是时空。

然而，我们的宇宙概念还没有古人清楚。有些科学家正在绞尽脑汁研究宇宙是怎么产生的，有没有开端和终结，是无限还是有限的。宇宙是什么样子，到底有几个，有没有形状，是不是对称的？这些研究课题一提出，就存在基本概念不清的问题。老庄早有答案：宇宙是永恒无限的，不生不死，没有开端和终止。大爆炸产生的不是宇宙，而是世界。宇宙没有什么"样子"，它无形无状。既然无形状，就无形可变。因此空间不会扭曲变形，时间不会被拉长缩短；老子说："道生一""混而为一"，域（宇、空间）是独一无二的一个整体。惠施说："至大无外，谓之大一；至小无内，谓之小一。"宇宙大到没有什么东西能在它的外面，包容一切；基本粒子小到里面没有任何东西，即不可再分。不管最大，还是最小，都是一个整体。既然是无穷大，宇宙只能是一个，不可能有两个、几个或者无数个。

为什么会产生这些概念性错误？关键是把宇宙和世界混为一谈。哲学家说："宇宙观就是世界观。"把宇宙和世界等同起来。其实，宇宙和世界既相同又有区别，最大区别是宇宙无限，世界有限。

老子的"域"指空间；"常"指时间；"道"指物质。"域中有四大。"域比天地大，囊括天地万物。"迎之不见其首，随之不见其后。"是无穷大的概念，不生不死，没有开端，也没有终结。所谓世界，"世为迁流，界为方位"。世为时间，一生一世，有始有终；界为空间，有边有界。

可见，宇宙是无限的，以物质为主体。而世界是有限的，以人为主体。老子说："天地之始""天下有始""天地尚不能久"。天地指世界，有开始，不能久，是有限的。李白说："日月终销毁，天地同枯槁。尔非千岁翁，多恨去世早。"古人早知道，世界有末日。当然，这是笼统的说法，因为时间（世）和空间（界）不可能产生或消亡。严格讲，应该是世界中的人事，有产生的一天，有消亡的一日。老子说："有物混成，先天地生。""吾不知谁之子，象帝之先。"世界（天地）产生之前，由物质混合而成的宇宙就已经存在，只是一片混沌。当世界末日来临，旧世界消亡之后，宇宙还会无限延续下去，并在混沌中产生新世界。世界只是宇宙发展的一个阶段，有相同之处，又有区别，不能画等号。

宗教认为宇宙有开端，开始于上帝的创造。

科学家排除了宇宙起源于上帝的创造，但也认为宇宙有起源。宇宙产生于 150 亿年前的一次大爆炸。宇宙是从真空中爆炸产生的，是无中生有，从零开始的。爆炸后宇宙迅速膨胀。哈勃望远镜拍到了宇宙婴儿时期照片，以及星系光谱红移现象。这一说法，事实没错，但概念错了。错在把世界当宇宙。宇宙只是时空概念，时间和空间不可能爆炸，爆炸的是空间里的物质。爆炸不可能产生时空（宇宙），产生的是新世界里无数的星球。宇宙不是虚无而是实有，有什么？有基本粒子这种混沌的无数小东西。《庄子·知北游》曰："聚则为生，散则为死。"星球由基本粒子的聚合而产生；由基本粒子的分散而消亡。可见，宇宙不是从零开始的，星球也不是无中生有，而是有中生有。

哈勃望远镜拍到的不是宇宙婴儿时期的照片，而是无数星系初生的照片。因为宇宙（时空）无形无状，是拍不出照片的。宇宙无始无终，不生不死，不存在所谓"婴儿期"。爆炸后也不是宇宙膨胀了，而是无数星球迅速向四面八方飞散。爆炸之前，什么情况？科学家说："不清楚。"老子答：一片混沌，宇宙的一切，都在独立不改，周行不殆。太阳系、银河系，任何星系，都在旋转，形成一个个旋涡。当旧星系旋转越来越快，产生高温高压，最终发生"大爆炸"，旋涡中所有东西，急速向四面八方喷发，最终产生新的星系。所谓黑洞，就是涡心。这种现象类似龙卷风，可用龙卷风加以理解。

庄子也认为宇宙是无限的。《逍遥游》汤问棘："上下四方有极乎？"棘曰："无极之外复无极，犹河汉（天河）而无极也。"《齐物论》曰："为是而有畛也，请言其畛。"如果说有边界，请说边界在哪里？《秋水》曰："泛泛乎，其若四方之无穷，其无所畛域。"有位科学家说："宇宙无限大，粒子无限小，目前尚无法用科学手段加以证明。"但他忘了，无穷大与无穷小是个公理，公理是大家公认的，无需也无法证明。

既然说世界是有限的，那么世界有多大，寿命有多长？据说，目前人类能观察到一千亿光年的地方。因此，人类的世界有方圆两千亿光年这么大。既然世界产生于150亿年前的一次大爆炸，太阳100亿年后将寿终正寝。那就是说，人类的世界只有250亿年寿命。

有科学家认为：宇宙有形状，可能是封闭球形，也可能是开放的双曲面。广义相对论描述了引力如何扭曲空间的形状，如何拉长或缩短时间。爱因斯坦说："在高速运动中的时钟变慢了，长度缩短了，质量会随着速度增加而增加。引力强的地方时间慢，引力弱的地方时间过得快。光线并非直线传播，来自星球的光纬线，在通过一个巨大天体时，会发生弯曲。"根据相对论，还会推算出不可思议的结果：乘飞船以光速在太空飞行的人，寿命将比地球上的人延长365倍。2500年前，如果老子以光速在太空飞行7年，回到地球一看，已不是春秋战国，而是新中国的和平时期。换句话说，只要老子以光速在太空转一圈，就可以活到今天。真是天方夜谭，理论上可能，实际不可能；理论是对的，实际是错的，错在哪里？错在理论脱离实际，因为人不可能以光速飞行。

既然空间和时间没有形状，当然无形可变。在外力作用下不是空间变形，而是空间里的物质变形。第5章："天地之间，其犹橐籥乎？虚而不屈，动而愈出。"天地之间，不就像大风箱吗？虚而不屈，不可压缩变形。外力抽动时，改变的不是风箱，而是风箱中的空气。说明外力再强大，只对空间（风箱）里的物质发生作用，对空间不发生作用，不会使空间变形。在强大压力下，不是空间缩小变形，而是空间里的物质被压缩变形；光线是人对光的形象称呼，光线的本质是粒子个体流动和集体波动的组合。在强大引力作用下，不是光线弯曲，而是粒子流动和波动方向发生改变。不是时间变慢，而是粒子流动、波动速度变慢。时间是计算事物运动过程快慢的人为规定，是有统一恒定的计量单位，不统一、不恒定就无法计量。因此，被拉长或变短的是过程，而不是统一规定不变的时间。

科学家认为：宇宙是对称的。任何事物有正面必有反面，有正宇宙必有反宇宙。因为构成宇宙的任何一种粒子，都有相应的反粒子。正反粒子相遇，会发生湮灭，转化为光能。从基本元素构成看，有物质必有反物质。有物质构成的北京、上海，必有反物质构成的北京、上海；有一个你，就有一个反物质的你存在于另外一个世界。假设正反的你，正反的北京、上海碰到一起，马上会化为一缕青烟不见了。

总之，宇宙是对称的。然而我们看到的，却是强烈的不对称。从宇宙的物质构成来看：73％是暗能量，23％是暗物质，4％才是看得见的无数星球，明显不对称。地球和太阳都是正物质构成的，银河系肯定也没有反物质构成的星球。如果有，正反相遇，就会发生爆炸，发出强光而湮灭，银河系就不可能存在。可以推断：反物质构成的地球、太阳、所有星球肯定躲在我们视线之外宇宙的哪个角落里。好奇的科学家执着地要寻找反粒子构成的反宇宙。他们说："很多人对反物质、暗物质，或者说，对反面的、黑暗的世界感到很恐怖，认为它们代表邪恶地狱。反物质的世界是个什么世界，另外一个世界是什么样子？由反物质所组成的宇宙到底存不存在？不去找，就永远不知道怎么回事。"

　　我们知道，宇宙存在四种力：引力、电磁力、强力、弱力。强力是把质子和中子结合在原子核内的力；弱力是让原子核发生衰变的力。科学家正在努力建立一种大统一理论，即万物之理，以统一解释这四种力。爱因斯坦的相对论把引力和电磁力统一了；杨振宁的规范场论，则统一了除了引力之外的三种力，朝大统一迈出了一步。1956 年，杨振宁、李政道一篇论文"对于弱相互作用中宇称守恒的质疑"指出弱作用中宇称不守恒，从而获得诺贝尔奖。所谓宇称，指一个基本粒子与它的镜像（反）粒子完全对称，性质相同，运动规律一样。就像人在照镜子，镜中影像和真实的人完全相同。杨振宁、李政道否定了宇称守恒，女科学家吴健雄的实验证明他们是对的。

　　宇宙到底是对称还是不对称？由反物质所组成的宇宙到底存不存在？理论上对称，实际不对称，这一矛盾使科学家百思不得其解，一筹莫展。老子哲学很好地解释了这种矛盾现象。《老子》认为：宇宙既对称又不对称，不是绝对的：宏观对称，微观不对称：性质对称，数量不对称。老子列举了有无、美丑、善恶、难易、长短、高下、音声、前后、祸福、凶吉、正反等许多矛盾现象。所谓"万物负阴而抱阳"，说明万物是对称的，这种对称是矛与盾、明与暗的对称，是性质相反的对称。而不是半斤八两，一半对一半，数量上的对称。《庄子·秋水》说：对称双方的数量、矛盾双方的力量，不是均等的，而是一消一长，一盈一虚，此消彼长，无动不变，无时不移的。如同一个人并非绝对对称，手足、眼耳，身体左右对称，但心肝等内脏并不对称；男女对称，但数量并不相等。有正粒子必有反粒子，是性质上对称，但数量上并不对等，也是此消彼长，互相转化的。第 1 章："此两者，同出而异名。"一物两面，同出共存，矛盾统一。宇宙只有一个，由明暗、正反两方面构成。不存在独立的一个正宇宙，一个反宇宙，或多个宇宙。物质由正粒子和反粒子共同构成，不存在由正粒子单独构成的正物质，由反粒子单独构成的反物质。正如一个人左右对称，不能说成左一个，右一个，两个人。只有男女共同构成的社会，不存在只有男人，或只有女人的社会。

　　老子思想还是很有用的，我们应该运用老子的唯物辩证法，纠正一些概念错误。不要钻进死胡同，耗费大量精力、财力，去寻找什么反物质构成的你我他，正反的北京、上海，甚至反宇宙，这都是不靠谱的事情。英国宇宙学家霍金说：宇宙学要回答的根本问题，就是我们从哪里来，到哪里去？老子早在两千五百年前就回答了这个问题：第 42 章：道生万物。第 51 章：道生之，德畜之。第 6 章：玄牝之门，是谓天地根。第 16 章：万物并作，吾以观复。夫物芸芸，各复归其根。万物从哪里来？从道这种看不见，摸不着的无数小东西（基本粒子）那里产生出来的。到哪里去？复归到基本粒子那里去。这是万物的生命历程，其中包括所有的人，这是不可抗拒的天之道。逻辑推理，我们从无数小小老百姓那里来，又到老百姓那里去。即从群众中来，到群众中去。

　　有些人相信霍金所谓的宇宙论，相信什么虫洞，穿越时空隧道，旅行到另一个宇宙等天方夜谭。并出版大量报刊书籍，宣传这种无稽之谈，伪科学的神话，却不相信老子的宇宙论，不宣传老子的辩证唯物主义思想，令人费解。

第七章　什么是物质

什么是物质？首先有几个概念需要明确。

1. 物质只是个精神性的名词

列宁说："物质是标志客观实在的哲学范畴。"就是说物质是标志客观实在的哲学名词，是荀子所说的"大共名"。制名指实，物质是物的本质，物的本质是基本粒子。列宁所说的"客观实在"，应该是指无数的基本粒子。所以物质只是基本粒子的统称，是精神性的名词。客观存在的不是物质，存在的是无数的基本粒子。

人类对物质的认识是随科学的发展而逐步深入的。由于历史条件和科学发展水平的限制，老祖宗最初认为物质是水火金木土，虽然这种认识很粗浅，但认识到世界是物质的，总比万物由上帝创造，世界是精神的认识强百倍。有的词典和哲学教科书说："古代朴素唯物主义把物质归结为水火金木土和气，是对世界统一于物质的一种幼稚的猜测。近代形而上学唯物主义把物质归结为原子，认为万物都是由原子构成的。把物质归结为一种或某种具体物质形态是不科学的，是错误的。""哲学的物质概念和自然科学的物质概念是不同的。"这种说法，自己错了却说别人错；自己不科学，却指责别人不科学。老子讲阴阳不讲五行，因为他认为物的本质是像"气"一样的无数小东西，虽然他不知道这些小东西是什么，但已经拥有和现代科学所说的基本粒子一致的伟大认识。这是非凡思维能力的体现，绝不是什么幼稚的猜测。

必须明确，原子和基本粒子是物质、物的本质，不是物态、物的形态。固态、液态、气态才是物质形态。如果说，把物质归结为具体的原子，基本粒子是错的，请问：制名指实，物质应该标志什么客观实在才是正确的？停留在物质只是抽象的概念、精神性哲学名词，就会从世界是物质的，陷入世界是精神的泥坑。既然哲学源自科学的正确认识，哲学以各门科学所提供的具体知识为基础，对这些知识进行概括和总结，那么，唯物主义哲学和自然科学的物质概念应该是一致的，不应该不同！

2. 物质是否无限可分

关于物质，科学家和哲学家进行过一次有趣的对话。1955 年，科学家说："根据现在研究成果，质子、中子是构成原子核的基本粒子。所谓基本粒子，就是最小的，不可再分。"哲学家说："我看不见得，从哲学观点看，物质是无限可分的。质子、中子、电子也应该可分的。一分为二，对立统一嘛。不过，现在实验条件不具备，将来会证明是可分的。""宇宙从大的方面看来是无限的，从小的方面看来也是无限的，不但原子可分，原子核可分，电子也可以分，而且可以无限地分割下去。庄子讲："一尺之棰，日取其半，万世不竭。"这是对的。"

首先要澄清的是："一尺之棰"这句话不是庄子说的。《庄子·天下》曰："辩者以此与惠施相应。"辩者指公孙龙，因为公孙龙主张分别离，正名分，明贵贱，从理论上维护等级周礼。而庄子和惠施主张，不分贫富贵贱一律平等的合同异、齐物论，反对不平等礼制特权。绝不会讲这种无限可分，别同异，明贵贱的话。惠施曰："至大无外，至小无内。天地一体也。"至小无内，不可再分。庄子也认为不可再分，《庄子·秋水》曰："物无贵贱。至精无形，至大不可围。无形者，数之所不能分也；不可围者，数之所不能穷也。"

老子则认为：物质既可以又不可以无限分割。所谓物质，正如荀子曰："大共名也。"制名指实，物质是无数粒子的统称。老子曰："道生一，一生二，二生三，三生万物。"物质作为无数粒子集合体，当然无限可分。但是，单个粒子不可能无限分割。为什么？老子解释说："祸兮福之所倚，福兮祸之所伏。"祸福、正奇、善妖在一定条件下是会互相转化的，转化是宇宙普遍永恒的自然现象。单个粒子分到最后，必然发生转化。恩格斯《自然辩证法》说："纯粹量的分割是有一个极限的，到了这个极限，它就转化为质的差别。"一根木尺，每天一半一半地分。用不着万世，分到第30天，就到十亿分之一尺。此时，木尺就成为很细小的分子。分子是保持物体化学性质的最小微粒，不可再分。再分下去，木尺就不是木质了，发生了质的转化，转化成其他东西。

转化成什么东西呢？有无数可能。因为分子再分下去是原子。科学家说：美国影星梦露呼出的原子，足以传遍整个大气层。所以，我们每呼吸一次，都可能吸入由她或某只恐龙曾经呼出的原子。如此说来，每个人都由碳水化合物构成。我们的祖先死后，化为水分蒸发，进入大气层。尸体埋入土中，化为灰烬，被植物作为养分吸收，动物吃植物。人又喝水、呼吸、吃动植物，形成生物链。那么，曾经构成已死去的祖先无数粒子，岂不可能重新组合，构成我们现代人的部分躯体？这种重新组合是随机的，可能是这，可能是那，有无数可能，无限生机。如果不用科学知识，的确很难理解老子所说的话："道生万物，夫物芸芸，各复归其根。"道（物质、粒子）是万物产生的起源，成长的过程，死亡的归宿。"生之畜之，长之育之，亭之毒之，养之覆之。"既然生了养了，为何又毫无爱心，毫无人性地让万物先后死去？"天网恢恢，疏而不失。"无一例外，无乎逃物。现已查明：这些能上天入地，不生不死，生天生地，生养万物；恍兮惚兮，善行无辙，来无影去无踪，不召自来，挥之不去，独立不改，周行不殆，天马行空，驰骋天下之至坚，无有入无间；混沌无知，变化无常，没有爱心，没有人性；无处不在，无时不有，无所不能的小东西，不是万能的神仙和上帝，而是哲学家所说的物质，科学家所说的粒子。

从理论上讲：一半的一半，无限可分，但实际不可能。这种理论上可能，实际不可能的矛盾，使科学家百思不得其解。其实，无穷大和无穷小，只能趋近，永远到不了。物质不灭，再怎么分，也不会等于零。零是个转折点，由正数转化为负数。可见，数学说：分的最终结果也是转化。从物理学角度看也是转化：粒子与反粒子相遇，会发光"湮灭"，转化为光能，即质量转化为能量。质量与能量是一物两面，"同出而异名，同谓之玄"。所谓湮灭，并不意味着物质消灭了。而是由一种形式转化成另一种形式。可见，粒子并非无限可分，分的最终结果是能量与质量的转化。爱因斯坦用 E=MC² 表达了这种转化是守恒的。所以，老子的结论是：粒子作为物质群体，无限可分；作为个体，不能无限分割，分割的最终结果是转化。

3. 粒子同时具有粒子性又有波动性吗

光太重要了，没有光，世界一片黑暗，人类将无法生存。光的本质是什么？从 17 世纪开始，科学家的认识不断深入。牛顿首先提出微粒说，认为光是按惯性定律沿直线飞行的微粒。而荷兰惠更斯则提出光的波动说，认为光是在一种弹性媒质中传播的机械波。随后，英国麦克斯韦提出光是一种电磁波。20 世纪初，爱因斯坦提出光既有波动又有粒子的二象性。1924 年，法国德布罗意进一步说：一切微观粒子和光一样，都具有波粒二象性。尽管如此，这个矛盾还是使人难以理解，为什么粒子会同时具有粒子性和波动性？

我觉得可从老子的"上善若水"得到启发。用水的流动和波动来理解波粒二象性。一个水分子的运动无非三种：一是定向流动，由此及彼，从源头流向大海；二是恍兮惚兮，作混沌无序的"布朗运动"；三是"独立而不改，周行而不殆"。在原地振动或旋转的圆周运动。波动是一群分子的集体行动。当我们向静水投一块石头，产生向四面八方扩散的波浪。我们发现，浮在水面的树叶并不随波的扩散而漂向四方，而在原处上下浮动。说明波动是水分子在原地振动，带动周围水分子也在原地振动的连锁反应。流动不同，树叶会随流水单向从甲地漂向乙地。可见，单个粒子只具有粒子性，不可能同时具有波动性，只有群体粒子才具有波动性。当太阳光照射到地球，首先到达的不是粒子，而是光波。光波速度每秒 30 万公里，而粒子流动会遇上种种障碍，绝对没有光速快。光的本质是电磁波，是电子的电能与磁能快速转化的波动。科学家认为：粒子与反粒子相遇会发光湮灭，转化成光子；光子没有质量，没有反粒子。根据老子"万物负阴而抱阳"的理论，我怀疑光子的存在。光如果是粒子，必然有质量和反粒子。所谓光子，实际是电子。而光实际是光能，是一种能量，不是粒子。

4. 如何理解量子世界的神秘诡异现象

2019 年 2 月 2 日，央视"开讲啦"栏目，请量子信息专家讲神奇的量子世界。专家说："量子世界有许多神秘的怪异现象，无法用习以为常的宏观物理来解释。"他举了几个例子：

（1）量子并不存在于一个位置上，可以在不同地方同时出现。主持人问："这么说，我父亲能在客厅和卧室同时出现，可以这样理解吗？"答："可以这样理解，谁都感到奇怪，奇怪是正常的。因为宏观世界不可能，微观世界却可能。量子可以在一个地方神秘消失，并瞬间在遥远的另一个地方神秘出现。这种瞬间传递，不需要任何载体，起码比光速高四个量级！"

（2）量子不会从一点只通过一条单一路线，到达另一点。例如从合肥到北京，普通人要么坐高铁，要么坐飞机。量子人却可以又是高铁又是飞机，两条路一块走。有幅漫画，画一个普通滑雪者，遇到一棵大树，按常规，要么从左边，要么从右边滑过去。量子人却能穿树而过。比孙悟空、超人蜘蛛侠还厉害。不可思议吧！把人说得目瞪口呆，一头雾水，莫名其妙。

（3）处在纠缠状态的正负电子，不管它们相距多远，即使天各一方，都会影响彼此的行为。一个逆时针自转，另一个必然顺时针自转，仿佛两个电子有着超越光速的联系，可以让它们瞬间达成共识。玻尔说：这种纠缠现象，只有实验测量看到的才存在，没看到的就不存在。于是，有人说：灵魂是存在的，灵魂就是不可分割的量子，独立而恒在的个体。灵魂世界，只有能量没有质量，只有数量没有大小，只有空间没有时间，只有远近没有距离，只有形态没有形状。如同由两性产生的家庭，心有灵犀一点通的夫妻，就是一种错综复杂的纠缠关系。也就是说：心灵感应，隔空传物，灵魂游荡，是存在的。我认为：这是典型的唯心论观点。

爱因斯坦不相信这种比光速快，能穿越时空的超凡能力，认为这种现象不可能产生。他说："搞物理的人，怎么能不相信在我们之外，有个独立的物理世界存在呢？"他戏称这是远距离的闹鬼现象，鬼魅（幽灵）般的超距作用（效应），上帝在掷骰子（赌博），违背了量子是最小不可分割的基本单位，以及任何运动速度都不可能超过光速的自然法则。不信归不信，他却解释不了这些现象。所以，主张量子力学的玻尔批评说：你这是旧观念，你的理论只能解释宏观世界，不能解释微观世界。有旁观者说："这两个伟大人物的争论，只停留在哲学（嘴炮儿）层面，谁也说服不了谁。"

（4）量子力学是一门深不可测的新兴学科，量子纠缠是量子力学的核心，基本原理之一。几乎所有实验都证实量子纠缠的存在。我国发射的墨子号量子卫星，也证实1200公里之外量子纠缠现象的存在。开讲人是量子信息专家，中国科学院院士，他说的微观现象确实存在，不能不信。但是，一个人同时走两条路，同时在客厅卧室出现，可以穿树而过，心灵感应，隔空传物，鬼神游荡，类似街头杂耍，打死我也不信！如何理解微观世界这种神秘怪异现象？是不是用习以为常的宏观理论就无法解释呢？不是的，用老子的哲学可以解释这些现象。老子认为：宇宙是物质的，天体在充满粒子的宇宙中"独立而不改，周行而不殆"，就像鸟儿在空气中飞翔，鱼儿在水中畅游。我们可以用前面说的，理解波粒二象性的办法，来理解量子世界的诡异现象。

什么是量子？根据科学家定义："一个物理量如果存在最小的不可分割的基本单位，这个最小单位称为量子。""量子是一份一份分立的，用于描述微观世界自然规律的基本单位。""量子不是界限分明的小球，而是行踪诡异的概率云。"就是说：量子是物理量（如质量、能量等）的最小单位。据说颗粒在 10^{-8} 毫米以下才算微观世界，量子每秒可作上亿次高频震动，引发周围粒子振动的连锁波动。可见，量子具有波粒二象性。

牛顿首先提出光是按惯性定律沿直线飞行的微粒说。用光或电刺激，使低能级的原子跃升为高能级原子，从而辐射出的光叫激光。激光具有很亮的直线性，证明光的粒子性。

惠更斯则提出光的波动说，认为光是在一种弹性媒质中传播的机械波。随后，麦克斯韦提出光是一种电磁波。科学家用单孔实验和双缝实验，证明光的波动性。当光从小孔射入房间，房间不是只有光的直射点亮，而是整个房间都亮。双缝实验表明光具有波动独有的偏振干涉衍射现象。20 世纪初，爱因斯坦提出光既有波动又有粒子的二象性，光的本质是粒子的流动和波动，是电与磁的快速转化。所谓衍射现象，指光在传播过程中，遇到障碍物时，光将偏离直线传播的路径，而绕到障碍物传播的现象，就像水遇到石头就绕过去一样。用波的衍射现象就很好理解所谓两条路同时走，穿树而过的现象。只有波才有这种现象，而单个粒子和人不是波，不可能出现这种现象。

什么是量子纠缠？据定义："几个粒子彼此相互作用后，由于各个粒子所拥有的特性已综合成为整体性质，无法单独描述各个粒子的性质，只能描述整体系统的性质，这种现象称为量子纠缠。它纯粹发生于量子系统，在经典力学里，找不到类似现象。纠缠涉及量子力学核心秘密。"有人举例：女儿在深圳生儿子，升格为母亲。虽然还没把信息告诉远在北京的母亲，但在北京的母亲瞬间升格为姥姥。这种改变是同时发生的，不需要任何载体传输信息。又如，一对粒子，总数为 100 单位能量。你和朋友分别带一个粒子分开后，不管相距多么遥远。当你发现你的粒子有 40 单位能量，尽管朋友一点信息也没告诉你，但根据能量守恒定律，你可立即推断朋友的粒子一定有 60 单位能量。反之亦然，尽管能量快速变化，双方都能比光速更快获知对方变化信息，而不需要任何载体传输。这两个例子能帮我们理解所谓量子纠缠为什么比光速快，不是什么隔空传物，心灵感应，而是客观存在的自然现象。量子纠缠是一种物理资源，但不能用于超光速通信，只能作为一种加密解密手段，以保证通信安全。

宇宙中许多谜团，当我们还不解，一时无法解释时。觉得神秘怪异，不可思议。一旦了解了，就会觉得，哦！原来如此，不过如此，很简单嘛，有什么怪异的？

（5）混沌是物质的基本形态。

物理学告诉我们，物质有七种物态（形态、状态）：固态、液态、气态、等离子态、超固态、中子态、凝聚态。老子说：有物混成。混沌是物质第八种形态，是物质最基本的形态，是物质常态。

冰是固态，加热变成水，是液态，再加热变成蒸气，叫气态，这是我们熟知的物质三态。如果把气体加热到几千度以上，或在强大射线照射下，气体原子开始抛弃电子，成为带正电的离子，这种状态叫"等离子态"。大多数能发光的恒星内部压力温度极高，故内部物质都处于等离子态。太阳就是个高温等离子体，在流星的尾巴、地球周围的电离层、美丽的极光、打雷闪电、日光灯、霓虹灯、等离子电视机，都能找到这种奇妙的等离子态物质。在一定条件下，带电等离子相互冲突而重新组合，会释放出极大能量，激起很高温度，可利用来进行热核反应，造福人类。

万物都由原子构成。原子之间，原子内部，都存在空隙。在极高温度和几百万大气压力下，这些空隙被压扁了。原子和原子，原子和电子都紧紧挤在一起，因此特别重，这样的物态叫"超固态"。在地球内核和白矮星内部存在这种物质。如果继续加温加压，连原子核都压碎了，释放出的质子和电子结合成中子，这种状态叫"中子态"。一火柴盒中子态物质竟有30亿吨重，只有少数恒星才有这种物质。

以上是常温常压或加温加压后出现的六种物态。如果不断冷却，会出现什么物态呢？科学家用液氦冷却水银，当温度降到零下270摄氏度时，发现水银的电阻完全消失。以后又发现铝、铌等在低温下也出现零电阻，具有这种性质的材料叫"超导体"。科学家利用超导材料制造了重量轻、体积小、效率高的超导电机和电脑。超导体呈现零电阻的同时，还伴随抗磁性。科学家利用这种对磁性具有极大排斥力的特性，制造了高速磁悬浮列车。

温度与原子运动有关，原子运动越快，温度越高。只有原子不运动时，温度最低。但原子不可能完全不运动，因此要消除一个系统所有热量是不可能的。所以，温度不可能无限降低。最低只能降到零下273摄氏度，称为"绝对温度"。在自然界，最冷是太空，也只达到零下270摄氏度。1995年，科学家把原子冷却到与绝对温度相差无几时，发现一种新物态，称为"凝聚态"。此时，原子不作"布朗运动"，而像阅兵一样，以整齐划一的方式振动，原子间相互影响很小。这种状态只在实验条件下出现，如何用来造福人类，尚在研究之中。科学家设想，用来收集阴天散射光，以提高太阳能的利用率。

我建议：把"混沌"列为第八种物态。早在两千五百年前，老子就提出了"混沌理论"。主要内容有：什么是混沌（如何认识世界）？如何摆脱混沌（如何改造世界）？对我们来说，最现实的问题是，如何摆脱混沌无知，如何摆脱千百年动乱苦难的历史"周期律"。把老子的"混沌理论"研究透了，同样可造福人类。

什么是混沌？

有人说：世上有许多事情很难说清，既确定又不确定，有太多可能性，糊里糊涂就叫混沌。老子则认为混沌是广义的，不仅是人的混沌，而且有多种状态：道之为物，有物混成，先天地生。在天地万物产生之前，宇宙是一片混沌。这种混沌是"其上不徼，其下不昧。恍兮惚兮，无状之状，无物之象。绵绵若存，专气致柔。迎之不见其首，随之不见其后"。看不见，听不到，摸不着，淡无味，好像有，又好像没有，似是而非的状态。第56章："塞其兑，闭其门；挫其锐，解其分；和其光，同其尘，是谓玄同。"混沌又是一种闭塞封闭的状态，没有矛盾，没有纷争；没有刺眼的光芒。是一种朦朦胧胧的状态。第20章："混兮其若浊，澹兮其若海，飂兮若无止。"混沌既像混流浊水，又像辽阔的大海，表面平静，却潜伏着急流激荡，是一种混乱动荡，极不稳定的状态。有太多不可预料的偶然性、随机性，有太多不可捉摸的动态和变化。混沌就像人的思想，在尚未清醒认识之前，愚人之心，是混混沌沌，糊里糊涂的状态；混沌是一种微妙玄通，玄之又玄，深不可识，令人摸不着头脑的状态。

也许有人认为：这种永远说不清道不明的混沌现象，有什么好研究的？研究了又有什么用？老子认为：不但有用，而且有大用。第1章："欲以观其妙，欲以观其徼。"我们要以强烈的求知欲望，去研究混沌。因为混沌是万物产生之前，消亡之后，最初和最终的形态。是宇宙最基本、最普遍的自然状态。

万物产生于混沌，最终又回归混沌。老子说：道生万物，万物并作，夫物芸芸，各复归其根。这和科学家说万物起源于"宇宙汤"，又复归于"宇宙汤"如出一辙。

生命生于混沌。25亿年前，地球完全为水所覆盖。生命起源于海洋里水和有机分子混合的"原始汤"。受精卵产生于一团混沌的精液，其中有上亿个精子。谁能预测到哪个精子能幸运地钻进卵细胞而产生新生命？"玄牝之门，是谓天地根。绵绵若存，用之不勤。"老子称这种神秘的、生生不息的生殖现象为玄之又玄，万物根源。

一种新思想产生之前，思维肯定处于混沌状态，经历由糊涂到明白的过程。一个新社会、新国家的产生，也会经历动荡不安，天下大乱的过程。说明思想、社会、国家都产生于混沌。

扬州八怪郑板桥主张"难得糊涂"。其实，八怪都很聪明，一点也不糊涂。在现实中，谁愿意一辈子糊涂？春秋时期，战争动乱，百姓不得安宁，谁愿意生活在这种极不稳定的混沌之中？第15章："孰能浊以静之徐清，孰能安以动之徐生？保此道者，不欲盈，夫惟不盈，故能蔽而新成。"谁能让狂风浊浪平静下来，使政局逐渐清明。谁能让动乱安静下来，使社会逐渐露出生机？反映出人们不满混乱现状，要求推陈出新，摆脱混沌的强烈愿望。老子提出混沌理论，也是为他改变残酷周礼奴隶制现状的政治目标服务的。

尽管老子在两千年前已经提出"混沌理论"，但长期以来，这种最重要、最基本、最普遍的自然状态，却被熟视无睹，研究甚少，以致人们对混沌的认识也是非常混沌的。直到1961年，气象学家洛伦茨发表了著名的"蝴蝶效应"。洛伦茨认为：我们生活在极不稳定的混沌中，一个小小的扰动，就会演变成越来越大的事件，从而带来不可预料的灾难性后果。亚马孙河一只小蝴蝶，扇动翅膀所产生的连锁反应，足以引发密西西比河流域产生风暴。这似乎危言耸听，他想以此引起人们对混沌的重视。许多事实证明洛伦茨是对的。

怎样摆脱混沌？

必先找出规律，这个规律就是矛盾统一。唯物辩证法是摆脱混沌的最好办法。不管是自然界还是人类社会的发展，必然要经历从随机、无序、失衡、无组织、无纪律、无数可能、无穷自由度，这种复杂的混沌状态，向不同程度的有序、有组织、统一、平衡、和谐的状态演变过程。人的认识也是从混沌无知到有知。科学不是算命先生，不能信口开河，什么都能预测。有规律才能预测，没有规律就无法预测。混沌看似毫无规律，其实还是有规律的。混沌理论的任务就是寻找混沌中的规律，无序中的有序，偶然中的必然，变化中的不变，差异中的玄同，多样中的一样。从而冲气以为和，找到解决问题，化解矛盾，摆脱混沌的办法。牛顿力学，爱因斯坦相对论，研究宏观自然现象，找出规律，可以预言在外力作用下，物体未来的运动状态。运用他们的理论计算，可以把载人航天器准确送到太空预定轨道运行。使人类征服自然迈出一大步，这是他们伟大之处。但是，他们的理论无法计算而预言，微观物质在内力即核力作用下，混沌、随机、无序运动变化的结果。

洛伦茨的理论引起现代人对混沌的重视，功不可没。人们展开了研究并取得丰硕成果。洛伦茨因此被冠为混沌理论的创始者，称他的混沌理论是改变世界的伟大科学思想。其实，混沌理论创始人不是洛伦茨而是老子！如何摆脱混沌？洛伦茨也没提出什么办法来。还是老子有办法，他提出的办法就是唯物辩证法，通俗地讲就是怎样看问题，认识矛盾，即认识论；怎样解决问题，化解矛盾，即矛盾论。因为在混沌状态下，有太多偶然性，他们的理论无法确定是什么结果。

所谓唯物，不是唯利，而是一切从实际出发，实事求是，理论联系实际。辩证法是看问题要全面，既看到这一面，也要看到另一面。主观要符合客观，不要单纯从个人的感情、喜好、想当然出发。就像投资做生意，从想当然出发，只想到赚的一面，没想到会亏的一面，以致亏损破产，又不知振作，最终跳楼自杀。辩证法提供了正确看问题和解决问题的方法，使人摆脱无知混沌。老子的主张，归纳起来，主要有这么几条：

1. 抽象，由表及里，透过现象看本质

抽去不同看相同，剥去表皮看内容。使复杂多样，千变万化的世界统一于物质。这种合同异，齐物论，使人们从大本大原，更容易明白并接受一个最简单的基本道理：天下虽然有许多差别和等级，但应该大同小异，人人平等。

2. 逻辑推理，由此及彼看转化，用发展的眼光看问题

老子为什么说：宇宙是由无数实在的小东西构成？目的是以这种理论为老百姓说话。说宇宙是实有，不是虚无，实有才能产生万物。由此及彼，引申到人间。国家由老百姓构成，衣食住行都是老百姓生产出来的，是我们的衣食父母。因此，不要看不起小东西、小人物。从而看不到他们的疾苦，听不到他们的呼声。单个小东西、小人物、小小老百姓，往往细小柔弱，毫无力量，不成气候，被人看不起，只能任人宰割。但是，团结起来，具有无坚不摧，攻无不克的力量。柔弱胜刚强，柔弱的新生事物终将代替貌似强大的旧事物，这是历史发展必然的趋势。用发展的眼光看问题，不要静止片面地把问题看死了。

3. 从老百姓的立场看问题

立场不同，看问题就不同。苏轼曰："横看成岭侧成峰，远近高低各不同。不识庐山

真面目，只缘身在此山中。"老子和孔子看问题之所以对立，就因为他们的立场不同。鲁迅说："同是一个道字，好比同样是一双鞋。孔子是走朝廷的，老子是走沙的。"老子主张以百姓心为心，爱民治国。站在百姓立场，处处为百姓着想。而孔子站在奴隶主立场，忠君不忠民，《论语》没有一句为百姓说的话。

4. 从实际出发，实事求是地看问题

唯物辩证法的基本原理就是实事求是，一切从实际出发。只从情感愿望出发，想当然，就会犯主观主义错误。从实际出发，说起来容易，做起来难。一般都是："我怎么想，就怎么做。"想法是对的，当然没问题；想法要是错了怎么办？为科学作出伟大贡献的牛顿，晚年却犯了压制年轻人，阻碍科学发展的错误。认为上帝是宇宙第一动力。尽管如此，人们并未减少对牛顿的尊敬。牛顿的威信太高，许多人崇拜他，以为他说的都是对的。思想受束缚，就会妨碍人们从实际出发，客观地看问题。不唯书，不唯上，只唯实。不能因为牛顿是伟人，普通人就不能或不敢提出自己的看法。

老子为我们作出了榜样。老子主张圣人要无私、无欲、无为，后其身，外其身，以身为天下。但他知道一般人是做不到的，所以实事求是地提出："为腹不为目，见素抱朴，少私寡欲。""去泰、去奢、去甚。"不走极端，不追求奢侈。不是"存天理，灭人欲"而是少私寡欲，保持艰苦朴素的本色。又如第38章："夫礼者，乱之首，攘臂而扔之。"第32章："名亦既有，夫亦将知止。"认为极不平等的周礼是动乱根源，必须推翻；同时又实事求是地承认合理的名分地位等级制度的作用。第46章："祸莫大于不知足，咎莫大于欲得。"当官的生活本来就比老百姓好很多，老百姓是接受的，因此要知足常乐，适可而止，不要无限制地扩大等级差别。如果再贪污腐化，这是老百姓无法容忍的，最终将"自遗其咎"。这是从实际出发看问题的典范。

5. 从整体、全局看问题

惠施曰："至大无外，自小无内，天地一体。"《庄子·秋水》："至精无形，至大不可围。""计人之所知，不若其所不知；其生之时，不若未生之时。以其至小，求穷其至大之域，是故迷乱而不能自得也。由此观之，又何以知毫末之足以定至细之倪？又何以知天地足以穷至大之域？""自细视大者不尽，自大视细者不明。"高高在上，就看不清细小的东西。只有放下架子，低下身来仔细观察，才能看到小百姓疾苦，听到小百姓的呼声，摸到时代脉搏；不能坐井观天，必须从整体、全局出发，才能站得高、看得远、看得全。《老子》第54章："以身观身，以家观家，以乡观乡，以邦观邦，以天下观天下。"老子把我们的眼光从眼皮底下，看得见的小天地，拓展到浩瀚宏伟的宇宙。使我们摆脱了儒家"普天之下，莫非王土；率土之滨，莫非王臣"思想的束缚。看到天下不是天子一个人的天下，而是老百姓的天下。从整体看，老百姓比拥有庞大军队的天子更有力量。百姓是当官的衣

食父母，当官要孝顺父母，为民办事，不要反过来要老百姓孝顺"父母官"。第 36 章："鱼不可脱于渊。"官与民是鱼水关系，要以百姓心为心，爱民治国；不要以智治国，把聪明才智都用于算计老百姓，动不动就烹小鲜鱼肉百姓。

6. 辩证地看问题

第 58 章："祸与福，正与奇，善与妖，人之迷，其日固久。"《庄子·秋水》："知东西之相反而不可以相无。"人们对这些矛盾现象，长期感到迷惑不解。所以《老子》书中讲得最多的是辩证法。他举了许多矛盾互相对立，互相依存，互相转化，转化必须有条件的例子，例如，怎样看待无与有，无用与有用，无为与有为；名与实，同与异，成与败，得与失，等等，来说明："道生万物，万物负阴而抱阳，冲气以为和。"这句话是老子关于唯物辩证法最精彩的表述。唯物辩证法使老子具有独特的眼光，与众不同的观点，充满智慧的思想，是个巨大的精神宝库。能帮助我们摆脱混沌无知，正确地看问题，使解决问题有了正确方向和办法。

怎样看待无与有，无为与有为，无用与有用？一般认为"有"才有用；"无"没用。有钱才有用，才能过好日子；无钱，有什么用？孔子说：学而优则仕，当官，"禄在其中"，叫作"有为""有出息"一辈子荣华富贵；不当官，只能去种地，"耕也，馁在其中"。樊迟请学稼，子曰："小人哉，樊须也。"说樊迟没出息。谁都想拥有，不想一无所有，一贫如洗。做生意，都想赚，没人想亏。但老子懂辩证法，不但看到正面，也看到反面。他善于反思，逆向思维，换位思考，换个角度，换条思路。所以，看问题比一般人深刻全面。

一般来说，"无"的确没用。没东西可用，当然无用。但老子从另一个角度告诉我们："有"有用，"无"也有用，而且有大用。第 11 章说：试想想，车毂要是没有轴孔，轮子不能转，车子还有用吗？陶器是实心的，还能盛水吗？房间满满的，还能住人吗？没有生活空间，人类还能生存吗？故曰："无之以为用。"

"有之以为利。"有当然好，有利。拥有金钱和权利，拥有知识和聪明才智，并不是坏事。看你拥有以后干什么，搞不好会成为包袱和祸害，甚至掉脑袋，是把双刃剑。五色、五音、五味、驰骋田猎、难得之货、享太牢、登春台、服文采、带利剑、财货有余，谁都喜欢，都想拥有。但是，"金玉满堂，莫之能守。富贵而骄，自遗其咎。"过甚、过奢、过泰，会造成目盲、耳聋，分不清是非，看不见方向，从而使心发狂，铤而走险。大吃大喝，"馀食赘行"，有害健康。第 53 章："朝甚除，田甚芜，仓甚虚，服文采，带利剑，厌饮食，财货有余，是谓盗竽。""民不畏威，则大威至。"民众反抗，大祸临头。最典型的莫过于拥有绝对权力的秦始皇，他统一中国后，不懂得爱民治国，为民造福。而是以智治国，把聪明才智用来为自己建造阿房宫，修筑皇陵。第 75 章："民之轻死，以其上食税之多，以其上之有为，以其上求生之厚。"引爆农民起义，强大帝国毁于一旦。无与有在一定条件下是会互相转化的，秦始皇把无变成有，坐了江山；又把有折腾成无，丢了江山，这种例子实在太多。所以，老子认为最有用的还是"无为"。第33章："自胜者强。"能克制欲望，战胜自我，不争权夺利，不贪污腐败，不烹小鱼，折腾百姓，不做伤天害理的事，无为就是有为的人。第48章："无为而无不为。"第3章："为无为，则无不治。"第49章："以百姓心为心。"第10章："爱民治国。"第13章："爱以身为天下者。""万物将自宾。"第66章："是以天下乐推而不厌。"老百姓将推举你，并寄托以天下之重任。第43章："吾是以知无为之有益。不言之教，无为之益，天下希及之。"

7. 预防为主，治未病，治未乱

要摆脱混沌无知，应努力找出规律。但现实中有许多事情一时无法找出规律，怎么办？例如：我们无法准确预测何时突发地震；突发瘟疫；突发安全事故。

第64章老子曰："其安易持，其未兆易谋。其脆易泮，其微易散。 为之于未有，治之于未乱。"安定未乱容易把握，未露兆头容易谋划，脆的东西易碎，微小的东西容易涣散。如果乱到坛坛罐罐都打碎了，就无法补救。《黄帝内经》曰："是故圣人不治已病，治未病；不治已乱，治未乱。夫病已成而后药之，乱已成而后治之，譬犹渴而穿井，斗而铸锥，不亦晚乎？"虽然亡羊补牢，犹未为晚，但损失已无法挽回，所以要"早服积德"，早做准备，防微杜渐，防范未然，预防为主，治未病，治未乱，制订抗震救灾应急预案。大由小构成，多由少积累。量变到一定程度就会发生质变，因此控制量、把握度，就可以临危不乱，把事故消灭在萌芽状态，尽量减少损失。

我国自古以来就有防控不明原因瘟疫流行的经验，30章老子曰："大军之后，必有凶年。"大战之后，大量死尸无人掩埋，必然酿成瘟疫流行。要防止瘟疫流行，必须闭其门，塞其兑，阻断流行渠道。认识到蔓延之前局势比较容易控制。务必"为之于未有，治之于未乱"。早做准备，把疫情控制在局部萌芽状态，这是我国最早预防为主的防控思想。

防控的同时，要尽快摆脱混沌无知状态，50章、55章曰："善摄生者，路行不遇兕虎，入军不被甲兵；兕无所投其角，虎无所用其爪，兵无所容其刃。夫何故？以其无死地。含德之厚，比于赤子，毒虫不螫，猛兽不据，攫鸟不搏。骨弱筋柔而握固，未知牝牡之合而朘作，精之至也。终日号而不嗄，和之至也。"为什么老年人比年轻人更容易被病毒感染？关键是老年人抵抗力差。因此，要善于养生，增强体质，提高免疫力。

如何看问题是认识问题。物理学是以观察和实验、知与行为基础的科学。法拉第说："没有观察就没有科学，科学发现诞生于仔细的观察之中。"老子是第一个阐述如何认识宇宙，认识矛盾的人。

第1章，老子的认识论认为："欲以观其妙；欲以观其徼。"要有探索天地之始，万物之母的强烈欲望。观察名与实，无与有，同与异这些玄之又玄，却又是"众妙之门"的问题。第15章："微妙玄通，深不可识。夫唯不盈，故能蔽而新成。"只有不满足现状，研究这些微妙玄通，深不可识的问题，才能推陈出新。第70章："吾言甚易知，甚易行。言有宗，事有君。"第54章："以身观身，以家观家，以乡观乡，以邦观邦，以天下观天下。修之于身，修之于家，修之于乡，修之于邦，修之于天下。吾何以知天下然哉？以此。"第16章："知常曰明，不知常，妄作凶。"第21章："吾何以知众甫之状哉？以此。"第47章："不出户，知天下；不窥牖，见天道。其出弥远，其知弥少。是以圣人不行而知，不见而名，不为而成。"第81章："知者不博，博者不知。"有知识的人，不卖弄自己博学；卖弄博学者，其实无知。第2章："天下皆知美之为美，斯恶已。"第3章："恒使民无知无欲也，使夫知者不敢为也，为无为，则无不治。"第4章："吾不知，象帝之先。"第32章："夫亦将知止，知止可以不殆。"第33章："知人者智，自知者明。"第44章："知足不辱，知止不殆。"第46章："祸莫大于不知足；咎莫大于欲得。"

第52章："天下有始，以为天下母。既得其母，以知其子；既知其子，复守其母，没身不殆。"第53章："使我介然有知，行于大道，唯施是畏。"最怕的是倒行逆施，妄为施虐。第56章："知者不言，言者不知。"第65章："古之善为道者，非以明民，将以愚之。以智治国，国之贼；不以智治国，国之福。知此两者，是谓玄德。"第70章："吾言甚易知，甚易行。言有宗，事有君。"第71章："知不知，尚矣；不知知，病矣。圣人不病，以其病病。夫唯病病，是以不病。"知道自己有所不知，是最好不过了。没有知识却以为有知识，许多人常犯这种毛病。圣人没有这种毛病，但担心自己也犯有这种毛病。只有担心自己犯这种毛病，不讳疾忌医，才不会犯这种毛病。

有几个概念性的认识问题必须厘清：

（1）实践问题

不可否认，通过"实践是检验真理的唯一标准"大讨论，打破框框，促进思想解放，政治意义重大。但实话实说，这一提法并不严谨，在真理与实践的关系上，存在一些基本概念问题值得探讨。既然是真理，是对的，还要再检验什么？理论不等于真理，有对有错，是否正确，才需要检验。实践同样有对有错，怎么能作为唯一标准来检验真理？所以建议改为"实际效果是检验理论的唯一标准"。实际效果的标准，就是邓小平说的"三个有利"：是否有利于生产力的发展；有利于国家；有利于人民。是不是社会主义，标准也是"三个有利"，而不是一大二公，大锅饭，铁饭碗；也不是以计划经济还是市场经济为标准。穷不是社会主义，要摆脱贫穷混沌，发展是硬道理。国家不富裕、不强大，许多矛盾就难以解决。但是，发展有个过程，不可能一步登天，急于求成。不能只凭良好愿望乱发展，要讲科学。只有科学发展才能事半功倍。

（2）斗争问题

过去，我们对"斗争"二字有些误解，好像除了你死我活的阶级斗争，咬牙切齿斗倒斗臭之外，再没有别的含义。应该更新扩展这些斗争观念。老子说："万物负阴而抱阳，冲气以为和。"矛盾（阴阳）是普遍存在的，有矛盾，就有斗争。矛盾有对抗性、也有非对抗性。"冲气"指矛盾冲突，矛盾斗争。斗争应该是广义的，可以有许多方法和手段，不是只有对抗性一种。斗争最终目的是"为和"，是和解，是化解矛盾，解决问题。第79章："和大怨，必有余怨。"孔子主张中庸调和，掩盖矛盾，矛盾还是存在，不能彻底解决问题。在这里，"冲气"是"为和"的条件。没有冲气，不可能为和。

阶级仇民族恨，是对抗性矛盾。这种血泪仇，只能用革命战争来解决。但是，战争是斗争的极端做法，是没办法的办法。老子说："不得已而用之。"更多的是非对抗性矛盾，斗争是广义的，不是只有流血斗争的一种方式。例如，与天斗，与地斗，自力更生，艰苦奋斗；家庭矛盾，夫妻吵架斗嘴，等等，也是一种斗争。

负阴而抱阳，冲气以为和。通过战争，实现和平；第61章："大邦不过欲兼畜人，小邦不过欲人事人，夫两者各得其所欲，大者宜为下。"在国际关系中，应该是平等的。大国不要老想欺侮奴役别人，大国是矛盾的主要方面，小国不要过于依赖事奉别人。通过矛盾斗争，两者各得其所，优选出适合自己国情的发展道路；意见不一致，通过交流沟通，取得一致意见；遇到问题，内心矛盾，通过思想斗争，终于想通了；商业竞争，不一定是你死我活，把对方整垮，以便垄断市场，可以通过谈判，各得所欲，互利双赢；体育比赛，虽然竞争激烈，可以通过友谊竞赛，互相促进，共同提高。可见，斗争有很多方式，不一定非要痛苦的你死我活的斗争，也可以是愉快的微笑和平竞争，总之，有矛盾、有斗争，才有进步，才能发展。

（3）动与静，变与不变，绝对与相对

有人说："发展的观点，是马克思主义的基本观点。这个观点认为：运动变化是绝对的，发展是永恒的，世界上不存在任何永恒不变的东西。马克思主义承认变化是永恒的，不承认有什么永恒不变的东西，一切都表现为过程。"这话说得有点绝对，任何事物都有绝对的一面，又有相对的一面。历史是不断发展变化的，但是，历史瞬间定格，静止不变却是绝对的，不可改变。运动是绝对的，同时又是相对的。运动必须有参照物，只有绝对，没有相对，那是静止，不是运动。发展也是绝对的，又是相对的。例如，我们是发展中国家，是相对发达国家而言的；若相对某些落后贫穷的国家，我们还是发达一些。一个人也有两面，老是运动，不静止躺着休息一下行吗？当然，躺着看似静止，其实在动。肺在呼吸，心在跳动，人在随地球运动。但是，人死了，不可逆转死而复生，那是绝对的。可话又说回来，尸体表面不动，实际在腐朽变臭。王夫之说："太虚者，本动者也。动以入动，不息不滞。动静者乃阴阳之动静，静者静动，非不动也。静即含动，动不舍静。动静互涵，以为万变之宗。""天地之德不易，而天地之化日新。今日之风雷，非昨日之风雷；今日之日月，非昨日之日月；肌肉之日生，而旧者消，人见形之不变，不知语日新之化。"相貌虽没什么变化，但今天的我已不是昨天的我。动与静，变与不变，都是辩证的，有绝对的一面，又有相对的一面，动中有静，静中有动；变中有不变，不变中有变。这是王夫之很精辟的一段论述。

《老子》第7章："天长地久。"第23章却说："飘风不终朝，骤雨不终日。天地尚不能久，而况人乎？"这不是矛盾吗？到底是天长地久，还是不能长久？其实并不矛盾。刮风下雨，是天气变化的自然现象，是暂时的，不可能长久；但这种天气变化却是绝对的，永恒不变的自然规律。也是说变中有不变，不变中有变，既有绝对又有相对。

孔子说老子喜欢水，主张动。《论语》曰："知者乐水，仁者乐山。知者动，仁者静。"但也有人说：老子主静。第 16 章："致虚极，守静笃。"第 20 章："澹兮其若海；飂兮若无止。"第 26 章："静为躁君，躁则失君。"第 31 章："恬淡为上。"第 32 章："知止不殆。"第 37 章："万物自化，化而欲作，吾将镇之以无名之朴。镇之以无名之朴，夫将不欲，不欲以静，天下将自定。"

物质是不停地在运动的，这是绝对的。第 25 章："独立而不改，周行而不殆。"老子认为：这种运动不是简单的直线运动，而是循环往复，周而复始，自转加公转的螺旋式复杂运动，不为人的意志而改变。动力分外力与内力，第 5 章："动而愈出。"这是外力。第 40 章："反者道之动。"这是内力。否定了上帝是第一动力。

但运动又是相对的。一物在一瞬间占两个位置，说明此物是运动的；一物在一段时间只占一个位置，说明此物是静止的。《庄子·天下》曰："飞鸟之景（影），未尝动也；镞矢之疾，而有不行不止之时。"飞鸟是运动的，但和影子是相对静止的；飞箭也有不行不止之时，指一瞬间只占一个位置，既不能说动，也不能说是静止。

可见，任何事物都是辩证的，只强调、夸大绝对的一面，否认相对，把事物绝对化，是绝对主义；只强调、夸大相对，否认绝对，把事物相对化，是相对主义，二者皆不可取。

综上所述，老子的辩证法能使人变得更聪明，更有能力，更有办法，从而摆脱混沌无知状态。学习老子思想，有助于树立正确的辩证唯物世界观。

第八章　什么是精神

精神是指人类的思想感情、心理意识，没有人类就没有精神。"物质变精神，精神变物质。"讲的是精神来源于物质，不是凭空产生的东西；精神改变不了物的本质，但可以改变物的形态。凡是人想出来的或做出来的东西都是精神产品，如飞机大炮、城市建筑、理论学说、文学艺术、影视戏曲、报纸杂志、神仙鬼怪，等等。精神产物是人为的创造，不是自然界本来就有的东西。不能一概而论，自然的、原生态的都好，人为的都不好，有几个基本概念需要明确。

1. 精神归根到底是物质，不是独立于物质之外的东西

有字典注解："意识属于主观世界，物质属于客观世界。物质是不依赖于人的意识而独立存在的客观实在。"这样注解，好像物质和精神是各自独立存在的两个世界。实际不存在两个世界，那只是人为的划分。更不存在灵魂出窍，脱离身体，在阴间游荡。物质可以独立存在，但精神不可能离开物质而独立存在。恩格斯说："精神归根到底是物质的。"精神必须以大脑为基础，是大脑思维活动的产物。人的思维活动实质是一种脑电波和粒子流，没有大脑就没有精神。

第 21 章："道之为物（物质），其中有象（现象）；其中有物（物体）；其中有精（精神），其精甚真；其中有信（信息）。"天地万物都是物质（道）构成的，都是物质（道）的具体形态，其中包括精神、信息。虽然窈兮冥兮，却是真实存在的。

根据老子的讲述，庄子又发明了精神一词。《知北游》："精神生于道。"《刻意》："精神四达并流，无所不极，上际于天，下蟠于地。"精神活动不应受限制，可以天上地下，浮想联翩。《天下》："独与天地精神往来，而不敖倪于万物。"《在宥》："解心释神，莫然无魂。"庄子之所以把精和神挂钩，是说精神这个东西很神秘、神奇，但不是神仙上帝或者什么灵魂。

2. 先有物质后有精神

第 42 章曰："道生万物。"当然包括人。既然精神必须以人脑为物质基础，是人脑思维活动的结果。在人类诞生之前和消亡之后，都不存在思维活动，也就不存在精神，没有人类就没有精神。《庄子·大宗师》曰："且有真人而后有真知。"《知北游》曰："精神生于道。"《齐物论》曰："人谓之不死，奚益？其形化，其心与之然。"人死了，形体化灭了，其"心"随之不存在。

3. 精神是物质的反映

虽然，精神归根到底是物质，但和一般物质运动不同。思维活动是物质运动特殊的最高形态，是主观对客观的反映。我们看到、听到、感觉到的事物，反映到脑子里。通过思维，判断是非对错。然后，选择我们认为是对的，去指导行动，改造客观世界。结果证明：符合实际就是对的，不符合实际就是错的。有时，我们认为是对的，实际不一定对。即使反映是对的，也不能画等号。因为精神所认识的事物不等于所反映的事物，理想不等于现实，就像照镜子。镜子里的影像是真人的正确反映，但镜子里的影像是虚的，镜外的人才是实的，影像不是实人，只是实人的真实反映。所以老子曰："道可道，非常道。"不能画等号。《庄子·天道》曰："水静犹明，而况精神。圣人之心静乎，天地之鉴，万物之镜也。"阐明了精神与物质的关系：精神依赖物质而存在，犹如照镜子，是物质的反映。以此来解释"道可道，非常道"这句话。道可以是各种各样精神性的道，但都不是永恒的物质性的道。即使认识正确，二者相符，也不能画等号，还必须把理论转化为现实。

4. 精神与物质的转化

任何事物在一定条件下，都会向自己的反面转化的。"物极必反""反者，道之动；弱者，道之用。天下万物生于有，有生于无。"强者转化为弱者；弱者转化为强者。强弱之间的转化是有条件的，没有条件就不会转化。这个条件就是道的推动，道在发挥作用。"万物生于有。"这个"有"指道，道生万物，道是实有，不是虚无。"有生于无"这个"有"指万物。道生万物之前，没有万物，是"无"。故曰："万物之有生于万物之无。"有与无同出于道而异名，前提条件是道。没有道，有与无不可能相反相成相生。第58章：祸福、好坏、正奇、善妖是截然不同的。俗话说："是福不是祸，是祸躲不过。"老子说：发挥主观能动性，祸还是可以躲过去的，条件是：要善于摄生。第50章曰："以其生生之厚"人都有趋利避害求生的本能。"盖闻善摄生者，陆行不遇兕虎，入军不被甲兵。兕无所投其角，虎无所措其爪，兵无所容其刃。"有人说老子贪生怕死，回避矛盾，逃避现实。其实不然，游击战的原则是：打得过就打，打不过就躲。消灭敌人，保存自己，不做无谓的牺牲，怎能说是贪生怕死？明知山有虎，偏向虎山行，知其不可为而为之。表面勇敢，实则喂虎，傻瓜一个。"祸兮福所倚，福兮祸所伏。"倚指祸福相反相成，相互依存。伏指潜伏一种可能，并非无条件，一定会转化。不吸取教训，不努力，失败不可能转为成功，坏事不可能变成好事。第29、57章欲取天下的条件是：天下神器不可为；爱民治国，以无事取天下。

说物质第一性，不是说精神不重要。指导思想很重要，但正确的思想源自实践。物质变精神，精神变物质，是可以互相转化的。精神与物质，具有作用与反作用的功能。凡是人想出来的东西叫精神，精神是物质的反映，先有物质后有精神，二者相生相成，相互转化。第21章："道之为物，其中有象、有物、有精、有信。"物质包含精神和信息，也就是说，精神和信息归根到底是物质性的。客观实际不存在单独的物质世界和精神世界，那只是人为的划分。

《齐物论》庄子说：一天晚上，我梦见自己化为栩栩如生的蝴蝶，自由自在地翩翩起舞。感到非常惬意，忘乎自我。突然醒来，发现自己还在心跳噗噗地躺着。不知是我做梦化为蝴蝶，还是蝴蝶做梦化为我？我和蝴蝶毕竟是有区别的，这就叫作物化。庄子做梦，不是升官发财。而是梦想自由，像蝴蝶一样，快乐地自由飞翔，这是个美丽的梦想。但梦想不等于现实，一回到现实，就不是美丽的蝴蝶，而是贫穷的庄子。所谓"物化"，就是精神变物质的转化。讲梦想与现实的区别。凡是人类制造出来的东西，都是物化了的精神产品。

许多人为庄子解梦，有位作家说："这是庄子最潇洒，最凄美的梦，化蛹成蝶，凤凰涅槃，浴火重生。凭这一梦，庄子就应该名垂千古，感动世界。"庄子说梦，想告诉我们什么？教授说："人生如梦，庄子把人生当作一场梦。"具有浓厚的悲观主义色彩。鲁迅说："是非不辨，梦觉不分，生活混沌，糊涂主义。"李敖说："庄子传递了一个很新的观念：我梦蝶，还是蝶梦我？答案是：现在的我是蝴蝶在做梦。庄子梦蝶和法国散文家蒙田玩猫是同一类型的故事。蒙田说：当我和猫一起玩时，是猫玩我，还是我玩猫呢？"李敖并未理解庄子梦蝶之大义。庄子是在论述精神与物质，梦想与现实的关系：

首先，精神以物质为基础；梦想以现实为根基。老子曰："九层之台，起于累土。故贵以贱为本，高以下为基。"做梦是人在睡觉时一种特殊的精神活动，这种精神活动是逍遥自在，不受任何束缚限制的。《刻意》曰："精神四达并流，无所不极，上际于天，下蟠于地。"《逍遥游》曰："鲲鹏之大，天南地北，水击三千，扶摇直上九万里。"《列子·黄帝》曰："不知斯齐国几千万里，盖非舟车足力之所及，神游而已。"你可以天南地北，想入非非，神游一番。可以做噩梦，坠入阴曹地府，血腥煎熬。也可以做美梦，梦见蝴蝶，做梦娶媳妇。胡思乱想，想得天花乱坠，谁也管不着。日有所思，夜有所梦。尽管有些梦很荒唐离奇，还是离不开人，以人与物为基础。没有人，就没有梦。《逍遥游》曰："水浅不厚，其负大舟也无力；风积不厚，其负大翼也无力，故九万里则风斯在下矣。"飞得再高，想得再远，要有基础，要有水和风的支撑。

其次，梦想不等于现实。一旦回到现实，就不是高飞的蝴蝶，而是躺在社会底层的庄子。

最后，不可忽略"物化"二字，任何事物在一定条件下是可以转化的。虽然梦想不等于现实，但是通过努力，梦想可以变成现实。中华民族经历多少苦难，付出多少代价，追求了两千多年自由平等的梦想，今天终于实现了。但也明白了另一个道理：天下没有绝对的自由平等，绝对自由就会天下大乱；绝对平等就成了大锅饭、铁饭碗，就会出现许多只吃饭、不洗碗的懒婆娘。自由，是在不损人利己的前提下，有约束的自由；平等，不是半斤八两的绝对平均，而是大同之下有等级差异，是平衡之下的平等。庄子梦蝶所表达的哲理，是蒙田玩猫遥不可及的。

第九章　什么是礼

　　忠孝仁义礼智信勇，是中华民族传统道德。并非孔子首倡，也不是只有儒家在讲。诸子百家都讲，只是各讲各的，立场不同，讲法不一样。应该说，孔子在这方面讲得多一些。孔子的主张可以用这八个字来概括，核心是"礼"，其他七个字都是为"礼"服务的。有人说老子不讲道德，不讲礼。其实不然，关键要搞清什么是礼。

　　《论语》子曰："礼云礼云，玉帛云乎哉？乐云乐云，钟鼓云乎哉？"所谓礼呀乐呀，不是玉帛礼物，钟鼓乐器，而是周礼。子曰："殷因于夏礼，周因于殷礼。"子曰："周鉴于二代，郁郁乎文哉，吾从周。"周礼是从夏商奴隶制发展起来的，源远流长，内容丰富。主要有分封世袭、井田、军事、刑法四项基本制度。

　　礼是干什么用的？"礼之用，和为贵。"礼是用来"和"的。"无礼则乱。"意思说越级就乱，按等级顺序就不会乱；不乱就是和，犯上作乱就是不和。"道之以德，齐之以礼，有耻且格。"讲礼，讲道德，民众有羞耻心，行为就不会出格，不会犯上作乱。"上好礼，则民易使。""上好礼，则民莫敢不敬。""约之以礼，亦可以弗畔。"可见，孔子所说的礼，不是文明礼貌，而是周礼，是等级森严、残酷的奴隶制，是防止老百姓犯上作乱的紧箍咒、精神枷锁，是统治老百姓的专政工具。

　　礼制这套统治工具，还是很管用的。在周公治理下，西周有过一段兴盛的历史，是孔子理想的社会，称为至德之世。"周之德，其可谓至德也已矣。""吾从周。""我爱其礼。"

　　但好景不长，西周晚期，恰恰是至德周礼出了问题。用孔子的话说：周室衰微，祸起萧墙，分崩离析，礼坏乐崩，世风日下，天下大乱。胡适说："要懂得老子、孔子的学说，必须先懂得老子、孔子的时代。"让我们简要回顾一下春秋战国那段历史。

　　一是周礼奴隶制造成社会基础崩溃。

　　老子曰："九层之台，起于累土。贵以贱为本，高以下为基。"西周"盛世"是建筑在奴隶血汗与白骨堆之上的，基础不牢。明代思想家李贽说："耕田者有所收获，才肯出力治田。"

　　在奴隶社会里，奴隶主对奴隶任意打骂、虐杀、买卖。沉重的劳役，牛马不如的生活，短期尚且难过，何况长期累死累活，一无所获，怎么可能有出力治田的积极性？奴隶病的病，死的死，逃的逃。不打仗，抓不到战俘，大批减员的奴隶得不到补充。消极怠工，劳力短缺，加上天灾人祸，使公田荒芜歉收。一些聪明能干的诸侯觉得这样下去非完蛋不可，于是采取一系列改革措施。改革对象，首先就是周礼奴隶制、世袭制和井田制。他们悄悄把公田化为私田，以优惠政策把逃亡的奴隶吸引到私田，变为自耕农，大大提高了种田的积极性。

这一改革，加速了周室王畿的奴隶向诸侯封地逃亡。结果是诸侯坐大，周室衰落。周库空虚，财源枯竭，养不起重兵。对外，无力抵御外族侵扰。有一次，姜戎长驱直入，周宣王差一点当了俘虏；对内，无力控制诸侯，镇压民众。公元前841年，国人暴动，周厉王逃到山西，14年不敢返京执政。朝政只好由大夫周公和昭公共管，史称"共和行政"。

二是周礼造成上层腐败。

腐败从周天子开始，一代不如一代。天子至高无上的权力，不受任何约束，想干什么就干什么，胡作非为，挥霍无度。为了维持军费和奢侈生活，开支庞大，横征暴敛，滥杀无辜。周王朝腐败无能，控制不了坐大的诸侯。各路诸侯竞相改革，以图强盛，称霸中原。春秋时期是从齐国带头改革开始的，改革使齐国强大，成为春秋五霸之一。晋文公重耳在介子推等人辅佐下，改革旧制，国力强盛，也乘机称霸中原。楚原是湖北西部蛮族，后占据江汉平原。楚庄王以孙叔敖为相，励行改革，国势强盛，虎视眈眈，问鼎中原。

晋楚争霸近百年，势均力敌，各有胜负。晋助吴制楚，楚助越制吴。吴国在晋支持下强盛起来，吴王阖闾派孙武、伍子胥率兵攻陷楚都。楚在秦帮助下打退吴军，越则乘虚攻吴。吴王夫差为父报仇，打败越国。越王勾践忍辱负重，卧薪尝胆，在文种、范蠡辅佐下，乘吴王夫差率军赴中原争霸，后方空虚，攻陷吴都，夫差自杀。越王勾践乘胜北上，会盟诸侯，成为春秋最后一个霸主。

鲁是武王弟弟周公的封地。鲁国大夫季、孟、叔氏（合称三桓）受改革浪潮影响。于公元前594年，在各自领地，开始变其俗，革其礼，实行初税亩和丘甲制，采取隐瞒不报的手段，拥有大量私田、隐民和甲兵，势力大增，从而控制了鲁国政权。史记曰："悼公之时，三桓胜，鲁君如小侯，卑于三桓之家。"成为新兴势力的代表。这意味着井田奴隶制解体，佃农封建制的建立。三桓虽不是什么善人，但以封建制代替奴隶制，是一次了不起的制度改革和社会进步。孔子反对改革和进步，是季氏三桓死对头。孔子与子路策划"堕三都"，妄图摧毁三桓老巢。不料失败，孔子仓皇出逃，开始所谓的周游列国。

鲁国的改革不比齐国晚，自然条件也不比齐国差，但受周礼守旧思想影响很深，改革不彻底，一直强盛不起来。史记曰："鲁小弱，附于楚则晋怒，附于晋则楚来伐，不备于齐则齐师侵鲁。"叔氏曰："今我小侯也，处大国之间，缮贡赋以共从者，犹惧有讨。"鲁夹在齐晋楚大国之间，左右为难，国内也动荡不安，可谓内外交困。既然半部《论语》可以修身、齐家、治国、平天下，孔子官至代理宰相，又培养三千弟子、七十二圣贤，为何不能使鲁国也强大起来？

春秋是诸侯把天子变成傀儡，奴隶制（周礼）崩溃的时期；战国是齐田氏、晋三家、鲁三桓等大夫、陪臣把诸侯变成傀儡，封建制确立的时期。战国时期，周室仍争权不断，内乱分裂，衰落到不如一个小诸侯国，共主的象征意义丧失殆尽。在魏相惠施倡议下，无须天子册封，互尊为王。战国七雄先后称王，反映了奴隶制王权的衰亡，封建王权的确立。这是新旧社会制度变革的结果，是历史发展的必然，不是儒家反对变革所能阻止的。

春秋从齐国管仲改革开始；而战国从"田氏代齐"变革开始。齐桓公和管仲死后，"齐二代"腐败，齐国衰弱。齐大夫田氏适应历史潮流，继续改革周礼，施行新政，支持自耕农，发展生产。采取老子"先与后取"的政策：放贷时，大斗借出，小斗收，很得民心。田氏以这种优惠政策诱使农奴到他的领地，提高他们种地的积极性。数年间"齐民归之如流水"。使田氏拥有大量私田和隐民，势力大增。公元前475年，田成子发动武装政变，弑齐简公，立齐平王为傀儡。田氏经几代人的努力，使齐国再度强盛，成为战国七雄之一。这就是著名的"田氏代齐"事件。

晋原本很强大，是春秋五霸之一。春秋末期，"晋二代"也腐败了，政权被六卿控制。经多年血战，魏、赵、韩三家"灭晋侯而三分其地"。公元前403年，周威烈王被迫册封魏赵韩三家为诸侯。按说晋分成三国会更加弱小，恰恰相反，改革使这三国迅速强大，都成了战国七雄之一。首先强大的是魏国，开国明君魏文侯任法家人物李悝（kuī）为相，推行了许多改革措施，主要有：

（1）改革世袭制，任人唯贤。

按周礼规定，奴隶主贵族的封爵俸禄是世袭的，可代代相传。即便子孙没一点本事，对国家没有贡献，照样高官厚禄，过着养尊处优的生活。李悝提出："食有劳而禄有功，使有能而赏必行。夺淫民之禄，以来四方之士。"无论平民还是官二代，谁有本事、有功劳，都可以任用。剥夺那些腐败淫民的封爵厚禄，以招四方有识之士。这和孔子的君君臣臣之义，为政必先正名相反。

（2）尽地力，善平籴（dí），废井田制。

所谓"尽地力"，就是根据老子将欲取之，必先予之的原理。想多收税，必先给奴隶土地，鼓励农耕，增产粮食。改变过去偷偷摸摸的做法，公开地，开阡陌，化公田为私田，变奴隶为自耕农。积极性提高了，用力治田，即可"尽地力"。李悝曰："治田勤谨，则亩益三斗，不勤则损。"只要勤快治田，一亩增产三斗，全国可增产180万石，非同小可，关系国家安危。太史公曰："魏用李，尽地力，为强君。"

所谓"善平籴"，就是根据老子第77章张弓射箭原理："高者抑下，下者举之，损有余而补不足，以奉天下。"善于平衡物价。李悝曰："籴甚贵伤民，甚贱伤农。民伤则离散，农伤则国贫。"粮价过高就会伤害居民利益，造成民心离散；粮价过低会伤害农民种田积极性，则国家贫困。李悝解决这一矛盾的办法是：为了"使民毋伤而农益劝"，国家设"常平仓"。丰年多购粮食进行储备，不使粮价过贱而伤农；荒年则抛售储备粮，不使粮价飞涨而伤民。这样"虽遭饥馑、水旱，籴不贵而民不散，取有余以补不足"。显然李悝应用了老子思想，以国家财力，打击奸商，囤积居奇，牟取暴利。从而平衡物价，稳定民心。可见，我们的老祖宗早就懂得运用经济规律，进行宏观调控。

（3）制定《法经》，把改革周礼，废奴隶制，立封建制，用法律形式固定下来，为我国两千多年封建法律奠定了基本框架。李悝的学生商鞅所制定的《秦律》基本是《法经》的翻版。

两千多年封建统治者治国平天下，是法家、兵家占主导地位，而不是儒家。社会不行了，必然要变革，这不是儒家保守思想能主导的。

战国七雄无一不是改革周礼而强大起来的。按儒家说法：他们都是不忠不孝，不仁不义，大逆不道的人。他们过去是臣子，现在一个个都称王称霸。说的也是，如果不推翻周礼，战国七雄只能世代称臣。所以，非改革不可，各国诸侯都重用法家人物，没人起用儒者。例如：赵烈侯在公仲连辅佐下，不穿儒服学儒术，而穿胡服学胡人骑马射箭；燕昭王招贤纳士，引进军事家乐毅、阴阳家邹衍等一批人才，上演荆轲刺秦王的壮烈悲剧；楚国名将吴起，根据老子的主张，治国先治官。他说："大臣太重，封君太众。若此，则上逼主而下虐民，此贫国弱兵之遵道也。"在楚悼王支持下，改革世卿世禄礼制，剥夺奴隶主特权，严厉打击贵族势力。使"楚国复强，南平百越，北并陈蔡，却三晋，西伐秦，诸侯患楚之强"。

韩昭侯在法家申不害辅佐下进行变革。史记曰："申不害者，昭侯用为相。内修政教，外应诸侯，十五年，国治兵强，无侵韩者。申子之学本于黄老而主刑名。"申子重术，"术者，因任而授官，循名而责实。操杀生之炳，课群臣之能者也。""主处其大，臣处其细。"主张君主无须事必躬亲，有事叫臣民去做，只要手操生杀、赏罚权柄，即可令其服从；慎到重势，主张统治要靠权势，君王居高临下，臣民无不慑服；法家申子重术；慎到重势；商鞅重法；韩非集大成。

秦国改革无疑是最成功的，商鞅变革使秦国迅速强大，横扫六国，统一天下。《史记》说："道生法。法家刑名之学，多本于黄老。"强大的秦国不是败在以法治国，焚书坑儒；而是败在不懂治大国若烹小鲜，爱民治国，无为而治的道理。

纵观春秋战国历史，虽然天下大乱，却是改革、进步的时代。改革对象就是周礼，改革比较彻底的是井田制。秦国基本上摧毁了奴隶制，确立了封建制。但是世袭制的改革并不彻底。统一前，秦始皇破除了周天子的世袭制，取消了当官的铁饭碗（世卿世禄）。统一后，却保留世袭制。俗话说："富不过三代。"造成这种情况，表面是官二代、富二代个人问题，深层次则是制度问题。因为礼制、分封制、世袭制保障了统治者世代子孙的特权。不管是有本事没本事，有贡献没贡献。也不管是败家子、浪荡公子、浑蛋，还是白痴。三岁就能当皇帝，就能享受无上的权力，奢侈的生活。当然，不是说老子当官，儿子不能当官。老子有钱，儿子不能有钱。历史上儿子比老子有本事，青出于蓝而胜于蓝的大有人在。当他们继承权力和财富时，知道祖辈创业之艰难，懂得贵以贱为本，高以下为基；不能只顾自己，要为百姓办事的道理。当他们过着老百姓无法比拟的富裕生活时，懂得知足常乐，适可而止。去甚、去奢、去泰，不走极端。这样的官二代掌权，富二代继富有何不可？老子曰：不管什么人，只要能爱民治国，以身为天下者，若可寄托天下，天下乐推而不厌。

然而，礼制世袭，使统治者近亲繁殖，一代不如一代，一代比一代腐败无能。使中国有史以来，一直陷于不断改朝换代的"历史周期律"。曹操评论刘邦的子孙说：他们是生在深宫后院，活在妇人怀里，只知享乐的无能之辈。可是，曹操自己的子孙也一样，不能幸免。这不禁使人想起现在的独生子女，一个个都是"小皇上"。他们往往只想到自己，想不到别人。当然，想自己，无可非议，但不能走极端利己主义。适可而止，知足常乐。

第81章："既以为人，己愈有；既以与人，己愈多。"应该以老子这种我为人人，人人为我的集体主义精神，来教育我们的"小皇上"，不要重复腐败的历史周期律。

腐败无能的天子无力统治诸侯，被改革而强大起来的诸侯所取代。诸侯掌权后，为了巩固权力，长期混战，尸骨遍野，百姓无以为生，也存在一代比一代暴虐腐败的问题。聪明能干的大夫、家臣乘机篡夺诸侯权势。如鲁之三家，晋之六卿，发展到三家分晋，田氏代齐。聪明能干的新兴势力取代了腐败无能的旧势力。尽管这些聪明能干的诸侯、大夫、家臣也不是什么大善人，总比腐败无能的侯二代强一些。应该说，这是一种社会变革和进步。

孔子反对腐败无能由聪明能干取而代之的社会变革和进步。孔子认为：天子发动战争，庶人不议，老百姓没有说话权利，是天下有道；如果礼乐征伐自诸侯、大夫出，陪臣执国命，庶人议政，则是天下无道。主张君君臣臣，克己复礼。胡适说："中国古代的守旧派，如孔子之流，对于这种变革自然非常痛恨。所以孔子做司寇，七日便杀了一个乱政大夫少正卯。"可见，孔子并非仁慈，他有狰狞杀人的一面。孔子沐浴而朝，告于哀公曰："陈桓弑其君，请讨之。"齐国发生弑杀腐败无能君主的变革，比齐国弱小的鲁国已经自顾不暇，孔子却要鲁哀公出兵干涉。孔子反对改革，连酒杯改个样子他都反对。子曰："觚不觚，觚哉，觚哉！"凡是主张改革的人，孔子都要攻击。

老子曰："将欲取之，必先予之。"欲取之于民，必先与民一条活路。大家都称赞管仲不守先王之道，藐视周礼，提倡改革，富国强兵，使齐国称霸中原，是知与之为取的贤臣。《史记》曰："其为政也，善因祸而为福，转败而为功。知与之为取，政之宝也。世所谓贤臣，然孔子小之。"孔子说：管仲这个人很阴险，剥夺伯氏三百户采邑，（指化公田为私田）弄得伯氏饭都吃不饱，至死竟毫无怨言。"管仲之器小哉，不知礼。"指责管仲小器，违背周礼，竟敢和君主平起平坐。

孔子的弟子不乏独立思考，主张改革的人。季氏富于周公，而求也为之聚敛而附益之。子曰："非吾徒也，小子鸣鼓而攻之可也。"季氏代表主张变革的新兴势力，孔子号召学生攻击他和冉求违反周礼，犯上作乱，大逆不道。孔子还有个叛逆的学生叫宰我，"宰我为临菑大夫，与田常作乱，以夷其族，孔子耻之。"宰我大胆反对："三年之丧。"认为三年太长，一年就够了，并未彻底反对守孝。孔子却背后说："予之不仁也！"宰我认为：夏殷周立神主使民战栗，用来吓唬老百姓的。孔子说：过去的事，不要乱讲。宰予昼寝，白天睡大觉，根本不听孔子的陈词滥调。子曰："朽木不可雕也，粪土之墙不可污也。"宰我故意问曰："仁者，虽告之曰：井有仁焉，其从之也？"子曰："何为其然也？君子可逝也，不可陷也；可欺也，不可罔也。"连孟子也觉得孔子这样回答欠妥。辩解说：人之初，性本善。人总有恻隐之心，不忍心看到小孩落井而不救。起码要呼救，怎么能跑掉呢？

因改革周礼而势力大增的季氏，无视等级森严的周礼，公然对不平等周礼和世袭制提出挑战，八佾舞于庭。孔子不容忍这种革周礼命的造反行为。"孔子谓季氏，八佾舞于庭，是可忍也，孰不可忍也。天子穆穆，奚取于三家之堂？"孔子认为周礼是最好的制度，不容僭越，发誓要维护周礼奴隶制。"周之德，其可谓至德也已矣。""吾从周。""吾爱其礼。""如有用我者，吾其为东周乎！""甚矣吾衰也，久矣吾不复梦见周公。"孔子做梦都想"正名"、想"克己复礼"。孔子曰："天下有道，则礼乐征伐自天子出，政不在大夫，庶人不议；天下无道，则礼乐征伐自诸侯出，自大夫出，陪臣执国命。"孔子如此反对诸侯改革，试想，这些诸侯大夫陪臣会采纳孔子的主张吗？

孔子的理论听起来好像很有道理，但那都是维护旧统治者利益，反对新统治者改革的道理。齐景公问政于孔子，孔子对曰："君君臣臣，父父子子。"意思说：君是君，臣是臣，君臣关系如同父子关系不能改变，这是维护特权礼制和世袭制的道理。齐景公开始还觉得很有道理，说："善哉！信如君不君，臣不臣，父不父，子不子，虽有粟，吾得而食诸？"孔子背后指责齐桓公杀公子纠，争权夺利，兄弟相残，不仁不义，君不像君，臣不像臣，父不像父，子不像子。齐景公才意识到掉进了孔子的陷阱。尽管如此，齐景公还是很客气地对孔子说："吾老矣，不能用也。"气得孔子说："齐景公有马千驷，死之日，民无德而称焉。"

卫灵公问陈于孔子，孔子对曰："俎豆之事，则尝闻之矣；军旅之事，未之学也。"卫灵公待孔子不薄，孔子背后却说他坏话。子言卫灵公之无道也，未见过这种好色不好德的人。天下大乱，卫灵公急需的不是什么俎豆之事，而是军旅之事和发展经济的用稼之事。而孔子却说他只懂俎豆之事，其他不懂，叫诸侯如何重用他？

都说孔子"周游列国"，是为了理想，明知不可为而为之；明知山有虎，偏向虎山行的英雄壮举。其实是孔子与子路实施"堕三都"，反对变革阴谋失败后，被扫地出门的丧家之犬。孔子流亡14年，到处发誓："苟有用我者，保证一年初见成效，三年大见成效。"却到处碰壁。连死党子路也说："君臣之义，道之不行，已知之矣！"

孔子路过楚国叶地，叶公对孔子说："我家乡有个正直的人，父偷羊，儿告发。"孔子竟然主张父为子隐，子为父隐，偷盗行为，反对做个正直清白的人。叶公觉得孔子人品有问题，就问子路："孔子这人怎样？"子路不答，可把孔子惹急了。子曰："女奚不曰：其为人也，发愤忘食，乐以忘忧，不知老之将至云尔。"子贡曰："有美玉于斯，韫椟而藏诸？求善贾而沽诸？"子曰："沽之哉，沽之哉！我待贾者也。"子曰："富而可求也，虽执鞭之士，吾亦为之。"急切心情，跃然纸上。可还是没人用他，孔子灰心丧气，没了先前的豪言壮语，剩下的只是哀叹。子曰："莫我知也夫，知我者其天乎！"子曰："凤鸟不至，河不出图，吾已矣夫！"我这辈子完了，没指望了。甚至想跟公山弗扰、佛肸等人去犯上作乱，造反起家。子曰："谁能出不由户，何莫由斯道也？"谁能不从门户走出屋外，为何没人走我这条道呢？为什么诸侯都不重用我呢？孔子对此百思不得其解。为什么生前反封建的孔子，死后却被捧为封建社会的圣人呢？原因是封建地主阶级夺取政权之前，要求变法、改革，不需要孔子保守不变的理论；当他们把政权夺到手以后，要巩固政权、维护封建秩序，则需要孔子那套君君臣臣，上下尊卑，世代不变的理论。于是，把孔子捧上了天。历史证明，孔子维护极端不平等的特权礼制，反对改革，只会激化矛盾，不可能和谐社会，是战争动乱，改朝换代的根源。

孔子认为：天下之所以大乱，是"礼坏乐崩""无礼则乱"。"好勇疾贫，乱也。人而不仁，疾之已甚，乱也。"乱的根源在老百姓不安贫乐道，不安分守己，不遵守周礼，好勇疾贫，犯上作乱。老子则认为：乱的根源是礼，在上不在下。第 53 章："朝甚除，田甚芜，仓甚虚，服文彩，带利剑，厌饮食，财货有余，是谓盗竽。"第 75 章："民之饥，以其上食税之多；民之难治，以其上之有为；民之轻死，以其上求生之厚，使民无以生为。"第 74 章："民不畏死，奈何以死惧之。若使民常畏死而为奇者，吾得执而杀之，孰敢？"第 72 章："民不畏威，则大威至。"第 38 章："夫礼者，乱之首，攘臂而扔之。"指出天下大乱的根源是礼制下，以其上之妄为。《史记》曰："孔子适周，将问礼于老子。"老子劝曰："子所言者，其人与骨皆已朽矣，是皆无益于子之身。"你所说的周公和周礼，连骨头都已腐朽，死抱着不放，克己复礼，毫无益处。

老子主张推陈出新，支持改革。第 15 章说："孰能浊以净之徐清？孰能安以动之徐生？保此道者，不欲盈。夫惟不盈，故能蔽而新成。"谁能让污泥浊水静止下来，使之澄清？谁能让动乱已久的社会安定下来，从而露出一派生机？唯有保此道者，不满足现状，立志改变现状，才能推陈出新。第 39 章："天无以清，将恐裂；地无以宁，将恐废；神无以灵，将恐歇；谷无以盈，将恐竭；万物无以生，将恐灭；侯王无以正，将恐蹶。故贵以贱为本，高以下为基。"政治不清明，国家不安宁，就会山崩地裂；鬼神不灵，腐败无能，下台一边歇去；颗粒无收，食物枯竭，万众无法生存，一切都将毁灭；侯王不清正廉洁，将一蹶不振，再也爬不起来。所以要以民为本，以下为基。从根本上否定"贵贱有等，尊卑有别""普天之下，莫非王土；率土之滨，莫非王臣""刑不上大夫，礼不下庶人"的理论。

第 56 章："所谓玄同，即不论亲疏，不论利害关系，不论贵贱。"第 7 章："是以圣人后其身而身先，外其身而身存。以其无私。"第 8 章："善利万物而不争，处众人之所恶。"第 10 章："爱民治国能无为乎？"具有生而不有，为而不恃，长而不宰之玄德的人，"以身为天下者，若可寄托天下。"第 66 章："是以天下乐推而不厌。"表明老子主张统治者必须选举产生，否定孔子的君君臣臣，维护世袭制的主张。

我们之所以不厌其烦地回顾这段为人熟知的历史，正如胡适所言：想懂得老子和孔子的学说，必先了解春秋战国这段历史。礼代表一种社会制度，代表平等与不平等。时至今日，人们仍为此纠结不清。

春秋战国五百年历史，是改革周礼，推翻奴隶制，建立封建制的历史。天下大乱，就为一个"礼"字。周天子要维护周礼，诸侯要改革周礼。孔子要克己复礼，老子要攘臂而扔之。孔子为富贵者说话；老子为贫贱者说话。这是老子与孔子立场、观点最根本的区别。正如鲁迅说的："同是一个道字，好比同是一双鞋。孔子是上朝廷的，老子是走流沙的。"

第十章 《老子》第一章讲什么

我反复阅读《老子》，把古文译成今文，并作了些与前人不同的注解。例如第一章第一句："道可道，非常道。"什么意思？权威的注解是："道玄之又玄，无法用语言确切表达。如果道可以用言语来表述，那它就不是永恒不变、普遍常在的道。"老子明明说道可道，却注解成道不可道，解释不通嘛。字典说：道可以有各种各样的含义，有物质性的道，如道路、通道；有精神性的道，如仁义道德、资本主义道路；还有动词的说等。因此，我觉得第一句，应该注解为："道可以是各种各样的道，但都不是永恒、普遍常在的道。"

"常"有三种概念：

（1）常有正与反的概念：如正常、反常、不正常。故"道可道，非常道"可理解为："道可以是各种各样的道，但都不是正道（不是正确的道路、道理）。"还可理解为："道是常规，违反常规，就是不正常，故曰：非常道。"

（2）常有规律的概念，第16章："知常曰明，不知常，妄作凶。"荀子曰："天行有常，不为尧存，不为桀亡。"生死存亡这一变化的自然规律是永恒不变的。

（3）常有时空概念：如时常、表示时间的间断性；常常，表示时间的连续性。韩非曰："唯夫与天与地之剖判也俱生，至天地之消散也不死不衰者谓常。"还表示空间概念：如一般普遍、常规常态、永存永在。故常道，指普遍永恒的道，不同于一般的道。

什么是常道？第一章没讲，而在其他章节陆续阐明。那么，第一章讲什么？长期以来，注家都没抓到要点。我认为第一章讲名与实、无与有、同与异三个问题。从老子与孔子开始到现在，这三个问题一直在争论，争论的实质是物质与精神的关系。

"道可道，非常道；名可名，非常名。"是一句妇孺皆知的名言。读起来琅琅上口，什么意思？却说不清楚。当我们弄清什么是道，什么是物质、精神、宇宙、道理、道德之后，再阅读第一章就比较好理解。第一章是总纲，读懂第一章，其他章节就好懂。我认为，第一章主要讲三个问题：名与实；有与无；同与异。

1. 名与实

让我们先解读第一句话。有人认为："道可道，非常道。"是个自相矛盾的悖论，老子钻进一个怪圈出不来了。老子说：用语言表达出来的不是道，故道是不可以用语言来表达的，可是不用语言来表达，又怎么让人明白这玄之又玄的道？我们把苹果叫作苹果，是为了说出苹果。如果不叫苹果，又怎么说明白这种水果呢？这才冤枉，老子明明说道可道，可用语言来表述，没说不可道。我的理解，第一句话有三层意思：

（1）道可以是各种各样的道，但都不是"常道"、永恒的道。

字典说：道有许多含义。可以是物质性，可以是精神性，也可以是道理和方法。"道可以是各种各样的道"的说法与字典一致。

胡适说："道是老子首倡的。"郭沫若亦说："道这个观念，确是老聃所倡导的东西。"此话概念不清，把道和常道混为一谈。其实，道不是老子首倡的，常道才是老子首倡的。春秋时期，百家争鸣，都把自己的学说称为道。《庄子·天下》曰："天下之治方术者多矣，皆以其有为不可加矣。"天下治国之道太多了，都说自己主张的"有为之道"最正确，好到顶了，不可复加。只有老子主张"无为之道"。

孔子不坐而谈玄，但坐而论道。在《论语》中，道字出现的次数比《老子》还多。孔子曰："道不同，不相为谋。"道不同，说不到一块。孔子讲仁义道德，是精神境界的东西，是虚的；老子讲常道，是宇宙物质性实在的东西，是实的。所以，老子第一句话就声明：我讲的是普遍永恒物质性的道，与诸子百家精神性的道不同。

（2）从口里说出来的道，都不是"常道"。

老子认为：道可道，又不可道，是辩证的。有人注解为："道可道，常道不可道，可道非常道。"老子说：常道是物的本质，是实际存在物，是实的；从口里说出来的道是精神性的，虚的。道可道，不是不可道。可以用语言、文字、音乐、绘画等一切形式来表达和描述。但是，凡从脑袋里想出来的，从口里说出来的道，只是事物的反映。是精神性的东西，不等于是物质性的常道。就像前面说的照镜子，虽然影像很像真实的人，但影像是虚的，不等于是实人，不能画等号；计划、理想再正确，也不等于现实。故曰："道可道，非（不是）常道。"

另外，"道者，万物之奥。""微妙玄通，深不可识。"玄之又玄，看不见，摸不着，似或存，无状之状，无物之象。既然没有具体形状、现象可描述，当然无法用语言文字来表达。从这个角度讲，常道不可道。

（3）道可知，又不可知，是辩证的，这是老子的认知论。

知才可道，不知就不可道。什么都不知道，说什么呢？硬要说，那只能是胡说八道。故"知不知，上；不知知，病"。知自己不知，上等；不知装知，有毛病。

道可道，肯定了人的认知能力，即道是可知可道的。暂时不知不可道，通过努力探索，将来一定可知可道。知识可以代代相传，正如庄子说：薪可燃尽，火却能代代传承。被称为乐观主义可知论。虽然玄之又玄，却"欲以观其妙，欲以观其徼"，表达了老子的探索精神。

但是，道又是不可知，不可道的。过去，许多历史事件已灰飞烟灭。后人可能知道一些，但更多的事，永远无法知道。将来的事，可以预知一些，但更多的事无法预知。

事物是无限的，人生和认知是有限的，不可能什么都知道。正如《庄子·养生主》曰：

"吾生也有涯，而知也无涯。"《秋水》曰："计人之所知，不若其所不知；其生之时，不若未生之时。以其至小，求穷其至大之域，是故迷乱而不能自得也。由此观之，又何以知毫末之足以定至细之倪，又何以知天地之足以穷至大之域？"人所知道的东西，不如不知道的多。人活的时间，没有生之前死之后的时间长。想从小小的天地，求穷其至大之宇宙，是不可能的。结果往往是得不到答案而感到迷惑不解。从这个角度看：何以知道毫末就是最小；又何以知道，人类小小的天地就是最大？将来，地球终有一天会毁灭。当人类不存在时，宇宙无穷的奥秘，当然不可知，不可道。老庄这一观点，被贬为悲观不可知论。但这是大实话，是不可抗拒、不以人的意志为转移的事实。

不管是乐观还是悲观，我们不能因为有朝一日要死，地球要毁灭，现在就不活了。也不能因为知不完，不可知，就放弃追求和探索。相反我们要更加爱护地球这个共同家园。抓紧有限生命，活好每一天。不说活得精彩，起码要活得有点意思。要是活得没意思，那不是白来世上一趟，起码要给子孙后代留点什么。努力探索，为子孙后代积累更多知识财富。对此，老子为我们做出了榜样。

第二句话："名可名，非常名。"我的理解有两层意思：

（1）道是实的，永恒的；名是虚的，暂时的。

名都是人叫出来的，是精神性的东西。"名可名"，任何事物，可以这样命名，也可以那样命名。犬可以为羊，马可以为牛。约定俗成，大家公认就可以。这些名称、名分、名利、地位都不是永恒的。"揣而锐之，不可长保。金玉满堂，莫之能守。""君无常位，禄无常奉，自古以然。"今天是天子、侯王，明天就可能是阶下囚或人头落地。谁能永保天子、侯王的名分？故曰："非常名。"

第 32 章："道常无名。"第 41 章："道隐无名。"第 25 章："吾不知其名，强字之曰：道。"许多人注解为道本无名字，其实，应该进一步理解为小东西、小人物不是没有名字，而是无名小卒，是没有身份地位的无名之辈。但是，不要瞧不起他们。第 39 章："贵以贱为本，高以下为基。"第 64 章："九层之台，起于累土。"第 36 章："鱼不可脱于渊。"这是老子以民为本的思想。凡具有民本思想的统治者，就懂得与民休养生息，不烹小鲜；缺乏民本思想的统治者，只知享乐，鱼肉百姓。

有人说：名是永恒的，不会变，也不可变。例如：孔子永远叫孔子，死了两千五百年还叫孔子。如果改了，就不知道指的是谁。但是，不用说几千年，就是几亿年，相对宇宙来说，都是短暂的。当地球和人类都不存在时，还会有人叫孔子吗？可见，名不是永恒的。常道却是永恒的，当地球和人类都消散了，物质不灭，常道还在。孔子与老子的观点截然相反。孔子认为：名是永恒不变的。"父父子子，君君臣臣。"君臣名分就像父子关系是永恒不变的。老子说变，孔子说不变，目的都是为自己的政治主张服务。

（2）先有实，后有名。

老子曰："道常无名，始制有名。"制名指实，名的作用就是要区分不同的事物。任何事物本来都是没有名称的，人们为了指认事物，才从脑袋里想出来。从口里叫出来的名称、名字、名分，是思维活动、精神意识的产物。就像一个人，本来是没有名字的。还没出生，哪来的名字？只有出生后，经父母取名，才有名字。一旦重名，就会造成许多不必要的麻烦。第 44 章曰："名与身孰亲？身与货孰多？得与亡孰病？"不是说名不重要，相比之下，还是实重要。老子并不否定名分等级制度。第 32 章曰："道常无名，始制有名，名亦既有，夫亦将知止，知止可以不殆。"本来是没有名分等级，是后来制定的。既然制定了名分等级，就要适可而止，不要无限制扩大这种等级差别。老子则认为："名可名，非常名。"名分不是永恒的，君无常位，反对世袭制和君君臣臣不变论。

老子则认为：名不是永恒的，今天有，明天可能没有，不值得舍命追求。第 44 章：不是名不重要，但比较起来，实更重要。第 49 章：老百姓的事重要，老百姓注重的事，圣人都应该去做。

可见，老子主张：先有实，后有名。名是虚的，道是实的。相比之下，实重要。

孔子与老子的观点相反，认为名重要。子曰："君子疾没世而名不称焉。"子曰："君子去仁，恶乎成名？"《子路篇》曰："名不正，则言不顺。言不顺，则事不成。事不成，则礼乐不兴。礼乐不兴，则刑罚不中。刑罚不中，则民无所措手足。"诸子百家都主张要制名指实，名副其实。所谓正名，使名正确反映实，理论上没错。但孔子主张正名的目的是要别尊卑，明贵贱。恢复并摆正父父子子、君君臣臣的名分地位。天子永远是天子，陪臣永远是陪臣，庶人永远是庶人，不能乱套。君臣关系就像父子关系一样，永远不能变。先有名分，才有实惠。先有君主的名，后有君主的实。只有当了君主，才能做君主的事，才能享受君主的待遇，才能用刑罚礼制去治民。否则，名不正，言不顺，师出无名，什么事都办不成。所以，为政首先要正名。

说明如何看待名与实，孔子和老子有完全不同的价值观。孔子认为名分重要，名不正言不顺，什么事都办不成。有没有道理？有道理，但这是追求名利地位的道理。只有名利地位值得追求，所以，周游列国，孜孜以求。天子的意见重要，庶人的意见不重要，不值一顾。

老子反对世袭制的君君臣臣不变论。认为："名可名，非常名。"名分不是永恒的，君无常位，禄无常俸。今天有，明天可能没有，不值得舍命追求。第 44 章：不是名不重要，但比较起来，实更重要。第 49 章：老百姓的事重要，老百姓注重的事，圣人都应该去做。

对于名分，各人的价值观不同。"有人辞官归故里，有人漏夜赶科场。名不显时心不死，再挑灯火看文章。"范进六十中举，高兴过度而发狂。有人认为："树高招风，草低糟践。人怕出名猪怕壮。"《庄子逍遥游》：尧让天下于许由，许由说：名是实的影子，我不为名，不做影子，要名干什么？鸟筑巢于森林，不过一枝；鼠到河里饮水，不过满腹，我要天下干什么，我才不越俎代庖。名利、地位不值得舍命追求。《左传》曰：臣对于君的忠，要看其实，不能只看其名。如果名不副实，则臣不必视其为君，不必谨守君臣名分。

在儒家看来，这简直是乱臣贼子的造反言论，必诛之而后快。汉武帝的祖母窦太后，对老子这两句话有较深刻的理解。她说：道可道，老子的道，可值得称道。你们讲的都是小道理，老子讲的是大道理。名分固然重要，但那是身外之物，不可能长久。要想长久，就要无为，这是汉家国策，长久之道。只要无为，没有名分，就会有名分。妄为，有名分也会失去名分。道是实的，长久的；名是虚的，暂时的。

胡适说："名实之争，老子是最初提出这个问题的人。"由于老子与孔子看法不同，引发了战国时期，儒家、道家、墨家、法家以及魏晋时期关于名实的大辩论。孔子、墨子、荀子、公孙龙等人都参加了讨论。

2. 有与无

关于有与无，历史上也有长期的争论，甚至分成两派。一派是以王弼为代表的崇无派，把无抬到至高无上的地位。认为无与有是母子、本末、先后的关系。王弼曰："老子之书，其几乎可一言以蔽之，崇本息末而已矣。""无为有之始，有从无中生。"以无为本，以有为末，先无后有。主张崇本息末，举本统末。强调虚无精神为本。

另一派是以郭向为代表的贵有派，反对王弼的"无中生有"。郭向说："万物岂能无中生有，天地岂能生神哉？""不生天地而天地自生，物各自生而无所出，颓然而自生。"

无派说：道是无，什么也不是，什么也没有，说什么呢？故曰：道不可道。有派说：道是有，既然有，就有得说。故曰：道可道。老子明明说：道可道，怎能说不可道？两派争得不亦乐乎，谁对？老子认为：不能简单地说谁是谁非，有几个概念要先搞清楚。否则，各有一番说辞，争论不清。字典定义：无与有相反相成。"无"有二层含义：一是没有；二是不。故《老子》书中，"无"的意思是：

（1）无是不。

我们往往只记得"无"是"没有"的意思，却忘了无还有"不"的意思。例如：无须这样（不需要这样），无非如此（不过如此），无论是谁（不论是谁）。子谓子夏曰："女为君子儒，无为小人儒。"（不当小人儒）

故"无知"不是没有文化知识，而是不以智治国，不把聪明才智都用在追求奢侈，剥削百姓上面。第3章："常使民无知无欲，使夫智者不敢为也。"此处的"民"泛指人，"智者"指统治者，不是老百姓。可见，老子所说的无是不，无为是不为，不是无所作为，什么事都不做。而是有些事不要去做：如不有、不恃、不居、不宰、不尚、不争、不贵、不见、不乱、不处、不甚、不奢、不泰、不武、不执、不烹小鲜、不可为、不敢为、不妄作，等等。

（2）"无"是虚无实有。

"无"不一定是真空，什么也没有。例如：房间里空无一物，什么也没有。但起码还有空气和灰尘，只是看不见，感觉不到而已。看不见的无，实际是有；是一种潜能，一种潜在的无限生机。

（3）无是尚未产生。

任何事物尚未产生，无此物不等于没有他物，是此无彼有。正如你还没出生，不存在，是无。没有你，不等于没有别人，不等于没有生你之前的父母。你是父母生的，你是从无到有，并非无中生有，而是有中生有。故曰："无生（始）于有。""有，名万物之母。"

你出生前是"无"，出生后是"有"，开始了从无到有的人生。故曰："有生（始）于无。""无，名天地之始。"；将来你死了，又从有到无。在一定条件下，有与无可以互相转化。此物不存在了（无），转化成他物（有）。故曰："有无相生。"

（4）无与有是宇宙中最普遍永恒的现象，故曰："常无，常有。"

生死存亡，成败得失，宇宙中的一切都可以归结于有和无。这种生生死死，有无相生是宇宙最普遍永恒的现象。"无"，什么也没有，就什么也谈不上。只有在"有"的基础上，才谈得上什么美丑、善恶、难易、长短、高下、音声、前后、动静、变化、是非、对错、祸福，等等。在宇宙中，再没有能比有与无更为普遍永恒的现象。

（5）宇宙是有不是无。

第25章曰："域中有四大。"有天、地、人、物。"有物混成，先天地生。"域是由道这种无数小东西混合而成的，是天地之母，产生天地之前就已经存在。所谓太空，并非真空，宇宙是由无数日月星辰和混沌之气构成的。科学家说：宇宙由73%暗能量，23%暗物质和4%看得见的天地万物构成的。虽然96%是看不见的，但宇宙是有不是无。宇宙不是从零，也不是从点开始的，不是从真空中爆炸产生的，并非无中生有。爆炸前，宇宙不是真空的，一点东西也没有。而是一片混沌，科学家称之为"宇宙汤"。宇宙只是时空概念，时空不可能爆炸，爆炸的是宇宙中的物质。爆炸后，也不是宇宙膨胀了，而是宇宙中的物质向四面八方飞散。

物质运动的基本形式是旋转，"周行而不殆"。太阳系、银河系乃至任何星系，都是一个个旋涡。所谓黑洞，就是涡心。当某个无比庞大的星系旋转越来越快时，产生高温高压，最终发生爆炸。爆炸的结果，产生的不是宇宙，而是新的星系。这种自然现象，可以用龙卷风来加以理解。

（6）无为与有为；有用与无用。

老子讲"无"的目的是要引进无为、无私欲的概念，不是要否定有为。"无为而无不为。""无为而治。""爱民治国。""以正治国，以奇用兵，以无事取天下。"就是有为。老子曰："自知者明，自胜者强。"有自知之明，能战胜自我，做到无私为天下者，大有作为，可寄托天下之重任。可见，老子主张无为是不为私利，不做伤天害理之事。不是无所作为，而是以无事取天下之大作为。关键是为谁，为百姓，不为私利，就能大有作为。

孔子也主张无为而治，但意思与老子相反，只为天子，不为百姓。《论语》子曰："无为而治者其舜也与，夫何为哉？恭己正南面而已矣。"能做到无为而治的人是舜，舜做了什么？什么也没做。没创新、没改革，只是法先王，沿袭尧的礼制；只是恭恭敬敬坐在那里，以礼治国而已。《资治通鉴》曰："时政在曹氏，天子恭正。"大权旁落曹操，天子虚有其位，什么事也不能做，只好恭恭敬敬，装模作样地坐在那里。这是孔子所理解的"无为"。

普遍认为："有"才有用；"无"没用。有钱万能，无钱万万不能。谁都希望拥有，不想一贫如洗，一无所有。做生意都想赚，没人想亏，亏本生意没人做。但老子看问题比我们深刻、全面一些。他善于反思，逆向思维，从另一个角度看问题。既看到正面，又看到反面。老子不反对有，"有之以为利，无之以为用"。有当然好，有利。拥有财富和权力；拥有知识和聪明才智，并不是坏事。看你拥有后，干什么用。处理不好往往会成为包袱甚至祸害，是把双刃剑。五色、五音、五味、驰骋田猎、难得之货、享太牢、登春台、服文采、带利剑、财货有馀，谁不喜欢？但是，"金玉满堂，莫之能守。富贵而骄，自遗其咎"。过甚、过奢、过泰，会造成目盲、耳聋，分不清是非，看不清方向。从而使心发狂，铤而走险；造成"馀食赘行"，有害健康；"朝甚除，田甚芜，仓甚虚。""民不畏威，则大威至。"古往今来，这种例子太多了。"民之从事，常于几成而败之，复众人之所过。"不能慎终如始，令人叹惜不已。最典型的莫过于秦始皇：他纵横六合，统一中国。改封建制为郡县制，在政治、军事、经济、思想、文化实现全面统一。以法治国的理念影响深远，"汉袭秦制"，至今还在应用。他正反两方面的经验教训，对中华民族来讲，都是大贡献。他拥有绝对权威，由于缺乏爱民治国的思想，在他晚年，不是用他的权力为民造福，而是用来实现自己长生不死的梦想。不顾百姓死活，建皇宫，修皇陵。老子曰："民之轻死，以其上食税之多，以其上之有为，以其上求生之厚。"最终爆发农民起义，强大帝国毁于一旦。秦始皇把无变为有，坐了江山。又把有折腾成无，丢了江山。老子曰："以兵强天下，其事好还。夫兵者，不祥之器。"

一般来说：无的确没用，没有东西可用，怎么用？但是，老子从另一个角度告诉我们：有，有用；无，也有用。不但有用，而且有大用。商标、信用就是无形的财富。试想：车毂要是没有轴孔，轮子不能转，车子还有用吗？陶器是实心的，还能盛东西吗？房子满满的，能住人吗？人类要是没有生活和发展空间，还能生存吗？老子认为：当今社会，最有用的还是"无为"。不背那些包袱，不争权夺利，不贪污腐败，不烹小鱼，折腾百姓，不做伤天害理的事情。无为就是最大的有为，"无为而无不为"。"为无为，则无不治。"只要"以百姓心为心，爱民治国。""爱以身为天下者。""万物将自宾。"老百姓将拥护你。"是以天下乐推而不厌。"并寄托以天下之重任。"吾是以知无为之有益。不言之教，无为之益，天下希及之。"

有人说："有无相生是老子不讲条件的人造规律。塞翁失马，焉知非福。马丢了用不着去找，不但自己会回来，还带回另一匹好马。骑马摔成残废也不要紧，可以逃脱当兵送死的厄运。失败是成功之母，坏事会变成好事，无会变成有，怕什么，等着天上掉馅饼；

反之，有会变成无，人总是要死的，无能为力，等死吧！有等于无，好等于坏，祸与福没有区别，抹杀了矛盾，否认了人的主观能动性。"这是对老子的误解与歪曲。

老子没讲有等于无，祸等于福，是等于非，对等于错。而是说它们是相反、相成、相生的东西。相反就是有区别，有就是有，没有就是没有；好就是好，坏就是坏；对就是对，错就是错。如果说没有区别，就用不着变，用不着转化。

老子讲："有无相生"，互相转化是有条件的。这个条件就看你是"无为"还是"妄为"。"爱民治国，能无为乎？"领导带头做到："我无为，而民自化；我好静，而民自正；我无事，而民自富；我无欲，而民自朴。""以正治国，以无事取天下。"就可促使无转化为有，无国"可以有国，有国之母，可以长久。是谓深根固柢、长生久世之道"。

反之，"妄作，凶。""将欲取天下而为之，吾见其不得已。天下神器，不可为也。为者败之，执者失之。""是以圣人去甚、去奢、去泰。"走极端则物极必反。"民之饥，以其上食税之多。民之难治，以其上之有为。民之轻死，以其上求生之厚。夫唯无以生为者。"逼得老百姓活不下去。"民不畏死，奈何以死惧之？"于是，"民不畏威，则大威至！"

德国古典哲学家黑格尔也认为：这对矛盾太离奇了。就其直接性看，无与有根本是对立的。如果说无就是有，有就是无，没区别，一定会让人笑话。然而无与有，确实具有统一性。当鸡是无时，蛋是有；当鸡有时，蛋是无，不可能同时共存。然而蛋和鸡却又是有与无的统一体：在蛋中潜伏着一个尚作"无"的鸡，而鸡中潜伏着一个曾为"有"的蛋。即有中有"无"；无中有"有"，这是一种对立面的统一体。由蛋变成小鸡，小鸡变成大鸡，大鸡下蛋，蛋又变成小鸡，从无到有。老鸡死亡，从有到无。"天下万物生于有，有生于无。"无有相生，周而复始，生生不息。道可道，非长道！道者变也，变者反也。

"祸兮福之所倚，福兮祸之所伏。""正复为奇，善复为妖。"老子说这种转化只是倚托、潜伏一种可能，要有一定条件才能转化。并非绝对的、无条件的，一定会转化。"无"潜伏着无限生机，但仅仅是万种可能，并不一定能生。正如一个鸡蛋，只是潜伏着孵出小鸡的可能。没有温度条件，还是孵不出来，但温度不可能使石头孵出小鸡。失败如果不吸取教训，不努力，仍然"复众人之所过"，就不可能转化为成功。

有人说："老子的无为而无不为，是表面不为，暗地里什么都为。"还有人说："老庄理论，大而无当。"没用。现实问题都没想清楚，还想到宇宙去，有什么用？老庄哲学只是提供一种思路、一种思想工具，或者说思想武器，谁都可以用。老庄只是指路人，告诉我们一条道路，一种思路。怎么想，怎么走，还得靠我们自己。先哲说："百姓日用而不知。"有用没用，就看学不学，用不用。实在不学不用，没人强迫。

3. 同、和、异

什么是同与异？一般认为：同与异很好理解，同就是一样，没区别；异是不一样，有差别。既然同，就不存在异；既然异，就不同。有什么好说的？但老子的看法比我们深刻、全面。老子发现：现实中，问题没那么简单和绝对。并不一定是非同即异，或非异即同。

也不一定非此即彼，常常是难分彼此，难分同异。于是，老子提出了"玄同"与"和"的概念。

什么是玄？字典注解：玄是黑色；深奥玄妙，不容易理解；故弄玄虚，不真实，不可信。史称《老子》《周易》《庄子》为"三玄"；《老子》书中也有"三玄"：玄道、玄德、玄同。第1章："同出而异名，同谓之玄。"所谓"玄"，指比较难懂，不是几句话说得清楚。

什么是玄道？第6章："谷神不死，是谓玄牝。"玄牝指玄道，道生万物，就像母亲生孩子一样，生生不息。

什么是玄德？第10、51章："道生之，德畜之。生而不有，为而不恃，长而不宰，是谓玄德。"道是万物的生母；德是万物的养母，是万物生长的环境和条件。

什么是玄同？第56章曰："知者不言，言者不知。塞其兑，闭其门，挫其锐，解其纷，和其光，同其尘，是谓玄同。故不可得而亲，不可得而疏；不可得而利，不可得而害；不可得而贵，不可得而贱。故为天下贵。"意思是：有知识的人不乱说，乱说者无知。塞上耳朵，闭上嘴，不要听别人乱说，自己也不要乱讲。挫其锐气，解其纷争，和其光环。"天道无亲"，不分亲疏，不论贵贱，不讲利害关系，同尘世百姓打成一片，一律平等。这是天下最可贵的东西。第4章曰："道冲而用之，或不盈。渊兮，似万物之宗。挫其锐，解其纷，和其光，同其尘。湛兮，似或存。吾不知谁之子，象帝之先。"道有不尽之用途，是万物之本原。原本是没有尖锐矛盾，没有不解之纷争，光线柔和，没有致人目盲的光芒，同尘世百姓一样和谐平等。我不知道，这种和谐平等是谁创生的。但有一点可以肯定，在帝王将相不平等制度产生之前，就已经存在。天下是百姓的天下，不是一开始就是帝王的。体现了老子"均贫富，等贵贱"的革命思想。但是，强调这一面，不能忽视另一面：这种平等是大同小异，不是绝对平等，绝对平均主义，没有一点差异；无不是绝对的无；平均不是绝对平均。老子并不主张无政府主义，否认差异，反对等级差别。"万物负阴而抱阳。"总是有差别的，阴与阳就是差别，但这种差别是同之下的异，同出而异。

第32章曰："始制有名，名亦既有，夫亦将知止。"本来是没有什么等级制度的，是后来才开始制定的，既然制定了，就应该适可而止，不应该无限制地扩大贫富贵贱等级差别，这就是"玄同"的概念。

什么是"和"？

都以为"和"是孔子首倡的，这是误解。孔子主张克己复礼，复辟不平等的奴隶制周礼。他的主张只能加剧社会矛盾动乱，不可能和谐社会。"和"的概念是老子首先提出来的，与孔子和的概念截然不同。

数学定义："相加为和。"老子认为，事情并非如此简单相加，从而提出和的概念。第2章曰："音声相和。"权威注解是："音与声对立而和谐。"但有人反问：声与音不可分割，声就是音，音就是声，词义相同，何以对立而和谐？其实，声与音既同又异。例如：音乐课是普通课程，而声乐课则为专业课；佳音、口音不能说成佳声、口声；声称、声辩、声明、声望、声张不能说成音称、音辩、音明、音望、音张；声东击西不是音东击西；名声大振不是名音大振；大叫一声不能说大叫一音。故汉代郑玄注："单一为声，合奏为音。"音乐是多种单声合唱合奏而成。恰到好处为和谐；不和谐就成为烦人的噪声，不是娱人的音乐。可见，"和"是不同的东西（异），和谐或不和谐地组合成一种共同体（如欧共体、独联体），是同在一起的混合物。

第4章曰："和其光。"柔和其光，使人感到舒适，而不是耀眼刺人至盲的光芒。第18章："六亲不和。"不和睦，有矛盾冲突。子弑父，父戮子，兄弟相残。第55章："终日号而不嘎，和之至也，知和曰常。"此处，"和"指生命力，比喻新生事物有强大生命力。"柔弱者，生之徒。""物壮则老，死之徒。"

第42章："道生万物，万物负阴而抱阳，冲气以为和。"这是老子对唯物辩证法最精练、最完整的表达。万物都是由物质产生和构成的。万物都存在阴阳相反相成，相互转化，矛盾对立的两个方面，同出而异名（一分为二）。矛盾冲突，终将化为和解（合二而一）。即矛盾统一。这是宇宙间最普遍永恒的规律，"知和曰常""知常曰明"。老子认为"和"是解决矛盾以后，达到没有尖锐矛盾的柔和；没有激烈矛盾冲突的和睦；是有强大生命力的"冲气以为和"。是矛盾统一的和解与化解。

齐相晏婴也提出和的概念："和如羹焉，水火醯（xī 醋）、醢（hǎi 酱）、盐梅，以烹鱼肉。""若以水济水，谁能食之？若琴瑟之专一，谁能听之？""清浊、大小、短长、疾徐、哀乐、刚柔、迟速、高下、出入、周疏以相济也。"认为"和实生物，同则不继"。和是相异的事物合而相济，不同事物互相结合才能产生万物。如果同上加同，就不能产生新事物。就像世袭制，近亲繁殖，会退化而不继，后继无人。不同味道的食品可以烹调出一种美味佳肴。不同声音可以合唱出一曲美妙音乐。如果以水煮水，谁吃？弹琴唱歌都一个调，谁听？

晏婴说得很形象，很有道理，但有片面性。因为烹调不当，也会难吃；各唱各的调，成了噪声，也会难听。再好吃、好听，吃多了、听多了也会厌烦，觉得不好吃不好听。你说好吃好听，我不觉得，各人所好不同。可见，"和"也不是简单、绝对的概念。但是，再复杂，老子心目中"和"的基本概念是：冲气是为和的唯一条件，和解不是和稀泥。问题必须解决，矛盾必须化解，从而实现柔和、和睦、和平。"鸡犬之声相闻，老死不相往来"鸡犬之声是和平之声，非枪炮声，老死都不相打仗，从而实现宁静和谐的社会。如何冲气以为和，解决矛盾，和谐社会，根据老子的理论，提出以下几点建议：

（1）首先要有认同感。

道生万物。万物都由道这种无数的小东西产生构成的。有同一个母亲，相同的起源，同在一个宇宙。即同质同源、同生同长、同归宿共命运。人类社会是由许许多多小小老百姓产生和构成的，老百姓是我们的饮食父母。"贵以贱为本，高以下为基。""我独异于人，而贵食母。"惠施说：万物毕同毕异，同下有异，大同小异，同出而异。世界是由几十亿人，几百个国家（异）构成的，同在地球村（同）。如何相处，要有认同感，求同存异，和平共处：每个国家，不论大小，都是平等的，都有选择自己发展道路的权利；每个人，不论贫富贵贱，人人平等，都有生存的权利。不认同，就不得安宁。要和平，不要战争。经济日益全球化，全世界都关注环保。说明这种认同感正在日益增强，终将成为世界主流意识。夫妻同是人，地位同等。同在一个家庭生活，难分彼此；但夫是男人，妻是女人。同之下有异，难免磕磕碰碰，发生矛盾。如果没有认同感，求同存异，那也是家无宁日。总之要有认同感，从而构建一个人类命运共同体。

（2）求同存异，寻求平衡。平衡是老子一大贡献。

自古以来，分配不公，是个很大的社会矛盾，如何解决？按劳分配，按需分配，按理说，是很公平的。可是，这个需字，太复杂了。这个劳字，很难说清。有首流行歌曲唱道：你的付出那样多吗？你的所得还那样少吗？劳多少，分多少，才算公平呢？

闹革命，牺牲那么多人，为的是均贫富，等贵贱，使劳苦大众生活有保障。可是，拿到铁饭碗，吃上大锅饭，生活固然有保障。却干不干一个样，影响积极性，阻碍了生产力发展。要解决这个问题，就必须承认不同贡献，不同等级，收入不同。可是收入差距一旦拉大，又会产生一些矛盾。真是左右为难，怎么办？过去，提倡消灭三大差别。可是先进与落后，工农差别，城乡差别，不可能完全消灭，只能大致拉平。差别永远是存在的，只不过会小一些。

因此，第77章老子说：同之下承认差别，求同存异，寻求平衡。所谓平衡，有物理平衡和心理平衡，物理平衡包括利益和力量平衡等。平衡是解决矛盾最有效的办法，平衡就能和谐。这种情况不就像张弓射箭吗？高了就下来一点，低了就举上去一点。逐步调整，寻找一个射中点。侯王生活比老百姓好，老百姓是可以接受的。但是，侯王要知止知足。"祸莫大于不知足，咎莫大于欲得。"如果不顾百姓死活，只顾自己金玉满堂，富贵而骄，就会自遗其咎。社会贫富差距太大，就应该"损有餘以奉天下"。通过不断调整，找到都能接受的平衡点，"夫两者各得其所欲。""天地相合，以降甘露，民莫之令而自均。"不要你下命令，民众自己会心理平衡的。第61章说：大国与小国是矛盾双方，处理两者关系的原则是："大国不过欲兼畜人，小国不过欲人事人。"大国不要老想兼并奴役别人；小国不要过于依赖、屈从、侍候别人。"夫两者各得其所欲，大者宜为下。"矛盾双方的利益都能得到照顾，各自都能得到自己想要的利益。各得其所，互利双赢。大国是矛盾主要方面，要谦下，照顾弱小。小国两难地夹在大国中间更要学会平衡以求生存，否则有灭顶之灾。这是解决矛盾最好的办法。

商品贸易，必须遵循等价交换的原则。但是，没有绝对的等价。一斤米值多少钱，一个月工资多少，只能大而划之，不能较真。只要双方认同接受，心理平衡，即可成交。任何事物都有平衡—不平衡—平衡，像射箭一样，不断调整的过程。平衡、平等、平均是动态的，不是绝对的。平衡是老子的一大贡献。

（3）冲气以为和。

孔子也讲"和"。《论语》子曰："君子和而不同，小人同而不和。"《孟子滕文公上》："无君子莫治野人，无野人莫养君子。"没有君子不统治野人的；没有野人不供养君子的。"劳心者治人，劳力者治于人。"在孔孟眼里，君子是统治别人的上层社会大人物。是文质彬彬，有知识，有礼貌，有修养，讲仁义道德，品德高尚的人。樊迟请学稼。子曰："小人哉，樊须也！上好礼则民莫敢不敬；上好义则民莫敢不服，焉用焉？"可见，小人不是指小孩，而是指小人物，是种庄稼的村野之人，是社会底层的老百姓。在孔孟眼里，他们是一些言行粗野，下愚无知，不讲文明礼仪，不讲仁义道德，没有教养的小人、庶人、贱人、野人。

孔子认为：君子和而不同，上层社会的"君子"主张和，即不要造反闹革命，造反闹革命就是不和；君子主张不同，即分等级，明贵贱，君臣父子是不同的。要"正名"，摆正父父子子，君君臣臣的名分。曰："天下有道，则礼乐征伐自天子出，政不在大夫，庶人不议。"礼乐征伐天子说了算，庶人连说话的权利都没有。这种等级特权不能变，不能犯上作乱。要"克己复礼"，克制自己的欲望，恢复等级礼制。

而下层社会的"小人"物，则主张平等，均贫富，等贵贱。讲同不讲和，老想犯上作乱。子曰："知者乐水，仁者乐山。知者动，仁者静。"知者和小人喜欢水，主张变动，要求改变现状，变革社会。而仁者和君子则喜欢山，喜欢静止不变，反对变革，反对犯上作乱。子曰："约之以礼，亦可以弗畔矣夫。"

"和为贵"本是一句好话，到儒家口里却变了味，不反抗就是和，反抗就是不和。都以为这句话是孔子说的，其实不是，是他的弟子有若说的。有若说"和为贵"，并非要和平，不要战争。而是怕老百姓造反，主张以礼节之，使小民不好犯上作乱，使君子能稳坐江山。有子曰："礼之用，和为贵。先王之道，斯为美，小大由之。有所不行，知和而和，不以礼节之，亦不可行也。"礼是干什么用的？礼最可贵之处就是起调和、节制作用。当有人要犯上作乱时，就用礼来断其道，堵其嘴，使其理亏，找不到理由来犯上作乱。这是最完美的先王之道，不管大事小事，都要按礼乐等级名分办。知和而和，不以礼来节制，是行不通的。有子曰："其为人也孝弟，而好犯上者，鲜矣；不好犯上而好作乱者，未之有也。君子务本，本立而道生。孝弟也者，其为仁之本与！"为人孝顺者，很少会犯上；不好犯上而好作乱的人，从来没有。作为君子，就要抓住根本。抓住根本，就有道理。孝是仁的根本，百善孝为先。孝是孝心，仁是爱心，心是根本。所谓"本立而道生"，就是主张："先有心，后有道。"这与老子主张："先有道，后有心"相反。

哀公问于有若曰："年饥，用不足，如之何？"有若对曰："盍彻乎？"曰："二，吾犹不足，如之何其彻也？"对曰："百姓足，君孰与不足？百姓不足，君孰与足？"鲁哀公问有若：饥荒灾年，国库空虚，不足开支，怎么办？有若答：减税，十税一怎样？哀公说：十税二我都不够用，怎能十税一？有若说：百姓足君足，百姓不足，君何来之足？有若言之有理，但出发点不是为百姓，而是为君考虑。有若在理论上确有一套，在孔子死后，被推为接班人。据《史记》说：因儒家派系争权夺利，有若缺乏孔子的权威和手段，最后被赶下台。

有若的观点、立场和孔子是一致的，都主张静止不变的形而上学唯心主义，只为君出谋划策，不为百姓讲话。孔子在理论上还赶不上有若，没有把他那套忠孝礼乐、仁义道德上升到心的哲学高度加以论证。子曰："述而不作，信而好古。"孔子承认没有自己创新的东西，只是重复讲述周公的东西。弟子们也意识到孔子理论上的欠缺。曾子曰："夫子之道，忠恕而已矣。"子贡曰："夫子之文章，可得而闻也；夫子之言性与天道，不可得而闻也。"

有人认为孔子："君子和而不同，小人同而不和。"这句话表明孔子主张和谐，爱好和平，其实不然。孔子讲得很清楚：

上层社会人物（君子）主张和而不同，强调异、有区别、有差异，目的是维护不平等的礼制特权；孔子要老百姓安贫乐道，安分守己，和为贵，不犯上作乱，实际不可能和谐，只会激化社会矛盾。

而社会底层小人物则要求人人平等，故强调同，维护小人物自身利益。"天下有道，则礼乐征伐自天子出。"只要是天子发动的战争，都是天下有道。孔子沐浴而朝，告于哀公曰："陈桓弑其君，请讨之。"齐国发生政变，孔子竟然要鲁哀公出兵讨伐，能说孔子爱好和平吗？

推崇孔子所谓的"和谐"，是否意味着我们的信仰发生了根本变化，要从马列主义革命的斗争哲学，变成孔子的"和谐"哲学？这个问题，在理论上似乎尚未解决。我们一直认为：矛盾斗争是事物发展的动力。

老子斗争的概念是："冲气以为和。"只有经过斗争才能和谐。冲气指矛盾冲突与斗争，斗争是手段，为的是和，和解统一，解决矛盾是目的。斗争可以有很多方式和手段：你死我活的斗争和战争，只是其中的一种，不是解决矛盾唯一的办法。用这种极端的办法代价太大，"不得已而用之"。无为不争也是个很好的办法，"以其不争，故天下莫能与之争"。"善为士者不武，是谓不争之德。"所以"冲气"可以有许多办法：例如，意见不一致，可以通过思想交流、沟通、融和正确意见，达到统一。市场上，竞争对手不一定是敌人。和气生财，可以通过谈判，达成协议，互利双赢；也可以通过商业竞争，互相促进，共同发财。体育比赛，职场竞争，互相促进，共同提高。争论、交锋、谈判、竞争、比赛等，这些本质都"斗争"，只是形式不同而已，不要把斗争想得那么可怕。有矛盾，有斗争，冲气以为和，社会才有进步。如果按孔子中庸的办法"和大怨"，老子第79章曰："和大怨，必有余怨，安可以为善？"和是和解不是和稀泥。不管用什么办法，矛盾一定要解决。掩盖、回避、调和、和稀泥，矛盾还在，问题还是没有解决，那不是好办法。

综上所述，第一章是《老子》的总纲，讲名与实，无与有，同和异三个哲学问题。哲学是为政治服务的。老子以名与实，无与有，同与异，讲唯物辩证法；目的是替老百姓说话。

第十一章　老子到底是什么人

老子到底是什么人，误解太多，多半是司马迁造成的。老子的身世和他的道一样，扑朔迷离，众说纷纭。就连他的名字，有没有这个人，也成了争论不休的问题。在老子身上，有太多矛盾、谜团、误解。恍兮惚兮，神出鬼没。真真假假，虚虚实实。虽然，大家都说老子是古代伟大思想家，连孔子都称他犹龙。可是，老子为什么伟大，伟大在哪里？却说不清，道不明，至今仍不知道如何来评价这位老祖宗。

有关老子身世，史料太少。我所能看到的，只有《道书》《史记》《庄子》三种。道书的记载大都不靠谱，只透露这样的信息：老子很伟大，不是一般人物，所以把老子当神来崇拜。但不管怎么拜，老子是人不是神。郭沫若说："老子确有其人。"

比较可靠的是《史记》，也有不实之处。所幸篇幅不长，现全文照抄，方便研究。《史记·老子传》曰："老子者，楚苦县厉乡曲仁里人也。姓李氏，名耳，字聃，周守藏室之史也。孔子适周，将问礼于老子。老子曰：'子所言者，其人与骨皆已朽矣，独其言在耳。且君子得其时则驾，不得其时则蓬累而行。吾闻之，良贾深藏若虚，君子盛德，容貌若愚。去子之骄气与多欲，态色与淫志，是皆无益于子之身。吾所以告子，若是而已。'孔子去，谓弟子曰：'鸟吾知其能飞；鱼吾知其能游；兽吾知其能走。走者可以为网，游者可以为纶，飞者可以为矰（zēng）。至于龙，吾不能知，其乘风云而上天。吾今日见老子，其犹龙邪！'老子修道德，其学以自隐无名为务。居周久之，见周之衰，乃遂去。至关，关令尹喜曰：'子将隐矣，强为我著书。'于是，老子乃著书上下篇，言道德之意五千余言而去，莫知其所终。或曰：老莱子亦楚人也，著书十五篇，言道家之用，与孔子同时云。盖老子百有六十余岁，或言二百余岁，以其修道而养寿也。自孔子死之后百二十九年，而史记周太史儋（dān）见秦献公曰：'始秦与周合，合五百岁而离，离七十岁而霸王者出焉。'或曰儋即老子，或曰非也，世莫知其然否。老子，隐君子也。老子之子名宗，宗为魏将，封于段干，宗子注，注子宫，宫玄孙假，假仕于汉孝文帝。而假之子解为胶西王卬太傅，因家于齐焉。世之学老子者则绌儒学，儒学亦绌老子。道不同，不相为谋。岂谓是邪？李耳无为自化，清净自正。"

从这不足五百字的传记得知：老子是东周最后一名守藏室史官。所谓"守藏室之史"是看管周天子收藏的金文甲骨，占卜爻卦，祭天礼器；古籍资料，公文档案，竹简帛书等的文官。有点像现在的图书馆、档案馆、天文馆馆长，兼管宗教事务。这个职务，使老子有机会阅读研究大量资料，从而成为知识渊博的学术权威。也使他能在权力中心，冷眼旁观周室由盛变衰的过程。故《史记》关于"孔子适周，问礼于老子"之说可信。

当时，周室虽已衰弱，但名义上仍是共主，相当于中央政府。诸侯只能称侯，想称王称霸还得强迫周天子批准，才能名正言顺当盟主，收取进贡。老子是朝廷名人，而孔子只是地方儒者。孔子以问礼为名，想借老子名声，抬高自己，以利跑官要官。哪知老子不但不帮忙，反而劝他："周室如此衰败，你说的那个周公，连骨头都腐朽了，你还死抱不放。你自己不也说：'邦有道则仕，邦无道则卷而怀之。'周公那套忠孝仁义礼乐，实在没有任何益处。"

孔子适周问礼于老子，在《庄子》书中可以得到印证。许多人研究老子生平，只重视《史记》，忽视《庄子》。《庄子》虽不是史书，但离老子生活年代只有一百多年，可能了解一些真实情况。《庄子》多处讲述孔子拜见老子，《史记》有些说法，也许源自《庄子》。《庄子·天道》曰：孔子西藏书于周室。子路谋曰："由闻周之征藏史有老聃者，免而归居。夫子欲藏书，则试往因焉。"孔子曰："善！"往见老聃。而老聃不许，于是繙十二经以说。老子中其说，曰："大谩，愿闻其要。"孔子曰："要在仁义。"老聃曰："天地固有常矣，夫子循道而趋已至矣，又何偈偈乎揭仁义，若击鼓而求亡子焉？"

据史料记载：公元前520年4月，周景王去世，本来就很弱小的周室，又发生争夺权位的内乱。卿大夫刘耿立王子猛为悼王，而王子朝杀悼王自立，晋人又攻王子朝立周敬王。这次内战长达五年，以王子朝失败告终。王子朝席卷周室典籍，逃奔楚国。因此，可以断定：公元前515年，老子失业，即《庄子·天道》所言："免而归居。"比较可信。而《史记》关于"老子见周之衰，乃遂去。至关，关令尹喜要求老子隐居前写本书。于是，老子写完道德经，过关而去，莫知其所终。"的说法值得推敲。《老子》五千言，是老子长期观察，千锤百炼而成。不可能是老子为了过关，短短几天，一挥而就。

然而鲁迅却据此新编了老子出关的故事：话说老子骑着青牛，慢悠悠地来到关口，受到守关司令尹喜的欢迎。老馆长驾到，机会难得，自然要听他讲学。大厅坐满了人，不少人还带着笔记本，屏着呼吸，侧耳恭听。只听老子摇头晃脑念着："道可道，非常道……"大家面面相觑，不知所云，时间长了，格外受罪，不免东倒西歪，打起瞌睡。直到老子讲完住口，才如梦初醒，如遇大赦。大家议论纷纷："讲什么玩意儿，还是个大学者。""我以为他要讲爱情故事，才去听的。早知这样，才不去受罪。"尹喜说："他的书，没人看。拿去卖，只怕连一个馒头的本钱也捞不回。"于是，把老子的书束之高阁。鲁迅说的，我们只能当故事听。

关于老子失业后的去向，《史记》说：隐居了，庄子却说："西游于秦"，我认为庄子的说法比较可信。《庄子·养生主》曰："老聃死，秦失吊之。"除秦失外，参加吊唁的人还很多，有老的少的，亲朋好友，门徒弟子。可见，老子不像是孤寡隐居，悲惨离世。由于《史记》说老子莫知所终，许多人发挥了丰富想象力。有的说："老子出关传道，羽化成仙。"有的说："老子本是释迦牟尼化身，西赴流沙，到西域讲经化胡。"这些说法都不靠谱，比较靠谱的是《庄子·寓言》曰："老聃西游于秦。"秦国虽然地处偏僻，贫穷落后。但引进人才，重视改革，朝气蓬勃，日益强盛。与周室腐败无能，日暮途穷，形成强烈反差。主张变革的老子"免而归居"后，自然想到秦国施展抱负。并非消极避世，隐居山林。遗憾的是，老子没有百里奚、商鞅、李斯那么幸运。而是和韩非一样倒霉。兵荒马乱，古稀高龄，在长途跋涉中，可能病故，也可能惨遭不测，死于非命。

2001 年，西安传出消息称："老子死于扶风，葬于槐里，今陕西周至县大陵山吾老洞。"还有一说："周康王的大夫尹喜，在西安西南 70 公里楼观台，结草为庐，观星望气。老子弃周西游，应尹喜之邀，在楼观台留下五千言。"又有媒体报道："李姓是全球第一大姓，老子是全球李氏宗亲公认的祖先，生于公元前 590 年 7 月 21 日。"这些说法不知有何依据，只能暂且听之。

关于老子的年龄，《史记》说老子因修道而长寿，这有可能。但说老子 160 岁或 200 岁，太离谱。《庄子天运》曰："孔子行年五十有一而不闻道，乃南之沛见老聃。"孔子生于公元前 551 年，51 岁时见老子。可见，公元前 500 年老子还活着。当时如果能活到 90 岁，那可是少之又少的老寿星。因此，可以大致框定：老子生于公元前 590 年，死于公元前 500 年。这是根据《庄子》推算出的大约数据。虽不精准，但对研究老子生活的时代背景、老子思想产生的历史原因，已经足够了。由于史料奇缺，没有必要耗费精力去钻牛角尖，考证精确年龄。

老子长什么样子，谁也没见过。一提起老子，和三个字分不开。

一是和"老"字分不开。有人说老子是一位慈眉善目的智慧老人。传说老子生而皓首，一生下来就是个白发苍苍、老掉牙舌还在的古怪老头，故称老子，即老先生；因为耳朵大得出奇，所以长寿，故字老聃；曾与母亲在李树下躲过一劫，改姓李名耳，是天下李姓第一人。他为人老道，老于世故，老奸巨猾，老谋深算。在历代画家笔下，老子都是怪头怪脑，鬼里鬼气，骑头水牛，慢慢悠悠，腾云驾雾，紫气东来，神秘兮兮的形象，实在对老子不恭。河南省现在看不到水牛，说明我国气候变冷了。且不说北方当时是否有水牛，就是一个老头，骑头水牛，如何长途跋涉，西赴流沙？凭老子是个中央大夫级的名人，不说奔驰宝马，弄辆牛车坐坐，也比骑头水牛符合常理。老子的形象如此寒碜，都是司马迁含糊其词惹的祸。在所有造像中，唯有我家乡福建泉州清源山，宋代老子石雕像，能表达老子那种伟大神韵和气派。

二是和"道"字分不开。什么是道？好像什么都是道，又好像什么都不是，没人能说清他所说的道是什么东西。

三是和"神"字分不开。老子是为玉皇大帝炼丹的太上老君，是上界神仙。

自从破解什么是道之后，我们可以说清老子到底是什么人。

1. 老子是辩证唯物主义哲学家，不是唯心论者

道之为物，有物混成，道生万物，是老子的唯物论；万物负阴而抱阳，冲气以为和，

是老子的辩证法。老子用宇宙大本大源的哲学，为老百姓说话。把最复杂的宇宙万事万物，用最简单而形象的一个"道"字，统统概括了，他看到了无数柔弱的小东西团结起来的力量，弱小的新生事物必将战胜强大的旧事物。预言将来的世界必定是甘其食，美其服，安其居，乐其俗的太平盛世，玄同世界。证明老子是一位伟大的辩证唯物主义哲学家，而不是神学家。

悲哀的是，有些教辩证唯物主义哲学的人，竟然不认识老子的辩证唯物论。中学历史课本说："老子是唯心论。"哲学教材《辩证唯物主义原理》说："虚构出来的道，不过是上帝的别名，不过是用哲学语言精制了的宗教创世说。"《简明知识词典》说："老子的哲学，就其本质而言，是唯心主义和形而上学的。"

早在春秋战国时期，我国就有《老子》这种系统的辩证唯物论，老子的革命思想和马列主义是一致的，并得到东汉末年农民起义，建立原始社会主义政权的革命实践所验证。五四运动虽然砸了孔家店，遗憾的是，没有提出用老子的道，代替孔孟之道。根本原因就是把老子的道理解成神仙思想，只好进口国外的革命理论。

老子的道，是中国人自己的辩证唯物论。老子的话，言简意赅，微言大义，博大精深，容易记忆。更符合中国人的思维模式和习惯，也就更容易理解和接受。中国人历来敬先法祖，听老祖宗的话。因此，弘扬老子的道，势在必行。

从整体看，传统文化确有精华又有糟粕，应该吸取精华，弃其糟粕。但具体看，不能说一部精品，有精华必有糟粕。

2. 老子是革命家，不是反动政治家

从《老子》可以看出，老子站在百姓的立场，以贱为本，以百姓心为心，无为而治，爱民治国，不折腾百姓。有一套为百姓取天下，建天下，治天下的革命理论，是伟大的革命家，不是反动的政治家。

（1）取天下。

老子认为：一个基本粒子，看不见，听不到，摸不着，成不了气候，但汇合起来却能生天生地。一滴水，微不足道，太阳一晒，就蒸发了。但是汇成洪流，却具有无坚不摧的力量。小小老百姓，作为分散个体，很弱小，受人欺侮，任人宰割。一旦觉悟，团结起来，作为一个整体，却具有攻无不克，战无不胜的力量。新生事物虽然有强大生命力，弱小时却很容易被扼杀在摇篮里。但从长远看，"柔弱胜刚强"，新事物终将代替旧事物，这是历史的必然。老子首先看到人民的力量和历史的必然，启发老百姓团结起来，树立夺回自己的天下和劳动成果的信心。

第29章："欲取天下，神器不可为也，为者败之。"《国际歌》唱道："是谁创造了世界，是我们劳动群众。不要说我们一无所有，我们要做天下的主人。从来没有什么救世主，也不是神仙和皇帝，要创造人类幸福，全靠我们自己。"老子说的和《国际歌》唱的意思一样，

只是表达方式不同。胡适说："民不畏死，奈何以死惧之。此乃当时社会的实在情形。谁不求生？但是到了无以生为的时候，束手安分是死，造反作乱也是死，自然拼了！民不畏威则大威至，这都是很激烈的议论，在当时真可以算得大逆不道的邪说。老子对于那种时势，发生激烈的反响，创为一种革命的政治哲学。""革命家之老子，生在那种纷争大乱的时代，眼见杀人、破家、灭国等惨祸。旧的阶级秩序已破坏混乱，旧的政治组织无力救补维持，呈现出腐败无能。老子观察政治社会状态，从根本上着想，要寻一个根本的解决，遂为中国哲学的始祖。他在政治上的主张，也只是他的根本观念的应用。如今说他的根本观念是什么？两个字：革命！"老子是为劳苦大众夺取天下出谋划策的革命家。

很奇怪，不革命的胡适说老子是革命的；而自称革命的人却说老子是反动的。《简明知识词典》说："在政治上，老子主张无为而治，这是为统治者出谋划策的南面之术。老子站在没落奴隶主贵族立场上，对春秋战国之际发生的社会大变革，抱着一种仇视和无可奈何的态度。老子的哲学就是为他这套反动的政治主张服务的。"

哲学是一种思想工具，只要愿意，谁都可以用。科学家可以用，宗教也可以用；皇帝可以用，百姓也可以用。《老子》的确常被历代统治者当作南面之术加以应用。"内用黄老，外示儒术。"否则《老子》就很难流传到今天。但老子本意是为老百姓，而不是为统治者出谋划策的。东汉末年，张角、张鲁就以《老子》为指导思想发动了黄巾起义，在汉中建立了原始社会主义政权。据说美国里根总统曾在国情咨文中引用"治大国，若烹小鲜"。许多日本企业家把《老子》当作管理学宝典。不能因此说老子是为帝国主义和资本家出谋划策的反动政治家。鲁迅说："一部《红楼梦》单是命意，就因读者的眼光而有种种。经学家看见易；道学家看见淫；才子看见缠绵；革命家看见排满；流言家看见宫闱秘事。"能以此断言曹雪芹站在这些人的立场吗？这和科学家发明原子弹就说科学家是战争狂人一样荒谬。

（2）建天下。

取天下之后，建立什么样的天下？第80章，老子主张：建立一个"小国寡民，使有什伯之器而不用，使民重死而不远徙。虽有舟舆，无所乘之，虽有甲兵，无所陈之。使民复结绳而用之。甘其食，美其服，安其居，乐其俗。邻国相望，鸡犬之声相闻，民至老死，不相往来"的太平天下。

有人说："这是老子妄想开历史倒车，回到茹毛饮血、结绳记事、野蛮无知的原始社会。他描绘小农经济自给自足的田园生活和道教的仙境、佛教的极乐净土、基督教的天堂、陶渊明的世外桃源、柏拉图的理想国、莫尔的乌托邦、欧文的空想社会主义没什么两样。我们主张国家统一，强国富民。老子却主张分裂成许多鸡犬之声相闻，老死不相往来的小国寡民。"

这完全是误解，春秋时期，国的概念与现在不同。周朝叫"天下"，是中央政权；诸侯的领地叫"国"，相当于现在的省，是地方政权。所谓"小国寡民"，说明老子主张中央集权，国家统一；反对地方诸侯，坐大分裂，各自为政。西汉就是利用小国寡民的原理，发布推恩令，削弱诸侯力量。诸侯被削弱了，没有力量发动战争，民众就用不着四处逃难，虽有车船用不着乘坐，虽有甲兵也用不着打仗。怎能说成是反对使用先进交通工具，反对科技进步？

使"民复结绳而用之"这句话，是比喻不算计，不钩心斗角，你争我夺，恢复到民风淳朴的年代。怎能说成反对社会文明，开历史倒车，要人们回到茹毛饮血、野蛮无知的原始社会？所谓甘其食，是要让老百姓不但有饭吃，不饿肚子，而且甘其食，吃得好；所谓美其服，是要让老百姓不但有衣穿，穿得暖，而且还好看；所谓安其居，是要让老百姓不但有房子住，而且住得舒心，能安居乐业；所谓乐其俗，是要让老百姓不但有民风淳朴的精神文明，而且有乐其民俗的精神生活。难道洪荒野蛮的原始社会，有甘其食，美其服，安其居，乐其俗，既有物质文明，又有精神文明吗？老子是个大文豪，他已经能写出如此精彩的文章，记载他智慧的思想，让现代人都望尘莫及，怎么会主张恢复结绳记事的方法？

"邻国相望，鸡犬之声相闻，民至老死，不相往来。"形容国与国之间，不再是"师之所处，荆棘生焉，大军之后，必有凶年"。而是世世代代，和平共处，不再打仗，没有战争，呈现一派田园风光、和谐宁静的太平盛世。这种理想社会，并非不食人间烟火的宗教天堂，也不是空想的世外桃源，更不是野蛮的原始社会。

认为儒家主张世界大同那就错了，孔子强调异、强调等级不同。礼记曰："夫礼者，所以定亲疏，决嫌疑，别同异，明是非。天尊地卑，君臣定矣。卑高以陈，贵贱位矣。"主张不平等礼制的儒家，会赞成康有为所说的"大同之世，天下为公，无有阶级，一切平等"的世界大同吗？

老子的理想社会，不但有关于数量的丰衣足食，而且有关于质量的甘其食，美其服，安其居，乐其业。不但有丰富的物质生活，而且没有战争，没有钩心斗角、互相算计，有的是民风淳朴的精神文明和乐其民俗的精神生活。让老百姓过上这样的好日子，不正是我们为之奋斗的理想吗？

（3）治天下。

老百姓夺取天下之后，如何治理天下？一句话：以贱为本，爱民治国，无为而治。

由百姓推选圣人来治理天下。

第66章："圣人处上而民不重，处前而民不害，是以天下乐推而不厌。"圣人处上，民众不感到沉重负担；圣人处前，民众不觉得有害，民众就会乐意推选而不讨厌。

圣人的标准是：无知、无私、无欲、无为、无事、不争。第10章："爱民治国，能无为乎？"具有"生而不有，为而不恃，长而不宰"之玄德。第13章："爱以身为天下，若可寄托天下。"

圣人之治是：无为而治；以百姓心为心，爱民治国，不烹小鲜，不鱼肉百姓，不折腾百姓。第37章："道常无为而无不为。"第3章："圣人之治，为无为，则无不治。"

第81章："圣人之道，为而不争。"第49章："圣人常无心，以百姓心为心。百姓皆注其耳目，圣人皆孩之。"

有人对这三条很不理解，他们说："我们主张有为，反对不作为。老子却主张无为，反对有为。无为就是取消领导，顺其自然就是放任自流，是反动的无政府主义。""第65章说：非以明民，将以愚之。以智治国，国之贼。公然主张愚民政策。不以智治国，难道以愚（以昏君）治国？""我们主张做一个敢作敢为，敢超先进，敢为人先，奋发有为的人。老子却要我们做一个致虚守静，忍辱不争，委曲求全，安分知足，服帖顺从，软弱无能，不敢奋斗进取，不敢为天下先的懦夫。""我们主张努力学习文化知识，采用先进科学技术。老子却主张愚民政策：绝圣弃智，绝仁弃义，绝巧弃利。所谓为腹不为目，虚其心，实其腹，弱其志，强其骨，常使民无知无欲。就是只为填饱肚子，不为目标奋斗。头脑简单，饱食终日，无所用心，毫无志气，骨骼强壮，四肢发达，混沌无知，没有欲望，即使有先进的车船器具也不用。这是对人类文明，社会进步的反动。妄图把历史倒退到茹毛饮血、结绳记事、野蛮无知的原始社会。"

恰恰相反，这三条说明老子不是无政府而是有政府，圣人是老子心目中理想的政府官员。主张由无知无欲、无事无为、无私奉献的人来管理国家。这是圣人的标准，不是针对老百姓的标准，是"愚圣"，不是"愚民"。老子认为圣人不要太过"聪明"，只想方设法为自己捞好处。聪明反被聪明误，应该"愚"一点好。不要学智叟这种"聪明人"，只考虑自己，不为别人考虑；要学愚公移山，做一个为百姓办实事的"傻瓜"。

我们往往只记得"无"是"没有"，却忘了无还有"不"的意思。故"无知"不是没有文化知识，而是不以智治国，不把聪明才智都用在追求奢侈，剥削百姓上面。第3章："常使民无知无欲，使夫智者不敢为也。"第64章："民之从事，常于几成而败之。"此处的"民"泛指人，绝不会单指老百姓，分明也指统治者做事，常常几乎成功而败之。只有统治者才有可能以智治国，老百姓怎么有条件去以智治国？故"智者"指统治者，不是指老百姓。

第12章："为腹不为目"是对掌权者的要求，不是对老百姓的要求，老百姓没有条件追求五色、五音、五味、驰骋田猎、难得之货。能满足基本生活需求就算了，不要追求这些奢侈的东西。不管怎么说，当官的生活比老百姓强多了，适可而止，知足常乐。当官为民，很辛苦，有贡献，生活好些，老百姓不但能接受，而且会认为是应该的。如果只顾自己享受，不为民办事，不管百姓死活，百姓是不会拥护的。第66章："江海所以能为百谷王者，以其善下之。是以圣人欲上民，必以其言下之；欲先民，必以其身后之。是以处上而民不重，处前而民不害，是以天下乐推而不厌。以其不争，故天下莫能与之争。"第8章："上善若水，水善利万物而不争。"圣人之所以能成为百姓领导者，唯一的条件是善利万众。不要像第5章说的："圣人不仁，以百姓为刍狗。"不把百姓当人，只顾自己享乐，不顾百姓死活。第7章："是以圣人后其身，外其身，以其无私而为天下者。"第13章："以身为天下，若可寄托天下。"

老子无为而治的主张大致可归纳成十条：

（1）给老百姓自由、平等、民主权利。所谓自由，是有约束的自由；所谓平等，是同之下有异、有等；所谓民主，是民主基础上建立政府。

（2）顺其自然是按规律办事，不是放任不管。是有政府，不是无政府，这个政府是"天下乐推而不厌"民主选举产生的。

（3）这个政府由后其身，外其身，爱以身为天下百姓办事的"圣人"构成。掌权者做不到无私、无欲、无为，起码要做到见素抱朴，少私寡欲，知足常乐，适可而止；去甚、去奢、去泰，不走极端。

（4）掌权者要以百姓心为心，爱民治国。不烹小鲜，折腾百姓；不以智治国，算计百姓。

（5）第8、27章：掌权者不但要善利万众，而且要有为善之本事。

（6）第80章，老子的理想社会是：小国寡民，中央集权；没有战争，民风淳朴，世世代代，不相争斗，和谐相处；甘其食，美其服，安其居，乐其俗的双文明社会。

（7）第58章："主张其政闷闷（低调），其民淳淳；其政察察（苛刻），其民缺缺。"为之于未有，治之于未乱，早服积德（早做准备，创造条件）。

（8）第61章，外交政策是：大国小国要和平共处，互利双赢，各得其所。

（9）第38章："夫礼者，乱之首。"第75章：天下大乱之根源，不是下面老百姓不安贫乐道，不安分守己，犯上作乱。而是以其上食税之多；其上之有为；其上求生之厚；使百姓无以生为。税收本是为了使国家机器能运转，官员能为民办事，谋福利。后来被搞反了，不是取之于民，用之于民，而是被统治者用来挥霍享受；养活军队，不是保护百姓，而是用来镇压百姓，武力征税。老子不反对收税，但反对"食税之多"。

（10）反对诸侯不义之战，不反对人民战争；支持弱小的新生事物；为老百姓争取自由、平等出谋划策。

老子关于"取天下，建天下，治天下"的主张，是有为不是无为，而且是大作为。"无为"不是什么事都不做。而是有些事能做；有些事不能做。哪些事不能做呢？归纳起来，主要有四点。

（1）不追求奢侈，鱼肉百姓。

第2、10、51章："生而不有，为而不恃，长而不宰，功而不居。"不占有，不仗势，不宰人，不居功。3章：不争圣贤的名利地位；不贵难得之货；不见那些可供恣情纵欲的东西，使智者不敢为。不争、不贵、不见、不敢为。第5章："圣人不仁，以百姓为刍狗。"圣人没有爱心，没有人性，把老百姓不当人，当刍狗。天地之间，不就像个大风箱吗？虚而不屈，动而愈出。圣人以为老百姓虚弱，可以任意欺压。其实，老百姓是不可屈服的，越折腾，越出气，越压迫，越反抗。第32章："朴虽小，天下莫能臣。"第36章："鱼不可脱于渊，国之利器不可以示人。"第9章："金玉满堂，莫之能守；富贵而骄，自遗其咎。"第12章：

"五色令人目盲，五音令人耳聋，五味令人口爽，驰骋田猎令人心发狂，难得之货令人行妨。是以圣人为腹不为目。"第 44 章："甚爱必大费，多藏必厚亡。知足不辱，知止不殆。"第 46 章："祸莫大于不知足，咎莫大于欲得。"第 29 章："去甚、去奢、去泰。"第 53 章："朝甚除，田甚芜，仓甚虚，服文采，带利剑，厌饮食，财货有余，是谓盗夸。"第 75 章："民之饥，以其上食税之多；民之难治，以其上之有为；民之轻死，以其上求生之厚。"第 60 章："圣人不伤人。"不烹小鲜、不折腾、不鱼肉百姓。如能做到，则天下无贼，朝中无贪官。"是以圣人处无为之事，行不言之教。""后其身，外其身，善利万众而不争。"有好处就后其身而不争，有利万众的事就奋不顾身而为。老子这些言论，对当今反腐倡廉，仍有现实意义。

（2）抛弃礼制特权，不以智治国。

第 18 章："大道废，有仁义；智慧出，有大伪；六亲不和，有孝慈；国家昏乱，有忠臣。"第 19 章："绝圣弃智，民利百倍；绝仁弃义，民复孝慈；绝巧弃利，盗贼无有。"第 38 章："夫礼者，乱之首，愚之始，攘臂而扔之。"第 65 章："以智治国，国之贼；不以智治国，国之福。"不要把聪明才智都用来欺压剥削老百姓。第 77 章：不要损不足以奉有余。第 72 章："民不畏威，则大威至。"圣人要有自知之明。第 74 章："民不畏死，奈何以死惧之？"

（3）不以兵强天下。

第 26 章：不要终日行不离辎重，不要以身轻天下。第 30 章："不以兵强天下。师之所处，荆棘生焉；大军之后，必有凶年。"第 31 章：不可杀人为乐，杀人之众，以悲哀莅之。第 46 章："天下无道，戎马生于郊。"第 68 章："不武、不怒、不争。"第 76 章："以兵强则灭。"

（4）神器不可为，为者败之。

这四点贯穿一条主线：以百姓心为心，爱民治国，无为而治。

第 33 章："自胜者强。"能克制私欲，战胜自己的人，是能做大事的人，是大有作为的人。"无为"不是无所作为，而是大有作为。

有人说第 65 章："古之善为道者，非以明民，将以愚之。"第 3 章："恒使民无知无欲也。"是反动的愚民政策。这是不了解《老子》书中的"民"字有时是泛指人，而不限于老百姓。例如第 64 章："民之从事，常于几成而败之。"绝不会单指老百姓，分明也指统治者做事，常常几乎成功而败之。第 65 章："以智治国，国之贼；不以智治国，国之福。"有人说："不以智治国，难道以愚治国？"恰恰相反，老子不主张愚民而主张愚官。第 20 章："众人熙熙，如享太牢，如春登台。我愚人之心也哉，沌沌兮！"当官的不要当享太牢、春登台的聪明人。而要当见钱不捞的傻瓜，当移山的愚公，为民办事。如果当官的把聪明才智都用在剥削镇压老百姓身上，当官的越聪明，老百姓就越倒霉。

老子说："民之饥，以其上食税之多。""民不畏死，奈何以死惧之。若使民常畏死而为奇者，吾得执而杀之，孰敢？""民不畏威，则大威至。"老子用智慧启发民众起来闹革命，建立"甘其食，美其服，安其居，乐其俗"的太平盛世。这哪里是"愚民政策"？

从《论语》可以看出：孔子站在统治者立场，说君子有德，小人无德。把自己当正人君子，把老百姓当小人；反对社会变革，反对"犯上作乱"的革命。以礼治国，以德治民。"克己复礼"，妄图复辟西周奴隶制。

3. 老子是无神论者，不是宗教头子

鲁迅说："中国根柢全在道教。"《魏书·释老志》曰："道教之原，出于老子。"有人说老子在《道德经》里大搞神秘主义，大肆宣扬神仙思想，是一种宗教学说。什么负阴抱阳，恍兮惚兮，玄之又玄；什么上天入地，不生不死，天马行空，无所不在，无所不能，不是神仙是什么？因此，老子被道教奉为太上老君。神仙道教封建迷信的产生，老子脱不了干系。

这是天大的误会。首先，老子说道之为物，没说道之为神。老子信道不信神；而道教信神不信道：只信神仙，不信老子的革命道理。把老子和神仙道教扯在一起，毫无道理。道教不是老子创立的，老子死了五百多年，才出现道教。道教成立初期并不是神仙道教，而是用老子思想武装起来的农民起义革命队伍。老子做梦也没想到要当什么教主，29 章老子说："天下神器，不可为也，不可执也。为者败之，执者失之。"可见老子根本不信鬼神。老子说的谷神，指山谷空旷神秘，并非指神仙或谷物。

所谓道教，是信仰神仙的宗教。史书把道教分为官方道教和民间道教，这种分法毫无意义。因为它们本质是一样的，都是宗教、神仙道教；把张角创立的太平道和张陵创立的五斗米道也称为道教，是不对的。因为太平道、五斗米道不是官方支持的道教，而是用老子革命思想武装起来的，遭到官方残酷镇压的起义队伍，和宗教本质不同。

实践老子的革命理论，最典型的是东汉末年的（公元 184 年）黄巾起义。起义经典《太平经》曰："夫道何也？万物之元首，不可得名者。"道都是些无名小卒，却是万物之元首。"六极之中，无道不能变化。元气行道，以生万物。天地大小，无不由道生也。""元气自然，共为天地之性也。天、地、人本同一元气，分为三体，各自有祖始。"不管是帝王将相还是平头百姓，都一样是人。"元气恍惚自然，共凝成一，名为天也。分而生阴成地，名为二也。上天下地，阴阳相合施生人，名为三也。""道者，天也，阳也，主生，万物悉生。德者，地也，阴也，主养，万物人民悉养，无冤结。""无为者，无不为也，乃与道连。天生人，幸使人人自有筋力，可自食其力。天地财物，乃天下共有，非独给一人也，当公有公用。比若大仓之粟，本非鼠之独有。愚人无知，以为终古独一人所有，不知乃万户共有，悉当从其取也。帝王将相府库里的财物，原本也是从天下百姓那里征收得来的。却封藏幽室，令皆腐涂，也不肯拿出来行善，见穷人饥寒而死，不以救济，反而讥笑。天下凡事，皆一阴一阳，乃能相生，乃能相养。阴极反生阳，如同天气，寒极反暖，暖极反寒。

极而反，盛而衰，天地之道也。一盛一衰，高下平也。盛而为君，衰即为民。"这些言论都来源于老子的革命理论，完全颠覆"普天之下，莫非王土，率土之滨，莫非王臣"。"礼乐征伐自天子出，庶人不议。"的儒家学说。君臣易位的主张，在儒家看来，是犯上作乱，大逆不道，违反纲常伦理的异端。当时，就有司奏请朝廷，以妖言惑众之罪，予以收缴，严禁传播。据说《太平经》有170卷之多，现存70卷。至今，仍有学者百思不得其解：说《太平经》是宗教道书，本应宣扬神学，怎么宣传起老子的唯物论？《太平经》虽被收缴，但革命火种并未熄灭。他们唱的革命歌曲是："发如韭，剪复生。头如鸡，割复鸣。吏不必可畏，小民从来不可轻。"喊的革命口号是："苍天当死，黄天当立。"革命理想是：推翻东汉王朝，建立太平盛世。

五斗米道创始人张陵，学历很高，是个太学博士，曾任江州令（相当于今重庆市市长）。后弃官归隐，在四川青城山附近的鹤鸣山创立正一道。张陵自称：太上老君授他正一盟威符箓，封他为正一真人，让他推行正一之道。这完全是托老庄之言，行老庄之道。最初叫正一道。道徒称他为替天行道之师，又叫天师道。凡入道者须交五斗米，习诵《老子》五千文，俗称五斗米道。张陵在鹤鸣山"立教设治，教民廉耻，思过从善，铺路架桥，开凿盐井，为民治病。百姓翕然奉事以为师，弟子多至数万户"。张陵以老子为指导思想，按墨家组织法，将数万弟子分为24治，设治所，构草屋，置土坛，为道众习诵《老子》集体活动场所，每治设祭酒作为头领。所谓祭酒，源自古代祭祀，推尊长者先举酒敬天祭祖，称尊长者为祭酒，后延伸为职务。如隋唐设国子监祭酒，为国子监之长。可见，祭酒不是神职人员，而是有学问、德高望重的行政管理人员。

史书说："祭酒下设鬼吏、奸令，初入道者称鬼卒。"这是编写历史的人有意贬称。试想想，道教把鬼当作恶势力，主张降妖驱鬼，怎么会自称鬼吏、奸令、鬼卒呢？史书《三国志》就称五斗米道为米贼鬼道，说张陵造作道书，妖言惑众。张陵是位多产作家，他造作的道书多达24部。其中以敦煌莫高窟所出《老子想尔注》（后称"想尔注"）残卷最为出名。可惜只保存了3至37章的注解。有人说："尔，你也。想尔，想想你自己吧。"实在解释不通。查字典，尔除了你之外，还有这、那、是、近等含义。想是所思所想，简称思想。故《老子想尔注》可译为《老子思想近注》。

还有人说："这是第一部完全用神学注解老子的随想录，托老子之言而演五斗米道。"但是，从内容看，被说成是神学的"想尔注"，却完全没有天堂地狱、幽灵鬼魂等宗教迷信之说。相反，"想尔注"不但坚持老子关于道之为物，有物混成，得福慎祸米，先处嬴，后更强。天下神器不可为等辩证唯物论和无神论的观点，而且有鲜明政治立场。例如主张："人君爱民治国令太平。""爱民治国而无为。""勿贪宝货，则国易治。高官重禄，好衣美食，诊宝之味，皆不能长生久世。凡贪欲好衣食，广宫室，高台榭，积珍宝，而令百姓劳弊者，不可为天子也。""习权诈，随心情，面言善，内怀恶。伪忠孝，买君父，求功名。外是内非，见人可欺，诈为仁义，欲求禄赏，此为天下大乱之源。""圣人不仁，以百姓为刍狗。当王政煞恶，亦视之如刍狗也。"圣人没有爱心，视民如草芥，不把老百姓当人，当刍狗。我们要反其道行之，把凶神恶煞的王者，亦当刍狗，把它扔掉。讲的完全是老子的革命理论。

《三国志》曰："陵死，子衡行其道。"据说这个被称为嗣师的人，平庸得很，毫无建树。史籍除留下一个名字外，别无只言片语。奇怪的是，同期另有一个同名人，却很有名气，那就是制作浑天仪和地动仪的大科学家，时任朝廷太史令的张衡（78—139年）。史书没说他父亲是谁，却说他祖父张堪曾任蜀郡太守。张衡也是洛阳太学生，知识渊博，才华出众。不但精通天文、历法、数学、机械制造。还是个文学家、画家、思想家。他在《灵宪》书中说：天地未分之前，乃是一片混沌。既分之后，轻者上升为天，重者凝聚为地。阴阳相荡，产出万物。天地之象，如卵之裹黄。天转如车毂之运也，周转无端，其形浑浑，故曰浑天。浑天如鸡子，天体圆如蛋丸，地如鸡中黄，孤居于内。天大而地小，天表里有水。天之包地，犹壳之裹黄。天地各乘气而立，载水而浮。"宇之表，无极。宙之端，无穷。""月光生于日之所照，魄生于日之所蔽，当日则光盈，就日则光尽也。"两千年前，张衡就认识到月光是日光的反射，月食是由于地影遮蔽而产生，并非被天狗吞食；认识到宇宙的物质性和无限性；纠正了天如伞盖，地如棋盘，天圆地方的传统观念和天狗吞月的宗教迷信。可见，张衡的宇宙观源自老子，并有所创新和发展。有理由认为：这位深受老子影响，满脑道家思想的大科学家，把五斗米道交给张修掌管。离开四川，赴洛阳任太史令，这和老子在东周的职务相当。五斗米道的张衡和太史令的张衡应是同一人。自古十道九医，既是道士，又是科学家、医生，并不矛盾。

《三国志·张鲁传》曰："衡死，鲁复行之。盖州牧刘焉以鲁为督义司马，与别部司马张修，将兵击汉中太守苏固。鲁遂袭修杀之，夺其众。焉死，子璋代立，以鲁不顺，尽杀鲁母家室。鲁遂据汉中，以鬼道教民，自号师君。其来学道者，初皆名鬼卒。受本道已信，号祭酒。各领部众，多者为治头大祭酒。皆教以诚信，不欺诈（抓精神文明建设）。有病（错）自首其过，大都与黄巾相似。诸祭酒皆作义舍，如今之亭传。又置义米肉，县于义舍，行路者量腹取足。若过多，鬼道辄病之（靠自觉，重教育）。犯法者三原，然后乃行刑（犯法三次不改才用刑）。不置长吏，皆以祭酒为治。民夷便乐之，雄踞巴汉垂三十年，汉末力不能征。关西民从子午谷奔之者，数万家。"张鲁在汉中建立的人民政权，实行公有制，集体劳动，看病、吃饭、住房不要钱。大受欢迎，各地民众纷纷前来投奔。

曹操混进革命队伍，把黄巾军残部改编为青州军，造反起家。曹操的确厉害，一手武力镇压，一手分化瓦解。软硬兼施，把这个美好的人民政权搞垮了。从此，太平道转入地下，五斗米道改称天师道，后被改造成神仙道教。

魏晋时期，何晏、王弼等人糅合儒家经义，改造老庄理论，形成带神学意味的玄学。东晋葛洪撰《抱朴子》，书名取自老子的见素抱朴。吸收玄学理论和神仙方术，促使道教走上炼丹养生，求道成仙的道路。北朝嵩山道士寇谦之引进佛教之法，制订乐章诵诫，改造道教，流传于北方，称北天师道。南朝庐山道士陆静修整理三洞经书，按人间朝廷编制，制订玉皇大帝天朝神仙谱系。流传于南方，称南天师道。至此，道教完全变质，不再是民间革命团体，而被改造成统治者能够接受的神仙宗教。此后，出现了许多神仙道书。如《太上老君开天经》，不仅把道神话，而且把老子也神化了。认为老子是道的化身，道就是老子，老子就是道。例如道书曰：

混元之时，未有天地，虚空未分，清浊未判，一片混沌。

混元之初，老君虚空而下，口吐开天经一部，创造了日月星辰。此时，方有天地之分，万物之始。

到了混元之世，老君下凡为师，口吐太始经一部。教伏羲推旧法，演阴阳，正八方，定八卦。此时，民众有名无姓，皆衣毛茹血，腥臊臭秽。男女无别，不相嫉妒。冬则穴处，夏则巢居。

伏羲之后有女娲，女娲是大地之母，抟土造人。女娲之后有神农，老君下凡为师，口吐太微经一部。教神农尝百草，得五谷，与民播植，遂食之。以代禽兽，立命也。

神农之后有燧人，老君下凡为师。教示燧人钻木取火，续日之光。变生为熟，以除腥臊。

燧人之后，老君下凡为师，教黄帝修道齐政。黄帝之后，次有尧舜禹周。始有君臣尊卑，贵贱有殊。

用现在的话说：产生了阶级和等级制度。除去神话之说，道教的《开天经》可谓一部远古历史。

老子重教化（教育），上帝重惩罚。据《圣经》记载：上帝按照自己的形象，用黏土创造了亚当。然后，取亚当一根肋骨，造了女人夏娃。并恩赐这对赤裸的男女，在伊甸园快乐地生活。伊甸园又称乐园、天堂、天国，地上撒满珍珠玛瑙、金银财宝。到处是奇花异草，果树满园。这种美丽的神话，只能当茶余饭后的故事消遣，不可当真。但西方人却深信不疑，吃饭前都要感谢上帝的恩赐。接下来的故事，就不那么美好了。亚当和夏娃不听上帝的话，偷吃禁果。狠心的上帝不给这对可怜的人类祖先任何改正机会，立即把他们逐出伊甸园。要知道，伊甸园之外是充满危险的世界。从此，世上的人，除了诺亚，都忘了上帝恩典。上帝盛怒之下，打开天窗，连降40天大雨，世界顿时一片汪洋。诺亚受上帝宠爱而被提前告知，造了一艘"诺亚方舟"。在逃难中，幸亏诺亚将世上每种生物救出一对，才发展成今天的人类和各种生物。

相比之下，道教仁慈多了，劝人从善，不做这种伤天害理的事情。因此，不能把神仙道教说得一无是处。道教追求长生不老，信仰神仙。弃其封建迷信，就是追求快乐像神仙一样美好生活的理想，有什么错？吞刀吐火，烧符念咒，装神弄鬼，骗人钱财，是邪教，不是真正的道教。有人说："生在地上想上天，活在人间想成仙。上天无路，入地无门，人不可能长生不死，道教的想法不现实。"这是误解。

第16章曰："夫物芸芸，各复归其根。"第50章曰"出生入死。"承认有生必有死，不可能永生不死。老子只说："长生久世。"没说永生不死。所谓"长生不老，长生不死"是说这个人长寿，活到八九十岁还不显老，还不死。通过养生锻炼，完全能做到，这种观念没有错。

到了唐代，道教大盛，被尊为国教。宋代，二程、朱熹等人为儒家造道，理学兴起。元代，道教归并为以符箓为主的正一道和以修炼为主的全真道。全真道因丘处机受成吉思汗器重，而盛极一时。丘处机说：没有不死之药，只有养生之道。明清时期，佛教、道教乃是我国二大宗教信仰。

可见，老子不信鬼神，是个无神论者。道教不是老子创立的，老子不是道教头子。但是，老子的思想对张角的太平道、张陵的五斗米道以及神仙道教影响很大。

老子的理论，只提供一种思路、一种思想方法、思想工具、思想武器，谁都可以用。农民起义能用，神仙道教也能用；老百姓能用，统治者也能用。不能因为神仙道教信奉太上老君，就说老子是道教头子。也不能因为历代统治者把老子的无为而治，当作君王南面之术使用，就说老子为统治者出谋划策。

4. 老子是战略家，不是阴谋家

有人以第36章："将欲取之，必先予之。鱼不可脱于渊。"证明老子是十恶不赦的大坏蛋、阴谋家。可是《史记》却说："知与之为取，政之宝也。"《资治通鉴》说：韩赵魏三家分晋，用的就是欲取之必先予之的计策。刘邦夺取政权后，百废待兴。刘邦认识到鱼离不开水，国家离不开老百姓。"欲取之，必先予之。"想取得民众拥护，必先给民众一条活路；想收税，必先与民土地，让战乱逃难的百万民众返乡生产。"治大国，若烹小鲜。"把"无为而治"定为国策，不折腾民众，不鱼肉百姓，必先与民休养生息。而不是执行孔子"为政必先正名"的主张。从而使汉朝成为历史上最强盛的朝代之一。汉武帝改无为而有为，"罢黜百家，独尊儒术"。自此，汉朝从强盛走向衰亡。

对待老百姓，"诡道也，道家之所禁"。道家不搞阴谋诡计，而为百姓出谋划策。新中国成立初，上海打击奸商囤积居奇，谋取暴利，也采取与之为取的策略，稳定物价。我们说是策略，奸商说是阴谋。改革开放，要发展经济，必先给农民承包权、企业自主权。想要过上幸福生活，必先勤劳付出。

一般认为《老子》只讲政治、哲学，不讲经济。很少有人注意到《史记》平准书和货殖列传两篇文章，专讲如何运用老子思想，宏观调控物价，微观搞活经济。《史记》评价说："知与之为取，政之宝也。"不是阴谋，而是政之宝。可见，《老子》不但讲哲学、政治，也讲经济、军事。《孙子兵法》采用手段，欺骗迷惑敌人。与《老子》以奇用兵谋略是相通的。都是阳谋，不是阴谋。

为什么有人把《老子》说得那么坏？而东汉农民起义却把《老子》当宝，列为必读之书？这里有个立场问题。立场不同，说法截然不同。敌方说是阴谋诡计，我方则是计谋良策。

看你站在哪边，为谁说话。《老子》奉劝当权者：不要只为自己，不顾老百姓死活。所谓不争，指统治者不要与民争利。将欲取之，必先予之。想多收税，必先给地种，有什么错？老子为百姓说话，有哪一句是为他自己？好在《老子》一书，白纸黑字，是不是有个人歹意，耍阴谋，百姓心里自有一杆秤。现在提倡"我为人人"，难道目的是"人人为我"？按此说法：当初活不下去，参加革命，是动机不纯？"帮助别人，快乐自己。"都是为自己快乐？完全是用儒家"人不为己，天诛地灭"的有色眼镜看人。

对待敌人，使用策略，是取胜之宝，不是阴谋。孙子曰："兵者，诡道也。故能而示之不能，用而示之不用，近而示之远，远示之近，利而诱之，乱而取之，实而备之，强而避之，怒而挠之，卑而骄之，佚而劳之，亲而离之。此为兵家惑敌取胜之宝。"孙子把老子提出的众寡、形名、奇正、虚实、乱治、怯勇、强弱、五音、五色、五味之变，无穷如天地，不竭如江河，奇正相生，如循环之无端等哲学原理应用于兵法。曹操曰："圣人之用兵，戢而时动，不得已而用之。吾观兵书战策多矣，孙武所著深矣。"在现代战争中仍有重大意义。

《孙子兵法》的"攻其不备，出其不意"。可以说，用尽欺骗敌人之手段，完全是《老子》以奇用兵谋略的翻版。只要站在公正的立场，都会称赞老子和孙子是大智慧的战略家。只有老子、孙子的敌人，才会说他们是阴谋家。

老子主张在战略上要藐视敌人，从而树立信心和决心。不要以为老百姓手无寸铁，一无所有，弱小可欺。坚强者死之徒，柔弱者生之徒。弱之胜强，柔之胜刚。天下莫柔弱于水，驰骋天下之至坚，无有入无间，攻坚强者莫之能胜。一个个分散的老百姓，的确弱小可怜，任人宰割。但是团结成一个整体，有无坚不摧、战无不胜、攻无不克的力量，新生事物终将战胜并代替旧事物。

如何以弱胜强，老子的确为老百姓想出了不少好办法：第57章主张以奇用兵，主动出击，攻其不备。第36章："欲合之，必固张之；欲弱之，必固强之；欲废之，必固兴之；欲取之，必固与之。"给敌人造成错觉，误判形势，作为柔弱胜刚强明智之法。第50章："陆行不遇兕虎，入军不被甲兵。兕无所投其角，虎无所措其爪，兵无所容其刃。"就如打游击：打不过就走，打得过就集中兵力打歼灭战。

第69章批判了"战略上不敢为主而为客，不敢进寸而退尺。缺乏信心，不敢藐视敌人。战术上却轻敌，祸莫大于轻敌，几丧吾宝"的军事思想。

第49章："圣人常无心，以百姓心为心。善者，吾善之；不善者，吾亦善之，德善。信者，吾信之；不信者，吾亦信之，德信。"第63章："报怨以德。"可见，老子胸怀坦荡，为老百姓出谋划策。不是阴谋家，而是伟大战略家！

5. 老子是大有作为的勇士，不是无所作为的隐士

隐君子这顶帽子，是司马迁先扣的。说老子过了函谷关，莫知其所终，不知跑哪里去

了，可能是隐居山林。由于《史记》的误导，使许多人都以为老子真的隐居了。南怀瑾说："老子是隐士思想的总代表。"郭沫若说："老子是避世理论的倡导者。"证据是，我们主张敢为天下先，老子却甘居落后，不敢为天下先。第3章："无知、无欲、无为、不争、不敢为也。"第67章："我有三宝：一曰慈，二曰俭，三曰不敢为天下先。"第69章："吾不敢为主而为客，不敢进寸而退尺"；我们主张勇敢，第73章老子却主张："勇于敢则杀，勇于不敢则活"；孔子周游列国，明知山有虎，偏向虎山行，是不怕困难，迎难而上的英雄壮举。老子却主张遇到困难，绕道而行。第50章："陆行不遇兕虎，入军不被甲兵。"第22章："曲则全。"这是老子的保命哲学。任继愈说："在老子看来，这个世界到处埋伏着危险，生命随时受到威胁。他主张处处小心，不要进入危险范围，只有无所作为，才最安全，最足以保全性命。"认为老子崇尚虚无缥缈，主张无为。说起话来故弄玄虚，是贪生怕死，忍气吞声，委曲求全，逃避现实，什么都不敢为的懦夫；是消极遁世，无所作为的隐士。总之，认为孔子是大无畏的英雄，老子是贪生怕死的懦夫。

事实完全相反，没有任何证据证明老子隐居了。《老子》全书都主张积极进取，大有作为。看不出有任何消极退隐，遁入空门，无所作为的思想。第9章："功成身退"讲"功成弗居"非言退隐。第41章所谓"道隐无名"。第32章："始制有名。"是讲道本来没有名称，是后来才有的。先有道，后有名，并非暗示隐居。

第50章主要讲趋利避害，逢凶化吉，保存实力，不死缠硬拼，避免意外死亡，不做无谓牺牲。这和"入山唯恐不深，避世唯恐不远"。贪生怕死当逃兵，逃离现实，回避矛盾是两回事。遵守交通规则，车辆避行人，行人避车辆；没人会逞英雄，不怕死，就是不让！《孙子兵法》曰："水之行避高而趋下，兵之行避实而击虚。"这和老子所说的，回避兕虎和甲兵，使其无法使用角爪刀刃行凶的意思相同。第73章，何为勇者？乱砍乱杀，胆大妄为，稀有不伤其手矣，终将招来杀身之祸。弱者遇强者时，不硬充好汉，而是避其锋芒，等待时机，击其软肋，这是以弱胜强之道。可见，趋利避害，绝不是贪生怕死。

第75章，老子敢为老百姓说话，敢讲"民之饥，以其上食税之多"，孔子敢吗？《老子》没有一句表达隐居之意，而《论语》多处主张消极遁世。子曰："道不行，乘桴浮于海。""邦有道，则知；邦无道则愚。"宰我问："井有仁焉，其从之也？"子曰："何为其然也？君子可逝，不可陷也。"见死不救，逃避现实。"用之则行，舍之则藏。""危邦不入，乱邦不居。天下有道则见，无道则隐。""不在其位，不谋其政。""邦有道，则仕；邦无道，则可卷而怀之。"可见，老子是大有作为的勇士，不是无所作为的隐士。

为什么会如此冤枉老子呢？多半是没有正确理解"无"字的含义。我们往往只记得无是没有，忘了无还有"不"的意思。无为即不妄为，不胡作非为。违背百姓利益的事不要去做，第16章曰："妄作凶"。哪些事不要做呢？

（1）不以智治国，不折腾老百姓。

第39章："贵以贱为本，高以下为基。"第49章："圣人无常（私）心，以百姓心为心。

百姓皆注其耳目，圣人皆孩之。"百姓关注的事，圣人都认真去办。第10章："爱民治国，能无为乎？"第60章：治大国若烹小鲜，不折腾民众、鱼肉百姓。第65章："不以智治国。"不把聪明才智都用在剥削捞钱、整治百姓上面。第20章：要有愚人之心，甘当不捞钱的"傻瓜"，像愚公一样，为民移山造福。第36章："柔弱胜刚强。鱼不可脱于渊，国之利器不可以示人。"鱼离不开水，专政工具不可以用来对付老百姓。

（2）不征沉重赋税。

老子不反对征税，但反对食税之多，使民众饥饿，无以为生，无法活下去。第75章："民之饥，以其上食税之多；民难治，以其上之有为；民轻死，以其上求生之厚。"第77章主张："损有余以奉天下。"第72章："民不畏威则大威至。无狎其所居，无厌其所生。"压迫民众，民众就会反抗。

（3）神器不可为。

不搞鬼神迷信活动。第29章："天下神器，不可为也，不可执也，为者败之，执者失之。""是以圣人无为，故无败，故无失。"

（4）不以兵强天下。

第30章："不以兵强天下，其事好还。师之所处，荆棘生焉。大军之后，必有凶年。勿矜，勿伐，勿骄，勿强。"第31章："夫兵者，不祥之器，不得已而用之。乐杀人者，不可得志于天下。"老子反对不义之战，不反对农民起义的战争。第57章：主张以奇用兵。

（5）不敢为天下先。

有人说：我们主张敢为天下先，老子却主张不敢为天下先。第3章："恒使民无知无欲也，使夫知不敢为也。"第67章："我有三宝：一曰慈，二曰俭，三曰不敢为天下先。"我们主张勇往直前，第69章老子却说："吾不敢为主而为客，不敢进寸而退尺。"我们主张勇敢，第73章老子却说："勇于敢则杀，勇于不敢则活。"我们主张明知山有虎，偏向虎山行；明知困难，迎难而上的大无畏的精神，第50章却说："陆行不遇兕虎，入军不被甲兵。"遇到危险，绕道而行。第22章："曲则全。"委曲求全，避祸求福，逃避困难，忍辱求荣，贪生怕死，无为不争，过分强调自我保护，这是苟且偷生的懦夫哲学。缺乏孔子当仁不让，杀身成仁的献身精神，缺乏我不入地狱谁入地狱的使命感。这完全是误解。孔子主张"事君，能致其身"和杀身成仁的"献身精神"及不辱君命的"使命感"。是为君，不是为民。老子则相反，处处为老百姓着想。

第7章："天长地久，天地所以能长且久者，以其不自生，故能长生。是以圣人后其身而身先，外其身而身存，以其无私，故能成其私。"天无私覆，地无私载。天地产生万物，没有一件是为自己的需要而生。天地之所以能天长地久，是因为它无私奉献，不为自己活着。所谓"后其身而身先"，就是把个人利益放在百姓利益之后。见困难就上，见荣誉就让。不敢有好处就抢先，不敢把享受置于事业之上，不敢把个人利益置于民众利益之前。"先天下之忧而忧，后天下之乐而乐。"只有这样，才能"身先"，起带头作用，带领群众取天下；所谓"外其身而身存"，即敢为天下先。对百姓有利的事，不推卸责任；维护百姓利益，挺身而出；危难时刻，把生死置之度外，身先士卒。不怕死，反而不死；不怕牺牲，反而能身存。难道不是因为他的无私吗？所以无私才能成就自己的理想抱负。

第12章老子说："五色令人目盲；五音令人耳聋；五味令人口爽；驰骋田猎令人心发狂；难得之货令人行妨；是以圣人为腹不为目。"五光十色，令人目盲，分不清是非，看不到方向；五音轰鸣，令人耳聋，失去辨别能力；五味美食，令人口爽，吃了还想吃，吃得脑满肠肥，大腹便便，余食赘形，多病折寿。腐败奢靡的王侯，没一个长寿的；纵欲猎艳，令人心发狂。难得宝物，令人铤而走险。世上的诱惑太多。第46章："祸莫大于不知足，咎莫大于欲得。"第53章："大道甚夷，而人好径。朝甚除，田甚芜，仓甚虚，服文彩，带利剑，厌饮食，财货有余，是谓盗竽。"为了满足奢侈生活的需要，"以智治国""以百姓为刍狗"，想方设法，把聪明才智都用在了压榨剥削老百姓。导致"民之饥，以其上食税之多。民之轻死，以其上求生之厚。"无以生为，活不下去。民不畏死，奋起反抗。第39章："天无以清，将恐裂；地无以宁，将恐废；神无以灵，将恐歇；谷无以盈，将恐竭；万物无以生，将恐灭；侯王无以正，将恐蹶。"自遗其咎，自取灭亡。

"故贵以贱为本，高以下为基。不欲禄禄如玉，珞珞如石。"不贵难得之玉，则基础坚如磐石。老子所谓：不有，不占有不是自己的东西，不拿群众一针一线；不恃，不恃权欺压百姓；不居，功成身退，是不居功自傲，不是退隐山林；不宰，不搞一言堂，不宰割老百姓：不贵，不看重难得之货，第9章："金玉满堂，莫之能守；富贵而骄，自遗其咎"；不争，不争权夺利，不与民争利。第8章："上善若水，水善利万物而不争，处众人之所恶。夫唯不争，故无尤。"无怨无悔。可见不敢为，是贪污腐化不敢为，欺压群众，折腾百姓不敢为。要有敬畏之心，不敢胆大妄为。

第44章："名与身孰亲？身与货孰多？得与亡孰病？甚爱必大费，多藏必厚亡。故知足不辱，知止不殆，可以长久。"第46章："祸莫大于不知足；咎莫大于欲得。故知足之足，常足矣。"

第10章："爱民治国，能无为乎？生之畜之，生而不有，为而不恃，长而不宰，是谓玄德。"第13章："以身为天下，若可寄托天下。"有这种玄德的人，才能担负起天下重任。第33章："自知者明，自胜者强，知足者富，不失其所者久。"能战胜自我欲望的人，是强者，是大有作为的人。第29章："是以圣人去甚、去奢、去泰。"第59章："无国可以有国，有国之母，可以长久。此乃根深蒂固，长生之道。"第11章："有"有用；"无"也有用，而且有大用。第43章："吾是以知无为之有益。不言之教，无为之益，天下希及之。"可见，老子主张的无为，实际是有为，而且是大有作为。无为者有为，不是要人们无所作为，吃得饱饱的，无思无虑，四肢发达，头脑简单，没心没肺，做一个什么事都不干的愚人。

老子提倡无为金玉满堂，不敢为天下先，对当今反腐倡廉仍有现实意义。另外，《老子》又提倡"有为"，敢为天下先。并非只有孔子才主张"有为"。只是两人主张"有为"

的内容各不相同。例如第 80 章：老子主张小国寡民，削弱诸侯力量，使诸侯无法使用武力发动战争。使民众用不着冒死远徙逃难，虽有车船，不需乘坐，虽有甲兵，不需布阵。从而建立中央集权的强大天下；国与国之间，不是枪炮声相闻，而是鸡犬之声相闻。恢复纯朴，世代友好相处，老死不再打仗，过上没有战争的宁静生活。从而建立"甘其食，美其服，安其居，乐其俗"的太平盛世，这是多么有为的理想社会。而孔子的有为是，吾从周，克己复礼。"周之德，其可谓至德之世。"复辟西周奴隶社会。

老子在思想上，提出以道为核心的辩证唯物论。在政治上，启发民众觉悟，推翻周礼奴隶制，为民取天下，建立太平盛世。第 29 章："将欲取天下而为之。"所谓"取天下"不但是有为，而且是大作为。在经济上，提出以百姓心为心，爱民治国，无为而治，休养生息。欲取之，必先予之。在军事上，第 57 章："以正治国，以奇用兵，以无事取天下。"反对非正义之战争。在科学上，提出宇宙论，纠正了人们对宇宙的错误认识，反对天神的崇拜。第 64 章："为之于未有，治之于未乱。以辅万物之自然而不敢为。"至今仍是防灾减灾，中医治病等预防为主的指导思想。《老子》一书，短短五千言，从宇宙论及人间，如此大手笔，至今几乎无人超越。可见，老子是非常有为的人，怎么会主张饱食终日，无所作为？

老子认为勇敢有两种：一种是第 67 章："慈故能勇。夫慈，以战则胜，以守则固。"第 49 章："以百姓心为心，百姓皆注其耳目，圣人皆孩之。"这种勇是建立在爱的基础上的，爱子女，爱老百姓。当儿女和老百姓遇到威胁时，挺身而出，敢于保护孩子和百姓。这种出自爱的勇敢，是战无不胜的。

另一种是：勇而不敢。有人不理解："不敢是胆小的懦夫，不敢还是勇敢吗？"老子说：是的，不敢也是一种勇敢。不敢妄为、不敢贪赃枉法、不敢拿群众一针一线，战胜自我，放弃私欲，后其身，外其身，也需要勇气。第 73 章："天之所恶，孰知其故？"你知道天下民众所厌恶的是什么吗？有勇无谋，胡来蛮干，乱砍乱杀；胆大妄为，敢冒天下之大不韪，敢贪污受贿。这不是勇敢，这是罪恶。故第 73 章："勇于敢则杀，勇于不敢则活。天网恢恢，疏而不漏。"

在"文字冤狱""白色恐怖"情况下，老子敢说："圣人不仁，以百姓为刍狗。"第 38 章："夫礼者，乱之首，攘臂而扔之。"第 72 章："民不畏威则大威至。无狎其所居，无厌其所生。"第 74 章："民不畏死，奈何以死惧之。若使民常畏死，而为奇者，吾得执而杀之，孰敢？"第 75 章："民之饥，以其上食税之多；民难治，以其上之有为；民轻死，以其上求生之厚。"第 77 章："不要损不足以奉有余。"

第 50 章："陆行不遇兕虎，入军不被甲兵。"趋利避害，逢凶化吉，人之本能。陆行遇虎，没有武松打虎的本事，硬充好汉，偏向虎山行，岂不是自行喂虎吗？这不是勇敢，而是愚蠢。"初生牛犊不怕虎。"初生牛犊的勇敢是建立在无知妄为的基础上，只会招来杀身之祸，不值得赞扬。有勇气不妄为，才有活路，才能立于不败之地。故第 73 章曰："勇于敢则杀，勇于不敢则活。此两者，或利或害。"不是明摆的吗？

第69章："用兵有言：吾不敢为主而为客，不敢进寸而退尺。是谓行无行，攘无臂，扔无敌，执无兵。祸莫大于轻敌，轻敌几丧吾宝。故抗兵相加，哀者胜矣！"有人认为：老子反战，当战争不可避免，不得已，被迫卷入战争时，主张采取守势。和墨家一样，墨守成规，主张非攻。墨子谈兵文章有11篇，只谈守，不谈攻，全部讲防守技术。司马迁说他"善守御"，防守工具比鲁班的攻城武器还先进。墨子以弱者自居，不思进取，只图自保，一味反对进攻，否定积极主动进攻的意义，不理解最好的防御就是主动出击，老是被动挨打。我们主张得寸进尺，老子却主张不敢进寸而退尺。老子借战争话题，宣传保守退缩，柔忍之道，不争之德。这种看法，完全是误解。首先，"不敢为主而为客，不敢进寸而退尺。"这句话不是老子说的，而是用兵的人说的。老子批判了这种保守的军事思想，他说：敌方是得寸进尺，我方用兵者却连寸都不敢进。还没打就退缩，行军没个行军的样子。攘起袖子好像要打，却不出手。敌人还没来，就扔下武器。拿着武器却不打，执掌兵权却不出兵。只守不攻，不做好反攻的准备，这是最大的轻敌。祸莫大于轻敌，轻敌将丧失我方宝贵的战机。两军相遇，哀兵勇者胜，骄兵轻敌者败。

《孙子兵法》曰："水之行，避高而趋下。兵之行，避实而击虚。"弱者遇强者时，惹不起，躲得起，把危险躲过去。不能硬充好汉，鸡蛋碰石头。而应避其锋芒，保存自己，等待时机，集中兵力，击其不备。做人也如此。不做有害无益的事，如吸毒、酗酒、赌博、污染环境等。故第50章曰："陆行不遇兕虎，入军不被甲兵。"难道让老虎吃了，让敌兵杀了，才叫勇敢吗？不分青红皂白，给老子扣上贪生怕死的帽子！

《老子》全书表达的都是积极有为，没有一句消极隐居之意。也没有任何证据，说明老子隐居山林。反倒是《庄子》说老子游秦，这倒是很有可能。老子想去求贤变革的秦国，实现自己的理想抱负。不幸的是出了函谷关，因年老体衰，或兵荒马乱，也许途中遭遇不测，而不知所踪。

老子主张享受不敢为天下先；为百姓造福则敢为天下先。老子不是无为的隐士，而是有为的勇士。

6. 老子也讲忠孝礼乐仁义道德

忠孝礼乐是中华民族传统道德，并非孔子最先提出的，也不是只有儒家在讲，诸子百家都在讲。只是各讲各的，立场不同，讲法不一样。孔子讲孝，讲得很有道理，但不是真的要孝顺父母。而是假托孝顺父母，要老百姓像孝顺父母一样，孝顺天子。这一招很厉害，谁敢说不孝顺父母，不效忠天子。马上被扣上不仁不义，不忠不孝，大逆不道，乱臣贼子的大帽子，立即招来株连九族、杀身之祸，这才是最大的阴谋。难怪历代统治者都把这招当作镇国之宝，吹嘘半部论语治天下。不平等礼制这一招，只会加剧社会矛盾，不可能使社会和谐。儒家宣扬所谓"割股孝父""为母埋儿""恣蚊饱血"等24孝，到了荒唐血腥的程度。纵观历史，没有哪一个朝代是靠《论语》强盛起来的。三纲五常，世袭守旧，形成的腐败周期律。使我国陷于两千年不断改朝换代的战乱之中，给中华民族带来无尽的苦难。

都说老子不讲传统美德，而且还反对。其实老子也讲，而且讲得很深刻。老子只是反对虚伪的忠孝礼乐仁义道德。

例如孝：第67章："慈故能勇，夫慈以战则胜，以守则固，以慈卫之。"认为慈母最伟大，母爱最勇敢，当儿女身处危险时，能挺身而出，战胜一切，以爱护卫。老子发自内心孝敬父母，把父母提到天地之始，万物之母的高度，把老百姓当饮食父母。第20章说："我独异于人，而贵食母。"第19章："绝仁弃义，民复孝慈。"主张绝弃假仁假义，恢复孝慈。

忠：孔子忠君，老子忠民。第10章："爱民治国，能无为乎？"第60章："治大国，若烹小鲜。"不要折腾鱼肉百姓。第49章："以百姓心为心。百姓皆注其耳目，圣人皆孩之。"第75章："民之饥，以其上食税之多。"第74章："若使民常畏死，而为奇者，吾得执而杀之，孰敢？"

礼：孔子曰："无礼则乱。"子曰："好勇疾贫，乱也。"孔子认为：天下大乱是因为老百姓无礼，好勇疾贫，不遵守周礼。第38章老子则认为："夫礼者，乱之首，则攘臂而扔之。"极端不平等的礼制，只会加剧社会矛盾，不可能和谐社会，是天下大乱的根源，必须抛弃。第39章："贵以贱为本，高以下为基。"第77章："损有余而补不足，以奉天下。"体现老子均贫富，等贵贱的平等思想。主张平等的还有庄子的"齐物"，墨子的"尚同"，惠子的"合同异"；而维护不平等周礼奴隶制的是孔子的"君子和而不同，小人同而不和"，孟子的"劳心者治人，劳力者治于人"，公孙龙的"异""分别离""白马不是马""上是上，下是下，君是君，臣是臣"。

老子反对极端不平等，又能实事求是地对待合理的等级。第56章提出"玄同"与"和"的概念：第56章："和其光，同其尘，是谓玄同。"通常是同不能有异，异就是不同。但现实中很多情况却不是那么简单和绝对，并不一定非同即异，非此即彼，往往是难分彼此，难分同异。万物毕同毕异，大同小异，异中有同，同中有异。第42章："万物负阴而抱阳。"于是在第32章指出："始制有名，名亦既有，夫亦将知止，知止可以不殆。"起初，并没有什么不同的名分地位。是产生了帝王将相以后，才开始制定了等级名分地位。既然有了，就要适可而止，第46章："知足常足"，知止不殆。第29章："去甚、去奢、去泰。"不要走极端，否则"反者道之动""物壮则老"，就会走上反面。

乐：是配合统治者举行礼仪活动而制作的音乐舞蹈，有森严的等级制度。《论语》："八佾舞于庭，是可忍，孰不可忍也。"孔子不能容忍季氏僭越礼乐等级的行为。墨子则认为：歌舞是享乐腐败的东西，主张"非乐"。老子同意墨子部分看法，第12章：反对恣情纵欲，纸醉金迷，腐化堕落，主张为腹不为目。不同意孔子的看法，认为歌舞艺术，雅俗共赏，不应分什么贵贱等级。不主张取消歌舞娱乐，而主张共享其乐。第80章："乐其俗。"第2章："音声相和"第41章："大音希声。"不要只搞些大鸣大放的东西，声音不要太大，要和谐，欣赏此时有声胜无声。

仁：是仁义、仁慈、仁爱、爱心，是传统道德，好像只有孔孟讲仁。其实不然，第67章老子把仁慈看成第一宝。《庄子·天地》曰："爱人利物之谓仁。"《墨子·经说下》曰："仁，仁爱也。"《韩非子·诡使》曰："少欲、宽惠、行德谓之仁。"可见，诸子百家都讲仁。只是地位不同、立场不同、爱什么人不同，仁的内容也就不同。

老子爱老百姓，他说："以百姓心为心，爱民治国。"恨那些圣人不仁，以百姓为刍狗。第74章："若使民常畏死而为奇者，吾得执而杀之，孰敢！"孔子满口仁义道德，却只爱君子大人物，不爱百姓小人物。在君主面前，鞠躬如也，点头哈腰，一副奴才相；在百姓面前，威而不猛，让人望而生畏。《论语》洋洋万言，没一句为百姓说的话。

义：按字典注解。一是认识，人对事物认知的内容，如道义、意义、定义、字义、义理等。二是行为，如法律上、道义上应尽的责任；不计报酬的义务，不求回报的义举，农民起义等。三是情感，如情义、江湖义气等。按儒家《中庸》定义："义者，宜也，尊贤为大。"所谓义，就是做适宜自己身份地位的事。你是小人物，就做小人物的事，老老实实种地交税；尊敬圣贤为大事，不要僭越出格，犯上作乱。孔子只讲君臣之义，曾子曰："夫子之道，忠恕而已。"只是忠君而已，没有别的东西。

孔子标榜的见义勇为，只为君王不为百姓。"事君能致其身。""杀身成仁"有人落井，却逃之夭夭，见死不救。

孔子标榜自己最讲情义。"有朋自远方来，不亦乐乎？""朋友死，无所归，于我殡。"可是，他最喜爱的学生颜回死了，却一毛不拔。

孔子标榜自己只讲义不讲利。子曰："饭疏食，饮水，曲肱而枕之，乐亦在其中矣。不义而富且贵，于我如浮云。"《乡党篇》却描述了孔子如何讲吃讲穿，豪华奢侈。子曰："耕也馁在其中矣，学也禄在其中矣。"子曰："沽之哉，沽之哉，我待贾者也。"子曰："君子去仁，恶乎成名？"可见孔子比谁都急切追求功名利禄。子曰："邦有道则士；邦无道，则可卷而怀之。""危邦不入，乱邦不居。天下有道则见，无道则隐。"不是说孔子明知山有虎，偏向虎山行，明知有难，迎难而上吗？实际是有好处就上，没好处就溜，如此投机。按孔子的说法："君子喻于义，小人喻于利。"

老子最看不惯这种虚伪的假仁假义。第18章："大道废，有仁义；智慧出，有大伪；六亲不和，有孝慈；国家昏乱，有忠臣。"第19章："绝圣弃智，民利百倍；绝仁弃义，民复孝慈；绝巧弃利，盗贼无有。此三者以为文，不足。故令有所属；见素抱朴，少私寡欲，绝学无忧。"老子认为：虚伪的圣智、仁义、巧利，这三者不足成为传统文化，必须绝弃。第45章："清静为天下正。"纯洁清静，不要这些乱七八糟的东西，保持艰苦朴素的传统本色，少私寡欲。不学假圣人的"存天理，灭人欲"，即可消除隐患，高枕无忧。

智：第3章："常使民无知无欲。"第65章："古之善为道者，非以明民，将以愚之。

民之难治，以其智多。故以智治国，国之贼；不以智治国，国之福。"这些话常被指责为愚民政策。治国需要智慧，无知如何治国？不以智治国，难道以昏君治国？胡适说："虚其心，实其腹，圣人为腹不为目。是要人吃得饱饱的，做一个无思无虑的愚人，不做有学问知识的文明人。因为知识越高，欲望越难满足。又见许多不合意的事，心生无限烦恼。倒不如无知的草木，无思虑的初民，反倒可以混混沌沌，自寻乐趣。"类似误解太多，若不澄清，老子恐怕永世不得翻身。之所以误解，主要是认为民指老百姓。

其实《老子》书中的"民"，民众，有时指百姓，有时却泛指人，众人当然包括统治者。第64章："民之从事，常于几成而败之。"此处民字泛指人，包括统治者，不能说只有老百姓做事快成功却失败了。第53章："大道甚夷，而民好径。朝甚除，田甚芜，仓甚虚，服文采，带利剑，厌饮食，财货有余，是谓盗芋。"此处民字，不是泛指人，也不是指老百姓，明显指统治者。故第3章："使民（人）不争，使民（人）不为盗，使民（人）心不乱。恒使民（人）无知无欲也，使夫知者不敢为也。"古文知与智通用，第10章："明白四达，能无知乎？"既然明白四达，就不会无知。故无知，不是没文化知识，而是没有尔虞我诈，钩心斗角，算计别人的心智；无欲，指无私欲。

"不以智治国"，这当然指的是当官的，因为当官的都是聪明人，不聪明当不了官。他们往往为了私欲，把聪明才智全用在剥削压榨老百姓身上，想很多办法来折腾民众，鱼肉百姓。他们越聪明，算计的怪招越多，老百姓就越倒霉。第9章：老子觉得"金玉满堂，莫之能守；富贵而骄，自遗其咎"。第44章："甚爱必大费，多藏必厚亡。""祸莫大于不知足；咎莫大于欲得。"所以，当官的还是"愚"一点的好。当一个见钱不捞的"傻瓜"，做一个勤勤恳恳的老黄牛。多学愚公为民办事，不学智叟只考虑自己。第20章老子说：我就是个愚人，当了官，还不懂得享太牢，春登台，是个贵食母的老土。列子说：愚公移山，大智若愚。庄子说：伯乐是个聪明人，以智治马，目的是奴役马。诸侯也很聪明，以智治国，目的是让老百姓当牛做马。故窃国贼为诸侯，而所谓至圣者，有不为大盗看守乎？他们发明什么忠孝礼乐仁义道德，用紧箍咒、精神枷锁来节制百姓。故圣人不死，大盗不止。

老子有政府，不是无政府。老子不反对收税，不收税，当官的吃什么？国家机器无法运转。第79章："是以圣人执左契，而不责于人。"但反对为了挥霍，不顾百姓死活，征收沉重税收。第75章："民之饥，以其上食税之多。"唯使民众无以生为，活不下去。老子以大智慧，启发百姓，摆脱混沌，使人们更加聪明。为了生存解放，团结起来，夺取天下，建立一个"甘其食，美其服，安其居，乐其俗"的美好社会。怎能说老子愚民？老子是"愚官"不"愚民"。

真正想愚民的是孔子。孔子曰："生而知之者上也。""天生德于予，桓魋其如予何？"孔子自命为天生有道德的上等人。子曰："唯上知与下愚不移。"上等人聪明，下等人愚蠢，这是天生的，不可改变。"民可使由之，不可使知之。""上好礼，则民易使也。""割鸡焉用牛刀，小人学道则易使。"孟子曰："劳心者治人，劳力者治于人。"孔孟这些主张，才是真正的愚民政策。王充《论衡·实知篇》说："儒者论圣人,以为前知千岁,后知万世。不学自知,不问自晓,圣人不能神而先知。"白居易曰:"高者未必贤,下者未必愚。"

信:《论语》:"敬事而信。""与朋友交,言而有信""人而无信,不知其可也。"人要是不讲信用,真不知他如何处世。就像车无轴键,怎么能行得通?这些话都说得很好。而且把文、行、忠、信作为四项教学内容。"邦有道则知;邦无道则愚。""邦有道则仕;邦无道则卷而怀之。""用之则行,舍之则藏。"孔子反对犯上作乱,却几次想参加叛乱。卫灵公、齐景公待孔子不薄,孔子背后却骂他们好色无德。尽管孔子周游列国到处吹嘘:"苟有用我者,期月而已可也,三年有成。"没人信任他,连许多学生也不相信他。孔子死党子路曰:"君臣之义,道之不行,已知之也。"甚至出现信任危机,孔子只好指天发誓。子曰:"二三子以我为隐乎?吾无隐乎尔!吾无行而不与二三子者,是丘也。"你们都以为我有事隐瞒,我没有隐瞒你们,要有一点对不起你们,我就是丘八。子见南子,子路不说。夫子矢之曰:"子所否者,天厌之!天厌之!"

对偷盗行为,孔子竟主张"父为子隐,子为父隐"。《论语》透露这样不诚实的事还很多。孔子辩解说:"言必信,行必果,硁硁(kēng)然小人哉!"《孟子·离娄》附和说:"大人者,言不必信,行不必果,惟义所在。"

《老子》多处讲信。第8章:"言善信。"第13章:"以身为天下,若可寄托天下。"第17章:"信不足焉,有不信焉。"第38章:"夫礼者,忠信之薄,而乱之首。"第49章:"信者,吾信之;不信者,吾亦信之,德信。"相信我的人,我信任他;不相信我的人,我也信任他,诚信是一种德行。第61章:"以谦让取信于人。"第63章:"轻诺必寡信。"第81章:"信言不美,美言不信。"实诚的话不是漂亮话;漂亮话不实诚。

值得注意的是第21章:"道之为物,其中有物、象、精、信。"道是无数看不见,摸不着,小之又小的实际存在物。其中有物质性的东西;有精神性的东西;有各种各样的现象;还有多种多样的信息。老子把各种各样物体、精神、现象、信息,都归结为物质。

7.《老子》不是难懂的神仙道书,而是传统文化精华

李敖说:"老子一书,行文大古奥,造句大离奇。其中许多高深的哲理,都蕴藏在这种古奥与离奇之内。想要对哲理登堂入室,必得先通过这一关不可。这下子就难倒了许多人,使许多人望而却步,不得其门而入。历来想打破这一关的人很多,有的从文字学入手;有的从训诂学入手;有的从校勘学入手;有的从文法学入手;有的从笺入手;有的从义理入手。各类解老、喻老、说老之书,历朝各代都有。但真能适合现代人读,且用新方法加以阐述者,倒不多见。"

有位教授说:"老子名气这么大,为什么不为普通百姓所了解呢?这是因为《老子》太过抽象神秘,不是一般人所能理解。"有位德国学者也说:"也许在老子的时代,并没有人能理解老子,今天也还没有人真正认识老子。老子属于未来,将来会有人理解他。"

很多人说《老子》像天书，搞神秘主义，深奥难懂。替老子感到冤枉，第70章曰："吾言甚易知，甚易行。天下莫能知，莫能行。言有宗，事有君。夫唯无知，是以不我知。知我者希，则我者贵，是以圣人被褐怀玉。"意思说：我的言论易懂易行，天下却没人能理解，没能实行。我的言论有宗旨，有根据。只因没有理解，所以缺乏认识。了解这种思想的人很少，能实行的更是稀贵。圣人是外表破衣烂衫，怀揣宝玉无人识。唐代陈子昂诗云："前不见古人，后不见来者，念天地之悠悠，独怆然而涕下。"虽然拥有前无古人，后无来者，空前绝后的学问，却生不逢时，知音难求，孤掌难鸣。表达了报国无门，那种极其苦闷的心情，震撼着人们的心灵。

不过，老子关于"吾言易知易行"的说法，和第62章说："道者，万物之奥。玄之又玄，深不可识。"似乎前后矛盾，到底是易懂还是难懂？我认为应该辩证地看：许多哲学问题，当我们还不理解时，会觉得玄之又玄，深不可识。可是，一旦弄明白了，就会恍然大悟，原来如此，不过如此！并不是什么高不可攀、深奥神秘的东西。正如古人所言："百姓日用而不知。"

2001年我退休。和许多人一样，对老子一点也不了解。觉得老子的书，读起来像和尚念经，不知道讲什么，根本读不进去。但我年老固执，有点牛脾气，越神秘就越好奇，越不懂就越想懂，我决心探个究竟。反正退休了，也没什么事。听说啃老古董可以催眠，延缓老年痴呆，是个打发时间的好办法。就买了本《老子》，慢慢啃了起来。刚开始，只读原文，确实难啃。后来找了许多注书，辅助阅读，才慢慢开窍。没想到，越啃越有味，也就不觉得有多么深奥难懂。相反，老子讲的都是关系老百姓切身利益，普通而又浅显的道理。老子思想在历史上，对中华民族有着其他思想不可比拟的贡献。

从战国时期的庄子开始，韩非的解老、喻老，唐玄宗、朱元璋、清顺治等七八个皇帝亲自《御注道德经》，并且当圣训传承。一直到现在，不仅国内，国外许多人也在研究并引用老子的话。难怪台湾学者南怀瑾说："几千年来，大家都在研究老子，好像一直研究不完，解释不尽。"为什么那么多人研究老子？绝对不像我退休后吃饱没事干，而是因为《老子》太有用，应该下功夫读懂它。历史上还是有许多人读懂《老子》的。例如：《庄子》、韩非子《解老》《喻老》就是阅读《老子》的心得体会；西汉文景二帝，汉武帝的祖母窦太后；东汉张角、张陵、张衡、张鲁、王充，以及太平经的作者；唐代李世民、李隆基、李白；宋代王安石、张载；明代朱元璋、王船山；清代顺治、康熙等，他们都是精通老子的著名历史人物。

《易经》《老子》《庄子》史称三玄。《老子》书中也有三玄：玄道、玄德、玄同。到底是玄之又玄，深不可识，还是易知易行？起初，我也读不懂，觉得没意思。后来钻进去，越读越有味，越读越有意思，就像钻进一座思想宝库。年轻人读了长知识，提高智商；老年人读了延缓痴呆，总结一生老经验。我想，事情往往是辩证的，既难又易。当我们还不理解时，觉得神秘难懂。一旦弄明白了，又会觉得不过如此，就这么简单。正如互联网，神奇复杂，但基本原理却很简单，不过是 0 和 1。哲学抽象难懂，但基本原理就那几句话。正因为抽象，才使得复杂变得简单。总之，《老子》并不难懂。

正确继承优秀传统文化，是中华民族思想建设的一件大事，不能有太多的误解，特别是说老子有神仙思想，严重影响老子思想的传承。要读懂《道德经》，关键不在行文古奥，造句离奇，哲理高深，而在搞懂什么是道。于是，我决心破解什么是道这个千古之谜。我的梦想是：通过 20 年努力，如李敖所言，写一本能适合现代人读的书。从什么是道入手，用现代科学知识加以阐述，让后人不必像我这样费时费力，就能很快读懂《老子》，并应用到日常生活工作中，去解决各种矛盾和问题。

说到这里，是不是可以重新认识一下老子，彻底把老子是神学家、反动政治家、宗教领袖、阴谋家、隐君子这五顶大帽子统统摘掉呢？

第十二章　道有什么用

有人说："眼前的事都没想清楚，还想到宇宙去。老庄大而无当，有什么用？"当然有用，而且有大用，不然历朝历代，为什么有那么多人研究老子？

1. 道在思想上有指导作用

孔子曰：君子有三畏，畏天命，畏大人，畏圣人之言。老子的道，把我们的眼光，从眼前看得见、摸得着的小天地，拓展到无限的宇宙。道之为物，不是为神，破除了迷信。宇宙由小东西构成，社会由小人物构成。其鬼不神，天下神器，不可为，为者败之。从而开始改变中国人迷信鬼神，敬畏天命的思想，把命运掌握在自己手中。

老子的道（辩证唯物主义哲学），为我们提供了一条正确的思路，一种正确的指导思想，一种良好的思想方法，思想工具，思想武器。它是人类智慧的结晶，共有的精神财富。既然哲学是一种工具，只要愿意，不管唯心唯物，谁都可以用。

哲学就在我们身边，《易经·系辞》曰："一阴一阳之谓道，日新之谓德，生生之谓易，成像之谓乾，效法之谓坤，极数知来之谓占，通变之谓事，阴阳不测之谓神。"这些哲学原理"百姓日用而不知"。我们往往不知不觉地应用不同哲学观点和方法，处理日常事务。走哪条道路，老子为我们指明了方向，但路还是要靠我们自己走。

2. 道在政治上的作用

老子思想指导了历代改革变法。如商鞅变法、王安石变法、康有为变法等。历史上，凡是改革家，无不是熟读老子的人物。

指导了农民起义。在老子思想指导下，东汉末年太平道、五斗米道起义，建立了三十年之久的原始社会主义政权。历代农民起义的口号都是均贫富、等贵贱。

老子的道指导开国明君，无为而治，成就四大盛世，对中国历史产生了推动作用。

历史上，中国人读得最多的两本书是《老子》和《论语》。老子讲道，孔子讲礼。这两个字，对中国历史同样影响最深，时间最长，争议最大。如何评价这两位老祖宗，至今尚无定论。

有人说："两千多年来，孔子思想一直占主导地位，对中国历史的影响，是任何思想无法比拟的，不是一句糟粕就能否定。天不生仲尼，万古长如夜。孔子与日月同辉，山河同在。"我反复重读历史，发现并非如此。

先说春秋战国，百家争鸣，孔子思想并不占主导地位。孔子承认"周游列国"如丧家之犬，没人采纳他的主张。孔子在鲁国当高官，代理宰相，镇压改革。鲁国不但没强大，反而衰败。孔子"周游列国"14年，在卫国9年，陈国3年，也没让卫国和陈国强大起来。

秦代不用说了，焚书坑儒，儒家没有地位。秦始皇不是败在以法治国，焚书坑儒。而是败在鱼肉百姓，不懂爱民治国，无为而治。统一之后，百姓急需休养生息。然而，秦始皇不是利用手中权力为民造福；而是用来折腾百姓，为自己造福。据统计：建造始皇陵动用75万劳力，阿房宫70万，筑长城30万，征伐岭南50万。全国所有壮劳力，不搞生产，都在搞这些耗尽国力的巨大工程，弄得民不聊生，难怪老百姓要揭竿而起。

汉代刘邦、文景二帝吸取秦亡教训，"反秦之弊，与民休息"。以无为而治为国策，休养生息，不折腾百姓，成就了文景盛世。刘邦按儒家意见，恢复分封制，从而种下祸根，酿成七国之乱。西汉朝廷应用老子"小国寡民"的原理，发布推恩令。削弱诸侯势力，加强中央集权，维护了国家统一。

汉武帝对匈奴烧杀抢掠感到愤怒，对和亲嫁女，奉送财物，感到耻辱。认为这是无为国策，软弱无能造成的。决定"罢黜百家，独尊儒术"。变老子的无为更换成孔子的有为。凭借"文景之治"造就的强大国力，北逐匈奴，南定诸越，通使西域，开拓疆土。他在位54年，打了50年仗，搞得国库空虚，不得不加重税赋，逼得饥民不断起义。汉武帝晚年意识到自己的错误是袭亡秦之迹。他说："汉家庶事草创，加四夷侵陵中国，朕不变更制度，后世无法。不出师征伐，天下不安。为此者，不得不劳民。若后世又如朕所为，是袭亡秦之迹也。"于是，下《罪己诏》，表示要："止擅武，禁苛累，重民生，倡农耕。"回到无为而治的道路上来。但为时已晚，西汉从此由强盛走向衰败。

唐太宗李世民读《老子》颇有心得，他说："我新即位，为国者要在安静。兵者凶器，不得已而用之，自古以来，穷兵极武，未有不亡者。""民之所以为盗者，因赋繁役重，官吏贪求，饥寒切身，故不暇顾廉耻耳。去奢省费，轻徭薄赋，使民衣食有余。则自不为盗，安用重法邪？改革前弊，布宽大之令，用法务在宽简。""夫欲盛则费广，费广则赋重，赋重则民愁，民愁则国危，国危则君丧也。常以此思之，故不敢纵欲也。君多欲则民苦，朕所以抑情损欲，克己自励耳。""上善若水，水可载舟，亦可覆舟。""天子者，有道则人推为主，无道则人弃而不用，诚可畏也。""君无为则人乐，君多欲则人苦。天下大定，亦赖无为之功。"可见，李世民懂得爱民治国，无为而治的道理。唐朝以道为国教，成就贞观之治，开元盛世。唐玄宗《御注道德经》说："取之于真，不崇其教，理国之要，可不然乎？"《道德经》不是宗教，而是治国纲要。

理学盛行使宋代成为最衰败的朝代，戴震揭露了宋儒以理杀人的本质。历史上，没有哪个朝代是在孔子思想指导下强盛起来的。

明代朱元璋出身贫穷，对百姓疾苦深有体会，对欺压百姓的贪官污吏恨之入骨。他说："元朝纵容贪官污吏，把天下弄丢了。我治天下，若不用严刑峻法，不足以消除积弊。"故惩治贪官，毫不手软，史书却称他为暴君。朱元璋在《御注道德经》说："朕虽菲材，惟知斯经，乃万物至根，王者之上师，臣民之极宝。""天下初定，百姓财力具困，辟犹初飞之鸟，不可拔其羽。新植之木，不可摇其根，要在安养生息之。""善政在于养民，养民在于宽赋。"说明朱元璋读《老子》能抓住无为而治，爱民治国的精神实质。懂得取之必先予之的道理，而非孔子的为政必先正名。在他治理下，严惩贪官，重视民生，经济繁荣，商业发达，出现了资本主义萌芽，开启了洪武之治。他的儿子明成祖，在北京和武当山等处建造规模宏大的道观，编辑《道藏》五千卷，开通大运河，七次下西洋，是当时世界头号强国。史书评曰："永乐盛世，兼汉唐而有之。"

然而，明代后期，儒家思想占上风。统治者只知自己享乐，不顾百姓死活。孔子主张不平等的礼制，只会加剧社会矛盾和动乱，不可能构建和谐社会。世袭制使统治者有如近亲繁殖，一代不如一代。几岁小孩都可以当皇帝，小皇帝从小就受儒家思想禁锢。例如万历皇帝喜欢在宫里骑马玩，忠臣们马上抬出孔圣人来教训他：皇帝要像皇帝的样子，非礼勿动，不可有失体统。使小皇上怕见这些儒士，躲在后宫不肯上朝。这样的皇帝，能治理好国家吗？曹操在评论东汉皇室子孙说：他们是生活在深宫后院，活在妇人怀里，只知享乐的无能之辈。可是，曹操自己的子孙又何尝不是如此！

清初，也重视无为而治，顺治、康熙都撰写过《御注道德经》。顺治说："老子之书，原非虚无寂灭之说，权谋术数之谈。是注也，于日用常行之理，治心治国之道。"这话说得很深刻。康熙年少登基，内有权臣，外有强藩。却能除鳌拜，平三藩。这与他在其父顺治影响下，精通《老子》有很大关系。据史料记载：康熙奉《老子》为圣经宝典，在宫殿悬挂无为匾额，颁发《道德经》，嘱咐满族亲王研读。

雍正是位颇受争议的皇帝，有人说他是个心狠手辣的抄家皇帝。实际上，雍正是个精通历史，谈经论道，不贪财色，恬淡寡欲，以法治国，严惩贪官的皇帝。史称康熙治世宽，雍正理政严，乾隆宽严相济，刚柔并举，"内用黄老，外示儒术"开创康乾盛世。

晚清，儒家思想占上风，朝政腐败，列强欺凌。太平天国起义，首先是砸烂孔庙，革孔子的命；五四运动，最响亮的口号是打倒孔家店，历史证明：尊老崇道则兴，尊孔崇儒则衰。只要老子思想占上风，就能开创太平盛世。只要孔子思想占上风，就腐败动乱落后。因为孔子主张不平等礼制，只会加剧社会矛盾，不可能社会和谐，儒家吃人礼教是腐败兴衰历史周期律的思想根源。

3. 道对发展经济的作用

许多人认为《老子》与神仙有关，与经济无关。恰恰相反，《老子》与神仙无关，与经济有关。老子发展经济的主张是：

（1）主张推翻周礼奴隶制，解放奴隶，建立封建制，从而解放生产力，提高种田积极性，发展生产。

（2）无为而治，不折腾老百姓，减免税收，休养生息，发展经济。

（3）主张宏观调控，微观搞活；无为而治与镇之以朴两手抓。

也许没人相信，老子能提出改革开放后的经济政策？但事实的确如此，只是语言表达不同而已，让我们看看《史记》是怎么说的。

《平准书》和《货殖列传》是《史记》专讲经济的两篇文章。《平准书》讲政府在宏观上要干预经济，即宏观调控，平衡物价。以西汉为例，朝廷懂得"籴甚贵伤民，甚贱伤农。民伤则离散，农伤则国贫"的道理，运用《老子》第77章张弓射箭，高者抑之，下者举之，损有余而补不足。第37章：化而欲作，镇之以朴等原理，设"常平仓"，宏观调控，平衡物价，干预经济。平衡是老子一大发明和贡献。

《货殖列传》讲政府在微观上不要干预经济，放开搞活，无为而治。以西汉为例，朝廷运用第36章欲取之必先予之的原理，微观搞活，发展商品经济。《史记》曰："与之为取，政之宝也。"先播种，才有收获；先付出，才有回报；想多收税，必先给农民土地，必先给老百姓一条活路。

归纳起来，老子有四点主张与当今经济理论是吻合的：

（1）贵以贱为本，高以下为基，我贵食母，经济是物质基础。

《货殖列传》一开篇，司马迁就引用第80章一段话。老子曰："至治之极，邻国相望，鸡犬之声相闻，民各甘其食，美其服，安其俗，乐其业，至老死不相往来。必用此为务，挽近世涂民耳目，则几无行矣。"所谓至治之极，即治国最高境界，就是让老百姓过上世代没有战争，安居乐业，甘其食，美其服，乐其俗，双文明的好日子，这是民众耳目最关注的问题。必用此为务，则几无行。必须以此为第一要务，没有别的道路可走。诸侯一天到晚打仗，攻城略地，烧杀抢夺他人财物，那不是办法。唯一的办法是货殖，即发展生产，增殖货物。用现在的话说，"发展是硬道理。"只抓革命不促生产，就没饭吃，哪来的好日子过？革命就不算成功。经济是物质基础，故老子曰："我独异于人，而贵食母。"《货殖列传》说："农不出则乏其食，工不出则乏其事，商不出则三宝绝，虞（山泽）不出则财匮少。此四者，民所衣食之原也。原大则饶，原小则鲜。上则富国，下则富家。贫富之道，莫之夺予，而巧者有余，拙者不足。故待农而食之，虞而出之，工而成之，商而通之。人各任其能，竭其力，以得所欲。人各劝其业，乐其事，若水之趋下，日夜无休时，不召而自来，不求而民出之。岂非道之所符，而自然之验邪？"民以食为天，国以道为基，难道不是自然的事情吗？第39章"万物无以生，将恐灭。"老百姓没饭吃，活不下去，天无以清，地无以宁，天崩地裂，天地不得安宁，国何以存？司马迁以齐国为例，太公望封齐，大都是盐碱地，国与民都很穷。于是太公望劝其女功（发展纺织），极技巧（采用新技术），通鱼盐（发展商品经济），发财致富，则人物归之。后来，管仲继续执行这一富民强国政策，使齐桓公富于列国之君，九合诸侯，一匡天下。"是以齐富强至于威宣也。故曰：仓廪实而知礼节，衣食足而知荣辱。礼生于有而废于无，故君子富好行其德。小人富以适其力。渊深而鱼生之，山深而兽往之，人富而仁义附焉。"说的是荣辱礼节仁义道德都必须贵食母，以经济为基础。所谓货殖，就是发展商业。司马迁说："夫千乘之王，万家之侯，百室之君，尚犹患贫，而况匹夫编户之民乎？夫用贫求富，农不如工，工不如商。刺绣文不如倚市门，此言末业，贫者之资也。"谁都怕穷，想脱贫致富，发展商业，可以快速促进经济增长。

（2）平准均输法，宏观调控。

平准书曰："汉兴，接秦之弊，丈夫从军旅，老弱转粮饷，作业剧而财匮。自天子不能具钧驷，而将相或乘牛车，齐民无藏盖。而不轨逐利之民，蓄积余业以稽市物，物踊腾粜，米至石万钱，马一匹则百金。"说刘邦刚上台，接手秦国烂摊子。壮劳力去当兵打仗，老弱病残在家种地，财税匮乏。连刘邦都配不齐驷车，将相只好乘牛车。老百姓身无分文，而逐利不轨之奸商，囤积居奇。物价飞涨，米一石万钱，马一匹百金。在这种情况下，政府不控制经济怎么行？于是采取以下措施：

① 严格控制货币，不许私自铸币。

② 严控关系国计民生战略物资的生产和销售。如铁、盐、酒、马等由官府专营。

③ 严控税收。实行算缗（mín）、告缗政策。所谓"算缗"，即自报财产，按值纳税。所谓"告缗"，匿财不报，或报而不实者，一经查出，判戍边一年，没收全部财产。揭发者，奖给所没收财产之半。

④ 实施均输法、平准法。鉴于富商大贾，冶铸煮盐，财累万金，躇财役贫，而不佐国家之急。由官府"置均输盐铁官，以通货物"。专营盐、铁、粮等大宗物资运输、仓储、销售。"大农诸官，尽笼天下之货物，贵即卖之，贱则买之。如此，富商大贾无所牟大利则反本，而万物不得腾涌（涨价），故抑天下物，名曰平准。"太史公曰："魏用李克，尽地力，为强君。"

所谓"善平粜（粜 tiào）"，就是要善于平衡物价。李悝曰："粜甚贵伤民，甚贱伤农。民伤则离散，农伤则国贫。"古人早就认识到这种矛盾：粮价过高就会伤害居民利益，造成民心离散；粮价过低会伤害农民种田积极性，则国家贫困。怎么办？李悝提出：为了"使民毋伤而农益劝"，国家设"常平仓"。丰年时，多征购粮食进行储备，不使粮价过贱而伤农；荒年时，抛售储备粮，不使粮价飞涨而伤民。这样"虽遭饥馑、水旱，粜不贵而民不散，取有余以补不足"。显然李悝应用《老子》第77章："天之道，损有余而补不足"的原理，以国家财力，平衡物价，稳定民心。打击奸商，囤积居奇，牟取暴利。可见，我们的老祖宗，早就懂得运用经济规律进行宏观调控。新中国成立初期，陈毅元帅也是用此法治理的上海，打击奸商，稳定市场。

第44章："万物负阴而抱阳，冲气以为和。"第64章："为之于未有，治之于未乱。"第61章："夫两者各得其所欲。"用"和、玄同、平衡"的哲学原理，找到矛盾双方都能接受的平衡点。平抑物价，把工作做在矛盾激化动乱之前。在老子的概念中，任何事物皆有互相依存、矛盾对立、又互相转化的两面。一分为二没错，但更重要的是合二而一，最终目的是统一和解决。矛盾冲突、斗争的结果，不是非要血腥的你死我活，你胜我败，两败俱伤。我们更需要的是和解、化解，意见的统一，问题的解决。友谊比赛，互相促进，共同提高。商业竞争，互利双赢。因此，转变斗争观念，对处理好各种矛盾具有现实意义。

（3）欲取之，先与之，微观搞活。

与和取是哲学问题，也是现实问题。没领悟的人，舍不得与；没能力的人，取之不得；少不更事，只知取，不知与，只知从父母那里，取得生命，取得衣食，取得知识，不知报答父母；成年后，知取利禄必舍休闲，鱼和熊掌不可兼得，必有取舍；老了懂得取舍，登山临危，行舟遇险，必舍行李，一物不留，才能保命，如果不愿吃亏，就会坠崖落水，赔送老本。人生是越取越少，越舍越多。弃其不能有，舍其不必有，这是对个人而言。

对政府而言，无为而治，不干预，不折腾，休养生息，发展生产。第36章曰："欲取之，必先予之。"（第81章）"既以为人，己愈有；既以与人，己愈多。"故《史记》曰："知与之为取，政之宝也。"所谓"与之为取"，我的理解是：

想多收税，必先给老百姓一条"活"路，放活经济，不能卡得太死。老百姓越富裕，交纳的税就会越多。（第32章）"天地相合，以降甘露，民莫之令而自均，万物将自宾。""治大国，若烹小鲜。"（第57章）"我无为，而民自化。我好静，而民自正。我无事，而民自富。我无欲，而民自朴。"不折腾，给老百姓一点自主权，民可自富，民风自朴。如果竭泽而渔、杀鸡取卵，逼得老百姓活不下去，不但无税可征，甚至要掉脑袋。管仲是法家先驱，任齐相长达四十年。管仲说："治国之道，富民为始。下令如流水之源，令顺民心。故论卑而易行。民之所欲，因而予之；民之不欲，因而去之。"是自己主动与民同好恶，而不是要老百姓与己同好恶。故《史记·管晏列传》曰："管仲任政相齐，善因祸为福，转败为功，贵轻重，慎权衡，知与之为取，政之宝也。以区区之齐在海滨，通货积财，富国强兵，与俗同好恶。桓公以霸，九合诸侯，一匡天下，管仲之谋也。世所谓贤臣，然孔子小之。"孔子曰："己所不欲勿施于人。"好像在为别人着想，其实不然。"我不欲人之加诸我也，我亦欲无加诸人。"孔子以己之所欲或不欲为标准，出发点是己，管仲出发点是民。

做生意，同样要知与之为取。想取得回报，必先满足顾客需求。《庄子·逍遥游》曰："宋人资章甫而适诸越，越人断发文身，无所用之。"宋国人到越国卖帽子，哪知越人因天热而短发文身，不需要帽子。结果，一顶帽子也没卖出去。另有宋人，世代以漂洗丝絮为业，善做防手冻裂药膏。有位客商，出百金，高价购买他的配方。宋人曰："我世代漂洗丝絮，所得不过数金。现在，一下子可得百金，值！"很高兴，就把配方卖给了客商。客商得知吴越正在打水战，便去推销。吴军用客商供应的防冻膏，打了胜仗。吴王很高兴，封给客商一块地。庄子曰：同一种药膏，有人不过是用来漂洗时防裂，有人却能用来获得封地。司马迁曰："贫富之道，莫之夺予，而巧者有余，拙者不足。"财富不是抢来的，首先要了解市场需求，并与之满足，才能取得回报。

《史记·货殖列传》曰："昔者越王勾践困于会稽之上，乃用范蠡、计然。计然曰：

知斗则修备，时用则知物，二者形则万货之情可得而观已。"知道打仗需要整修军备；时常用则知道什么东西好用。把握住这两点，则各种商机，基本上可以观察得一清二楚。一年到头，总有风调雨顺，或者天灾人祸的时候。旱则卖舟，水则卖车，物之理也。"农末俱利，平粜齐物，关市不乏，治国之道也。"末业指工商业，司马迁把农工商协调发展，平稳物价，活跃市场，提升到治国之道来认识。"积著（贮）之理，务完物，无息币。以物相贸易，腐败而食之货勿留，无敢居贵。论其有余不足，则知贵贱。贵上极则反贱，贱下极则反贵。贵出如粪土，贱取如珠玉，财币欲其行如流水。"两千多年前，我们的祖先就懂得把物极必反的哲学原理应用到生意场上。贵极则反贱，贱极则反贵。房价上涨，还有人买，说明一些人有钱，想要好房子、大房子，还有高消费的需求。如果涨到没人要买，房价必然降下来，不需要政府操心。政府只需要保障居者有其屋的基本需求就行了。物以稀为贵，论其商品供应有余或不足，可知贵贱盈亏。仓储不可积压，资金必须流动，这都是了不起的生意经。范蠡亦知物极必反，功成身退，改行下海经商。"乃乘扁舟浮于江湖，变名易姓，适齐为鸱夷子皮（皮货商），之陶为朱公，遂至巨万。"魏国商人白圭曰："吾治生产，犹伊尹、吕尚之谋，孙吴用兵，商鞅行法是也。故乐观时变，人弃我取，人取我与。"和当今炒股一样，低进高出，囤积居奇，牟取暴利。猗顿用盬（gu 粗）盐起。而邯郸郭纵以铁冶成业，与王者埒富。他们都是很成功的商人，而富者必用奇胜，治生之正道也，皆非掘冢（盗墓）弄法犯奸而富。

《史记》曰："昔唐人都河东，殷人都河内，周人都河南。文王作丰，武王治镐。故其民犹有先王之遗风，好稼穑，殖五谷。及秦，陇蜀之货物而多贾，栈道千里，无所不通。汉兴，海内为一，开关梁，弛山泽之禁。是以富商大贾周流天下，交易之物莫不通，得其所欲。而楚越之地，地广人稀。火耕水耨，不待贾而足。地势饶食，无饥馑之患，以故呰窳偷生，无积聚而多贫。无冻饿之人，亦无千金之家。由是观之，富无经业，则货无常主。能者辐辏，不肖者瓦解。千金之家比一都之君，巨万者乃与王者同乐。岂所谓素封者邪？非邪？"说明我国古代北方，特别是汉朝，市场经济就已经很发达，南方楚越之地，相对落后一些。

名与实，得与失，孰重？实事求是，一切从实际出发，不要只从良好的愿望出发。主观想法要符合客观实际，脚踏实地，不要想当然。有的人说："我什么都不想，更不会想到宇宙去。只想挣钱，买房买车，讨个老婆。"追求美好生活，无可非议。但要牢记老子的一句话："将欲取之，必固与之。既以与人，己愈多。"先付出，才有回报。付出越多，贡献越大，得到的回报就越多。不想付出，靠坑蒙拐骗，不劳而获，一夜暴富，最终害人害己。（第53章）"大道甚夷，而民好径。"有些人，平坦大道不走，却喜欢歪门邪道。（第9章）"金玉满堂，莫之能守。富贵而骄，自遗其咎。"（第46章）"祸莫大于不知足，咎莫大于欲得。"想挣钱，要有一技之长，没本事，趁年轻，赶快学点真本事。千里之行，始于足下，踏踏实实，一步一个脚印，不要急于求成，更不要幻想一夜暴富。

（4）无为而治与镇之以朴。

据说，二百年前，英国经济学家亚当·斯密提出一个令世人震惊的"无为"理论：要发展经济，政府能做的事情很简单，就是什么都别做，什么都别管。市场经济是一只无形之手，可以把供求关系调节到最佳平衡状态。如果政府利用公权力介入，反而阻碍经济发展。这就是亚当·斯密的《国富论》，被奉为经济学的圣经。有人说："改革开放前，中国人甚至连什么是市场经济都不知道。人们生活在计划经济下，铁饭碗，大锅饭，干多干少一个样。"正如《史记》所说的："楚越之地，皆窳（zǐyǔ 懒惰）偷生，无积聚而多贫。"缺乏生产积极性，严重阻碍国民经济的发展。因此，要有壮士断腕的决心，把错装在政府的手还给市场，让市场起决定作用。

其实，不是中国人连什么是市场经济都不知道，而是把市场当作资本主义尾巴加以割除。早在两千年前，当世界上许多地方还处于原始蒙昧的时候，中国的市场经济就非常发达，怎么会不懂市场经济？老子早就提出反对政府干预的理论，称之"无为"。第60章"治大国，若烹小鲜。"第57章"我无为，而民自化。我好静，而民自正。我无事，而民自富。我无欲，而民自朴。"另外，老子又支持政府干预，这不是矛盾吗？第20章"众人熙熙，如享太牢，如登春台。"《史记》曰："天下熙熙，皆为利来。天下攘攘，皆为利往。"第37章"道常无为，万物将自化。化而欲作，吾将镇之以无名之朴。无名之朴，夫亦将不欲。不欲以静，天下将自定。"第74章"若使民常畏死而为奇者，吾得执而杀之，孰敢？"看来，老子意识到：放开后，化而欲作，必须无为与镇之以朴两手抓。

市场是追求利益的，赔本的生意没人做。政府一旦松手，自由化、私有化，让市场自生自灭、自我发展。"化而欲作"，私欲必然膨胀发作，不加控制，将会产生恶性竞争，盲目发展的混乱局面。在经济全球化的今天，情况更是如此。高能耗、高污染的行业，只要有利，一窝蜂，争着做。吃力不讨好的公益事业却没人做，同样阻碍经济的发展。金融危机、环境污染、食品安全等严重问题，使人们意识到，斯密的理论有片面性。在这种情况下，政府不但要出手，而且要出重拳，镇之以朴。甚至在危及民众生命安全时，痛下杀手，否则控制不了局面。斯密的功劳是提醒人们对市场无形之手的重视，适应了资本主义海外扩张的需要。但是，发展经济不能只靠一手，必须两手协调配合。问题的关键，不是市场起决定作用，还是政府起决定作用，而是各有各的决定性作用。不能把它们对立起来，有我无他，有他无我。该市场发挥作用的，就交给市场，不干预。政府该出手时就出手，不该出手时不要乱出手。不要一抓就死，一放就乱，这就看政府的调控能力和执政水平。《淮南子》曰："走不以手，缚手，走不能疾；飞不以尾，屈尾，飞不能远。"必须要有平衡调控机制。老子的理论比斯密全面、深刻。

马克思在人们熟视无睹的商品中看到："只要还有一块肉、一根筋、一滴血可供榨取，吸血鬼就决不罢休。"从而预言资本主义必然灭亡。然而，资本主义和社会主义都在发生变化。资本主义意识到，再不能杀鸡取卵，竭泽而渔。要懂得欲取之，必先予之的道理。不要那么贪婪，连一块肉、一根筋、一滴血都要榨取；社会主义也应意识到同之下有异，不能搞大锅饭、铁饭碗、平均主义。

世界逐渐变得宽容，各国有权根据国情，决定自己的发展道路。"条条道路通罗马"，不一定非要暴力革命，那样代价太大，不得已才为之。各种思想冲突交融，发展变化最终结果，必然是世界大同。正如司马谈《论六家要旨》曰："天下百虑而一致，殊途而同归。"

说明两千年前，我们的老祖宗就懂得按经济规律办事，发展市场经济。《史记》中这两篇文章很重要，却少有人重视。许多贪婪的统治者不懂"与之为取"的道理，为满足奢侈生活需要，横征暴敛，杀鸡取卵，竭泽而渔。"只要还有一块肉、一根筋、一滴血可供榨取，吸血鬼就决不罢休。""民之饥，以其上食税之多。"老百姓无以生为，只好"犯上作乱"，揭竿而起。

4.道在军事上的应用

有人说《老子》是部兵书，这话有误。《老子》是部哲学著作，不是用兵布阵的兵书。老子在很多章节确实谈到战争，他生活在战争年代，打仗与每个人息息相关，作为思想家，不可能不谈到战争。但是，他毕竟不是军人，没有证据证明他上过战场带兵打仗。老子是哲学家，他的哲学涉及方方面面，有自然哲学、政治哲学、经济哲学、人生哲学。军事哲学只是其中一个组成部分，不是军事专著。《老子》虽不是兵书，但孙子兵法、孙膑兵法、金版、三略、六韬、司马法、尉缭子等古代兵书，都应用了老子的哲学思想和有关战争理论。可见，老子的哲学对带兵打仗有用。而孔子只懂俎豆之事，不懂军旅之事，商稼之事。

（1）首先，老子提出战争与和平的哲学问题。第42章曰："万物负阴而抱阳，冲气以为和。"任何事物都有矛盾，战争是矛盾冲突无法解决问题的最后一招。战争与和平是相反相成，互相转化的。不管战争怎么打，必然要解决问题。冲气以为和，最终结果是和平。

老子反战，反对的是诸侯之间不义之战。第26章曰："重为轻根，静为躁君。是以圣人终日行不离辎重，虽有荣观，燕然超处。奈何万乘之主，而以身轻天下。轻则失根，躁则失君。"第30章："师之所处，荆棘生焉。大军之后，必有凶年。"第31章："兵者不祥之器，非君子之器。不得已而用之，恬淡为上。胜而不美，而美之者，是乐杀人。夫乐杀人者，则不可以得志于天下。杀人之众，以悲哀莅之。战胜，以丧礼处之。"权衡轻重，重是轻的根基。宁静与烦躁、蠢蠢欲动相比，以静为主。战争与和平相比，当然和平好。然而圣人终日行军，不离军车粮草。已经拥有荣华富贵的生活，还不满足，不顾百姓死活，整天忙着打仗。无奈拥有万辆兵车的君主，不知轻重，以为自己身份高贵而轻视天下百姓。轻则失去根基，打仗则失去君权帝位。战争之后，荆棘丛生，必有凶年。对国计民生极具破坏性，倒霉的还是老百姓。战争意味着死亡，兵器不是什么吉祥的东西，不得已才用，和平为上。不要把打胜仗当成是美事，打胜仗而美滋滋的人，是喜欢杀人的人。喜欢杀人者，不可能得志于天下。杀人之多，悲哀终将降临到自己头上。所以打胜仗，应以丧事来处理。

（2）其次，战争根源不是孔子所说的老百姓不安分守己，不遵守礼制，犯上作乱。而是诸侯贪得无厌，掠夺成性。第46章曰："天下有道，却走马以粪。天下无道，戎马生于郊。祸莫大于不知足，咎莫大于欲得。"第75章：民之饥，以其上食税之多。民之难治，以其上之有为。民之轻死，以其上求生之厚，过度追求享乐，逼得民众无以生为造成的。

（3）老子提出两个解决办法：一是小国寡民，削弱诸侯力量。第80章："小国寡民，使有什伯之器而不用。使民重死，而不远徙。虽有舟舆，无所乘之。虽有甲兵，无所陈之。"文景二帝的削藩策，汉武帝的推恩令就是运用小国寡民的原理，削弱诸侯力量，使其无力发动战争。

二是不得已而为之，官逼民反。民不畏死，奈何以死畏之。民不畏威则大威至！老子反战，但不反对人民战争，并且为人民反抗统治剥削出谋划策，却被说成是阴谋家。

（4）在战略上要藐视它，从而树立信心和决心。不要以为老百姓手无寸铁，一无所有，弱小可欺。坚强者死之徒，柔弱者生之徒。弱之胜强，柔之胜刚。天下莫柔弱于水，驰骋天下之至坚，无有入无间，攻坚强者莫之能胜。一个个分散的老百姓，的确弱小可怜，任人宰割。但是团结成一个整体，却有无坚不摧，战无不胜，攻无不克的力量，新生事物终将战胜并代替旧事物。

（5）在战术上要重视它，把纸老虎当真老虎打。如何以弱胜强，老子为老百姓想出了不少好办法。

当然，老子的军事哲学不是只攻不守，冒险蛮干。或者只守不攻，消极无为。第67章曰：根据实际情况，以战则胜，以守则固，早作准备，积极备战，不打无准备之仗。第59章：提倡早服重积德。第64章：为之于未有，治之于未乱。备战工作最重要的是情报。第33章："知人者智，自知者明。"用孙子的话说："知己知彼，百战不殆。"

第68章："善为士者不武，善战者不怒，善胜敌者不与。"所谓不武，用孙子的话说："善用兵者，屈人之兵，而非战也。拔人之城，而非攻也，以实力逼降为上。"善战者沉着冷静，不易被激怒，失去理智，感情用事，随意发动战争。孙子曰："非利不动，非得不用，非危不战。主不可以怒而兴师，将不可以愠而致战。合而利而动，不合于利而止。怒可以复喜，愠可以复悦。亡国不可以复存，死者不可以复生。故明君慎之，良将警之，此安国全军之道。"

第57章："以奇用兵"，出其不意，攻其不备。善胜敌者，扬长避短，避实击虚，不与强敌死拼蛮干。第50章："善摄生者，陆行不遇兕虎，入军不被甲兵。兕无所投其角，虎无所措其爪，兵无所容其刃。"有人说老子贪生怕死，也有人说老子对社会不满，逃避现实。还有人说这是老子的养生哲学。我则认为，这是以弱胜强的办法，是无为思想的体现：趋利避害，逢凶化吉，不做有害无益的事情。消灭敌人，保存自己，不作无谓的牺牲。第73章："勇于敢则杀，勇于不敢则活。"有勇无谋，鲁莽行事，胆大妄为则亡。有勇不妄则存。这和游击战术有异曲同工之处。犀牛、老虎、强敌来了，不躲避，任其撕咬、砍杀。那不是勇敢，不是英雄，而是白痴。惹不起，躲得起，打游击。打得赢就打，避其锋芒，击其软肋。打不赢就走，让你打不着我，这才是明智的。在敌强我弱的形势下，集中优势兵力打歼灭战，伤其十指不如断其一指，这是以弱胜强的办法。孙子曰："凡用兵之法，十则围之，五则攻之，倍则分之。敌则能战之，少则能逃之，不若则能避之。我专为一，敌分为十，是以十攻其一也，则我能以众击寡。"敌人分兵十路，我集中十倍兵力攻其一路，形成局部我众敌寡有利态势，从而有效打击敌人，消灭有生力量，积小胜为大胜。第8章："上善若水。"孙子曰："夫兵形象水，水之形，避高而趋下，避实而击虚。水因地而制流，兵因敌而制胜。故兵无常势，水无常形。能因敌变化而取胜者，谓之神。微乎微乎，至于无形，神乎神乎，至于无声，故能为敌之司命。"第29章："天下神器不可为也，为者败之，执者失之。"孙子曰："成功出于众者，不可取于鬼神，不可象于事，不可验于度。必取于人，知敌之情者也。"

　　第36章："将欲歙之，必固张之。将欲弱之，必固强之。将欲废之，必固兴之。将欲夺之，必固与之。"有人说这是一张一弛，劳逸结合的养生之道。也有人说老子老奸巨猾，老谋深算。善于玩弄如猫捕鼠，欲擒故纵。韬光养晦，装疯卖傻。恍兮惚兮，虚虚实实，真真假假，故弄玄虚的阴谋诡计。章太炎说："为使自己免于灾祸，要有意识装傻示弱，深藏不露。实质不外一个装字，以为后世阴谋法。"朱熹曰："老子此心最毒。"可是管子却说："知与之为取，政之宝也。"《资治通鉴》说：韩、赵、魏三家分晋，用的就是欲取之必先予之的计策。可见，立场不同，说法截然不同。敌方说是阴谋诡计，我方则是善谋良策。孙子曰："兵者，诡道也。故能而示之不能，用而示之不用，近而示之远，远而示之近，利而诱之，乱而取之，实而备之，强而避之，怒而挠之，卑而骄之，佚而劳之，亲而离之。此为兵家惑敌取胜之宝。"孙子把老子提出的众寡、形名、奇正、虚实、乱治、怯勇、强弱、五音、五色、五味之变，无穷如天地，不竭如江河，奇正相生，如循环之无端，孰能穷之等哲学原理应用于兵法。曹操曰："圣人之用兵，戢而时动，不得已而用之。吾观兵书战策多矣，孙武所著深矣。"在现代战争中仍有现实意义。

　　老子谈军事，与孙子、孙膑等人有许多共同点。但有一点是绝对不同的，那就是立场不同，老子为百姓，孙子为统治者。例如：孙子兵法一开篇曰："兵者，国之大事，死生之地，存亡之道，不可不察也。故经之以五事，校之以计而索其情：一曰道，二曰天，三曰地，四曰将，五曰法。"这与老子的说法大同小异。但孙子接着说："道者，令民与上同意也，故可以与之死，可以与之生，而不畏危。"这与孔子一个论调：礼乐征伐自天子出，庶人不议。事君能致其身，杀身成仁。不畏生死安危，为天子卖命。可见，兵家和儒家一样，站在统治者立场，为君王服务。不同的是儒家为旧的统治者服务，兵家为新统治者服务。老子则不然，他站在老百姓立场谈战争，为老百姓说话、出主意。

5. 道对传统文化的影响

历代文艺理论、水墨国画、民族音乐、书法篆刻、唐诗宋词、四大名著，无不从老庄哲学中汲取营养和智慧。

历史上作诗写文章，受老子影响最大的，莫过于庄子和李白。《史记》曰："庄子者，其著书十余万言，大抵率寓言。以诋訾孔子之徒，以明老子之术。其言无所不窥，其言洸洋自恣以适己，然其要，本归于老子之言。"庄子的文章，大多是学习老子著作的心得体会，他们的观点基本相同。不同的是老子言简意赅，庄子长篇大论；老子沉着冷静，庄子慷慨激昂；老子现实主义，庄子浪漫主义。

诗仙李白，"五岁诵六甲，十五游神仙。学道三十春，好闲多爱仙。""家本紫云山，道风未沦落。我本楚狂人，凤歌笑孔丘。五岳寻仙不辞远，一生好入名山游。""仰天大笑出门去，我辈岂是蓬蒿人。""蜀道难，难于上青天。""乐矣不知老，都忘甲子年。""李白斗酒诗百篇，长安市上酒家眠。天子呼来不上船，自称臣是酒中仙。""安能摧眉折腰事权贵，使我不得开心颜。""停杯投箸不能食，拔剑四顾心茫然。""人生在世不称意，明朝散发弄扁舟。""君不见黄河之水天上来，奔流到海不复回。天生我材必有用，千金散尽还复来。"唐朝尊老崇道，不仅李白，许多大诗人，例如：陈子昂的"前不见古人，后不见来者，念天地之悠悠，独怆然而涕下"；王之涣的"白日依山尽，黄河入海流。欲穷千里目，更上一层楼"；刘禹锡的"沉舟侧畔千帆过，病树前头万木春。"杜甫的"会当凌绝顶，一览众山小"。他们高瞻远瞩，视野宽阔，大气磅礴，想象超凡，富有哲理的诗情画意，都源自老子把人们的眼光，从看得见、摸得着的小天地，扩展到至大无外，至小无内的宇宙。这样的诗句，思想保守，井底之蛙，无论如何是写不出来的。

老子五千文，本身就是艺术精品，经典范本，耐看耐读。最大特色是言简意赅，一个道字，给人们留下不尽的想象空间；一个德字，给人们无穷启迪。《老子》讲真、善、美，痛恨假恶丑。对文学艺术产生了巨大影响。

真，就是真实，唯实不唯名。许多人说老子唯虚，错了，老子唯实！道之为物，有物混成，宇宙由实物混合而成，不是虚的。第38章："是以大丈夫处其实，不居其华。"

善，就是上善若水，善利万物（众）。老子劝善，不但要有善心，而且要有行善的本事。第8章："上善若水，水善利万物而不争，处众人之所恶，故几于道。居善地，心善渊，与善仁，言善信，政善治，事善能，动善时。"第27章："善行，无辙迹；善言，无瑕谪；善数，不用筹策；善闭，无关楗而不可开；善结，无绳约而不可解。是以圣人常善救人；常善救物。善人者，不善人之师；不善人者，善人之资。"第73章："天之道，不争而善胜，不言而善应，繟然而善谋。"

美，就是自然美。美与丑、虚与实，相反相成，是辩证的。第2章："天下皆知美之为美，斯恶已；皆知善之为善，斯不善已。"故美丑、善恶相反、相生、相成。在一定条件下，又会互相转化。庄子说：你觉得美，别人不一定觉得美。"毛嫱、丽姬，人之所美也。鱼见之深入，鸟见之高飞，麋鹿见之决骤。四者孰知天下之正色哉？自我观之，仁义之端，是非之途，樊然淆乱。"丑女效颦，邯郸学步；楚王好细腰，宫女饿死人，愚蠢可笑。《庄子·天道》曰：“素朴而天下莫能与之争美。”老庄崇尚朴素的自然美、和谐美。清水出芙蓉，天然去雕饰，淡妆浓抹总相宜。老庄不反对适当化妆和人工雕琢，但反对矫揉造作，虚情假意的臭美。人要是不健康，黄皮瓜瘦，抹再多化妆品也没用。

古人写文章讲究深含意蕴，耐人寻味。“语不惊人死不休。”“感心动耳，荡气回肠。”“文已尽而意有余。”“多少情意，尽在不言中。”让人浮想联翩，回味无穷，爱不释手，百读不厌，常读常新。泼墨山水，工笔花鸟，金陵八家，扬州八怪，立意传神，以形写意，不求形似，而求神韵寓意。“糟粕所传非粹美，丹青难写是精神。”唱歌弹琴讲究“犹抱琵琶半遮面，未成曲调先有情。低眉信手续续弹，说尽心中无限事。别有幽愁暗恨生，此时无声胜有声”；摄影讲究角度、光影，从而拍出对比强烈，冲击视觉的照片。所有这些，大都受“大音希声，大象无形”“音声相和，道法自然”“美丑相反相生相成”等哲学观点的启发和影响。

我们老祖宗的泼墨山水，是一种抽象画，是毕加索望尘莫及的。例如“无极图”毕加索无论如何也画不出如此绝妙的图案来。长期以来，无极图被认为是道教宣扬封建迷信的符号，也有人认为是古人的生殖崇拜图腾。其实，此图案包含极其深刻的哲学和科学道理，是道士们应用老子的宇宙论绘制出来的抽象画。圆表示宇宙，中间 S 线把圆分成水滴状黑白两半，表示万物负阴而抱阳，冲气以为和。道之为物，有物混成，这种至柔的东西，充满圆圈，并在圆圈中驰骋，无有入无间。但无论怎么驰骋，都逃不出这个圆圈。从哲学观点看：这是一张量变到质变的线路图。当事物沿着线路，独立不改，周行不殆地运行到极点时，物极必反，发生突变和转化：白变黑，阳变阴；或黑变白，阴变阳。有无相反相生，转化变易，是宇宙的基本规律。宇宙的一切是运动变化的，孔子主张像山一样静止不变，是错误的。

“无极图”后来发展成“太极图”，即在圆的四周加上八种短线符号，变成阴阳八卦图。━叫阳爻；━ ━叫阴爻，表示正反两大类事物。爻组成卦，八卦就是八种符号，象征四时八方，天地风雷水火山泽八种自然现象。春夏秋冬四时是时间，东南西北八方是空间。而时空是由金木水火土五种基本物质构成的。“土与金木水火杂，以成百物。”百物则按“春生夏长，秋收冬藏”规律运行。

四大名著，反封建的《红楼梦》；替天行道的《水浒》；合久必分，分久必合，讲辩证法的《三国演义》；大闹天宫的《西游记》，无不深受老庄影响。

《红楼梦》以贾宝玉的爱情故事为线索，讲述封建大家庭的兴衰，作为封建社会缩影。大观园里，叛逆青年男女，偷看《庄子》和《西厢记》等禁书。跛足道士的好了歌，就是《红楼梦》的主题曲，说明曹雪芹精通老庄。

替天行道的梁山好汉，接受朝廷招安，没有将革命进行到底，酿成悲剧。本是起义队伍，却为朝廷卖命，被派去镇压另一支起义队伍。

《西游记》表面讲和尚取经，实际是一部宣扬打败妖魔鬼怪，邪恶势力，取得老子革命真经的神话小说。孙悟空的诞生，是自然的造化。猴王参访仙道，被灌输的是清静无为，趋吉避凶，七十二变之非常道。所谓"菩提祖师"，实际是个道家人物。说明作者吴承恩满脑子道家思想，他运用庄子浪漫主义手法，塑造了一个大闹天宫的英雄形象。从天上到人间，统治者无不是好色贪财、无恶不作的腐败分子。玉皇大帝昏庸无能，善恶不分，十万天兵天将都打不过一群小小的猴子猴孙。人间国王竟是魔鬼，皇亲国戚都是吃人的妖精。连西方净土、极乐世界也和人间一样。阿傩（nuó）、迦叶向唐僧勒索"人事"，如来佛祖竟对唐僧说："你且休嚷，他两个问你要人事之情，我已知矣。只是经不可轻传，亦不可空取。"原来腐败根源就在如来佛。不管怎么说，看了《西游记》的实际效果是：老百姓喜欢孙悟空大闹天宫，酣畅淋漓，痛快解恨。不喜欢满脑儒家思想的唐僧，人妖颠倒，善恶不分。给孙悟空套上紧箍咒、精神枷锁。动不动就念咒，使孙悟空痛得死去活来，不敢造反闹革命。

以《论语》为指导思想，一心想通过科举仕途，当官发财。死读四书五经，只能写写八股文，无论如何也是写不出四大名著的。

6. 老子的道促进古代科技发展

有人说，老子第 57 章："人多技巧，奇物滋起。"第 80 章："使有什伯之器而不用，虽有舟舆，无所乘之。"把科学技术说成技巧奇物，反对采用先进技术和交通工具，反对现代文明，回到原始社会的言论，阻碍了科学技术的发展。这是极大误解，老子明明说：骗人技巧多了，奇怪邪恶的事物就会滋生泛起。没有战争，就用不着兵器，也用不着乘船坐车去逃难，怎么扯上反对科学文明？相反，事实证明，老子哲学思想促进了古代科学技术的发展。

（1）老子把人们的眼光从看得见，摸得着的小天地，拓展到看不见，摸不着的宏观宇宙和微观世界。他对物质宇宙的论述，改变了人们对宇宙的认识，纠正了许多概念性的错误。什么是宇宙，宇宙有没有起源，是有限还是无限，宇宙和世界有没有区别？什么是物质，物质是否无限可分？这些世界性难题都可在《老子》书中找到答案。老子还告诉我们：混沌是物质的基本形态；道生万物，万物负阴而抱阳，冲气以为和，是宇宙万物演化的基本规律。老子的宇宙论是对科学最伟大的贡献。

（2）老子的思想，哺育了不少著名科学家、医学家。十道九医，许多名医，以及张衡、祖冲之等科学家，都是熟读《老子》的道士。

（3）火药是由硝石、硫黄、木炭等粉末混合而成的。我国第一部药典《神农本草经》把硝和硫列为药材。英国学者李约瑟说："发明火药最早是炼丹的道士。"道士是深受老子影响的人，他们在长期炼丹制药过程中，发现这三种粉末的混合物会剧烈燃烧。炼丹制药实际是化学实验，到唐代，从无意到有意识的试验配制，终于发明了火药。本想炼出长生不老的仙丹，不料却炼出一种焰起烧手面，祸及烬屋舍的火药。到宋代，火药被运用在军事上，出现霹雳炮、震天雷、突火枪等。从 13 世纪开始，火药传到世界各地。虽然火药不是老子发明的，但不可否认，我国古代化学、医药研制、冶金铸造技术的发展，以老子思想为指导的道士是有贡献的。出土大量精美的青铜器、吴越宝剑、马王堆出土的蝉翼女式内衣，技术水平之高，即使科技发达的今天，都难以复制。有人问："如此高度发达的中国古代科学，为何没发展出近代科学？"很明显，这不是老子而是孔子的责任，"学而优则仕"的科举考试，使知识分子只读四书五经，只想当官发财，没想到要读数理化，当科学家，发展科学技术。

（4）老子关于法天、法地、法道、法自然；天人合一，阴阳辩证，整体观念；第64章：预防为主，"为之于未有，治之于未乱。"对中医理论、养生保健、中华武术，有着深刻的影响。

"十道九医，医道同源。"从事看病传道的道士们，读了《老子》后，开发出《黄帝内经》等中医理论著作。老子对中医主要有三大影响：

（1）老子的整体观念对中医的影响。

老子认为：宇宙是一个整体，人居其一。所以，中医把人置于宇宙中来观察，称为"大周天"。气候变化，环境因素，会导致人生病。但是，处于同样环境中，为何有人生病，有人不生病？可见，人之所以生病，环境是原因之一，但不是主因，外因必须通过内因起作用。如果人自身体质很强，则外邪不可干（入侵）。

中医还把人体看成小宇宙，称为"小周天"，所谓"扶正祛邪""自胜者强"，看病首先从整体入手，提高人的精气神，增强自身免疫力。例如，人到中年，老是牙痛。中医不轻易拔牙，而先消炎止痛，后服西洋参，增强体质，以达固齿效果。西医则头痛医头，脚痛医脚，开刀剖腹，针对性强，疗效快。中西医各有所长，应该中西医结合，取长补短。

（2）老子的辩证观点对中医的影响。

中医看病，先望闻问切，了解病情。然后以八纲辨症施治。有人说：中医的辨症非哲学的辩证。其实，所谓表里、寒热、虚实、阴阳八纲辨症，就源自老子的辩证法。第42章："万物负阴抱阳，冲气以为和。"中医认为：阴阳失调，是疾病的根本原因。调整阴阳平衡，是中医治病的原则。"善诊者，察色按脉，先别阴阳。审其阴阳，以别刚柔。阴阳偏盛，损其有余。阴阳偏衰，补其不足。不知阴阳者，不足为医。"

（3）老子以预防为主的观点对中医的影响。

第64章："为之于未有，治之于未乱。"第59章："早服积德，深根固柢，长生久世之道。"中医曰："圣人力主早服，不治已病，治未病。不治已乱治未乱。夫病已成而后药之，乱已成而后治之，譬如渴而穿井，斗而铸锥，不亦晚乎？"

整体观念，辨症施治，预防为主，这是最科学的治疗方法，也是老子对中医三大了不起的贡献。我们应像中医那样，从老子那里学习看问题、解决问题的思路和方法。西医传入中国不过百年，几千年来，中国人看病全靠中医，许多药方相当科学有效，怎能说中医不讲科学？当然，中医也不能故步自封，应继续提高科学水平，改变一个老头，三个指头；

一杆秤，一把抓的传统做法。从中草药的种植收购开始抓质量，走现代化、工业化、科学化、国际化的道路。例如，神奇的气功和经络现象，应该运用现代科学技术与老子的辩证唯物主义哲学相结合，在理论上有所突破。我认为：经络只是一种生理应激反应。人体大部分是水构成的，占百分之六七十。经络不是独立于神经系统、血液系统的另一种系统，而是体液介质，像水一样渗透遍布于人体。所谓经络的气化流行，实质是粒子的波动及能量的转化。当针灸刺激某穴位时，信息通过粒子流动和波动（生理电流），传递到某病灶，引起生理上应激反应，激活免疫力，达到治病的神奇疗效。我的观点可能难以被人接受，但起码提供了一条研究的新思路。

虽然老子没有发明火药，不懂医术，也没有解决科学问题的主观意识。但他的思想促进了古代科学发展，却是不争的事实。说他反对科学文明，的确冤枉。

7. 道在日常生活工作中的应用

老子的道可以帮我们解决许多日常生活工作中的矛盾和问题。

在日常生活中，我们会遇到许多烦人的问题。通常是："我怎么想，就怎么做。"每个人都有自己的哲学，每天都会按自己的哲学处理问题。但不管中国人再多，中国人的哲学离不开两个人：一是老子为代表的辩证唯物主义；一是孔子为代表的形而上学唯心主义。因此，我们每天不是用老子的、就是用孔子的方法在解决问题，只是不知不觉而已。商品是天天要接触的东西，我们熟视无睹，从未想过这里面有什么名堂，马克思却能由此写出厚厚的《资本论》。所以，明代哲学家王艮（gèn）说："百姓日用即是道，百姓日用而不知。"我们应该从不自觉到自觉地，选择一种正确的思想方法来解决问题，化解矛盾。

有位教授说："老子是我们身边一位慈眉善目的老人，他说话从不兜圈子，短短几句，就讲透人生的道理。""老子是中国哲学之父，短短五千字的《道德经》，却涉及当今社会所有问题。这也是纽约时报将老子列为古今十大作家之首的原因。可以将老子非凡智慧，与老百姓生活紧密联系起来，为我们解决恋爱、婚姻、家庭、人际交往中存在的种种问题。"其实，老子做梦也没想到，要为我们解决恋爱、婚姻、家庭问题，这都是人们读了《老子》后，自己开发出来的用途。《老子》常读常新，它像一台强大电脑，可以开发出各种用途。《老子》在各个领域的应用，是《论语》《佛经》《圣经》所望尘莫及的。《论语》除了节制老百姓，维护统治者利益之外，还有什么用？

老子思想对反腐倡廉、道德修养、军事、经济、科技、医学体育、文艺创作，乃至日常生活工作，都有启发意义。

8. 重新学习老子思想的现实意义

（1）有利于明确到底要信仰什么。

当今媒体对什么是宇宙的报道，有许多概念性错误。例如：宇宙观就是世界观，把宇宙和世界混为一谈。宇宙不是永恒的，不是无限的，有起源，有末日。把137亿年前一次大爆炸产生的世界说成是宇宙，哈勃望远镜拍到了宇宙婴儿时期的照片。宇宙不止一个，有正反两个，甚至有无数个。宇宙有形状，空间会变形，时间会被拉长缩短。有正物质构成的你我他，必有反物质构成的你我他。有些科学家甚至想耗费巨大物力、财力，去寻找不知躲在哪里的反物质和反宇宙。包括牛顿和爱因斯坦对宇宙的认识，都存在着概念性错误，由于无法解释一些自然现象，最终信仰上帝，相信上帝第一推动，上帝创造一切。建议科学家要学会运用老子的唯物辩证法去认识宇宙。不要钻进死胡同，浪费精力、物力，痴迷于寻找根本不存在的反物质和反宇宙。

可见，要有正确信仰，必先有正确的宇宙观。老子从大本大源，帮助我们树立科学宇宙观。只要我们相信宇宙是物质的，就不会相信伪科学的神话，从而帮助我们树立正确的信仰。这要从娃娃抓起，开展老子宇宙论的教育。

什么是信仰？通俗地讲，是相信谁、相信什么？敬仰谁、敬仰什么？有不少人信仰神仙上帝、菩萨佛祖。也有不少人信仰孔子，相信孔子所说的忠孝礼制仁义道德，可以提升社会道德水平；相信半部《论语》可以修身、齐家、治国、平天下；有些自称信仰辩证唯物主义的专家教授，不认识老子的辩证唯物论，却信仰孔子形而上学唯心论。

孔子在《论语》中，明确说自己是主张是形而上学唯心主义的。子曰："知者乐水，仁者乐山。智者动，仁者静。"仁者指孔子自己，说他喜欢像山一样静止不变的唯心主义，主张君君臣臣关系不能变，周礼奴隶制不能变。知者指老子，喜欢像水一样流动变化，主张"君无常位，臣无常俸，自古以然""礼者，乱之首，攘臂而扔之"，要推翻周礼奴隶制。

孔子在《论语》中还说他相信天命，相信鬼神，虔诚祭祀，厚葬久丧；信仰先王、周公。孔子的理想社会是西周的至德之世，立志克己复礼，不是恢复文明礼貌，而是恢复西周奴隶制。孔子虽不语怪力乱神，却敬鬼神而远之。子曰："获罪于天，无所祷也。""祷尔于上下神祇，丘之祷久矣。"子曰："甚矣吾衰也！久矣吾不复梦见周公！"孔子曰："君子有三畏，畏天命、畏大人、畏圣人之言。""君子务本，本立而道生。孝弟也者，其为仁之本与！"孝心、爱心是本，简言之，心是本。本立而道生，先有心后有道，才有一切。"人能弘道，非道弘人。"先有人心，后有道。这些都是唯心主义观点。

老子则主张"道之为物，有物混成"道生万物（包括人），先有道后有万物，万物由道构成的唯物主义观点。在政治上，老子为老百姓说话，主张以百姓心为心，爱民治国，无为而治，不烹小鲜折腾百姓。如果鱼肉百姓，以其上食税之多，常使民饥。老百姓就要团结起来，汇成驰骋天下之洪流，推翻周礼奴隶制。建立一个甘其食，美其服，安其居，乐其俗，双文明的太平盛世。

（2）有利于辩证唯物主义大众化，马列主义中国化。

老子的道理和科学家的物理是吻合的；和辩证唯物主义是一致的，只是表达方式不同而已。道之为物，道生万物，有物混成，是老子的唯物论；万物负阴而抱阳，冲气以为和（矛盾统一）；千里之行，始于足下（量变到质变）；物极必反（否定之否定），是老子的辩证法。

哲学只是一种世界观、一种看法。无论是唯心还是唯物，都是思想方法、思想工具，谁都可以用，而且随时随地，免费使用。科学家可以用，神仙宗教也可以用；皇帝可以用，总统可以用，老百姓也可以用。大可治国理政，小可修身处世。就看用来干什么，为谁而用。老子运用他的哲学为老百姓说话，有利于哲学大众化。

"欲工善其事，必先利其器。"先哲说：哲学就在我们身边，百姓日用而不知。我们应该从不自觉到自觉地选择一种正确的思想方法、思想工具、思想武器。历史证明：老子的唯物辩证法是一种正确的思想方法，可以让我们看问题做事情少犯错误，少走弯路。共产党人依靠唯物辩证法，领导中国人民取得革命胜利，就是最好的例证。据说，有位著名主持人结婚，父亲送她的礼物是："学好唯物辩证法，处理好各种矛盾。"有人会觉得太正统了，结婚送这？其实，这是最好的祝福，说明老先生信仰唯物辩证法，相信学好唯物辩证法会给女儿带来终生幸福。当然，《老子》仅仅提供一条思路、一种方法、一种指导思想。怎么看、怎么想、怎么做、怎么解决问题、怎么化解矛盾，道路最终还是要靠我们自己去走。

老子的道，是咱们中国人自己的唯物辩证法。更符合中国人的思维模式和心理习惯，更容易理解和接受。这使我想起一则广告，国产奶粉更适合中国宝宝体质，并不是说外国奶粉不好。中国人历来敬先法祖，听老祖宗的话。老子的话，言简意赅，容易记忆。因此，弘扬老子的道，有利于辩证唯物主义大众化，有利于马列主义中国化。

（3）有利于找回正确的价值观、人生观。

什么是价值观？通俗地讲：就是值不值得。例如，这件衣服值不值得买？这件事值不值得做？这个理想值不值得追求？这种主义值不值得信仰？认为不值得，就不会去做；认为值得，就会心甘情愿，不惜代价去买、去做、去信仰、去追求、去奉献，甚至牺牲自己的生命。见义勇为，舍身救人。有人认为值得，有人认为不值得。故价值观往往反映一个人的人生观和世界观。价值观内容广泛，包括如何看待财富、荣辱、得失、成败、对错、祸福，等等。

怎样看待名与实，孔子和老子有完全不同的价值观。孔子认为：名分重要，先有名后有实，有名才有地位，有地位才有实惠。只有当了天子，才能做天子的事，享受天子的礼遇。名不正言不顺，这话有没有道理？有道理，但这是孔子追求名利地位的道理。只有名利地位值得追求，周游列国，孜孜以求。"礼乐征伐自天子出，庶人不议。"天子的话重要，值得重视。老百姓的话不重要，不值得重视。

子曰："富与贵，是人之所欲也，不以其道得之，不处也；贫与贱，是人之所恶也，不以其道得之，不去也。"子曰："贤哉回也！一箪食，一瓢饮，在陋巷，人不堪其忧，回也不改其乐。"子曰："饭疏食，饮水，曲肱而枕之，乐亦在其中矣。不义而富且贵，于我如浮云。"孔子这些话说得多好，很高尚，视富贵如浮云。子曰："富而可求也，虽执鞭之士，吾亦为之。"执鞭本来是孔子看不起的小人、贱人所干的鄙事。叶公想聘用孔子，便问子路：孔子这人怎样？子路不答。这下把孔子惹急了，责怪子路为何不说："其为人也，发愤忘食，乐以忘忧，不知老之将至云尔。"子贡曰："有美玉于斯，韫椟而藏诸？求善贾而沽诸？"子曰："沽之哉！沽之哉！我待贾者也。"《论语·乡党篇》记载孔子的日常生活，并非吃粗粮，喝冷水，枕胳膊，艰苦朴素，而是极其豪华奢侈。子曰："耕也，馁在其中矣；学也，禄在其中矣。""学而优则仕。"种地只能饿肚子；学习好可以当官，享尽荣华富贵。书中自有黄金屋，书中自有颜如玉。

所谓君子和小人，孔子的概念和通常的概念完全不同。孔子认为：君子是上层社会的大人物，他们有文化，彬彬有礼，讲忠孝礼制仁义道德，不好犯上作乱；小人是社会底层的老百姓，他们没文化，言行粗野，不讲道德，没有羞耻心，动不动就犯上作乱。孔子说他有三畏：畏天命、畏大人、畏圣人，这些大人物值得重视。就是不畏小人，因为小人不足畏，不值得重视。孔子自命正人君子，所谓小人、野人、贱人、庶人、刁民都是孔子鄙视百姓的贬称，这就是孔子的价值观。

老子则认为："道可道，非常道。名可名，非常名。"道是实的，是永恒的；名是虚的，不是永恒的。第44章："名与身孰亲？身与货孰多？得与亡孰病？甚爱必大费，多藏必厚亡。故知足不辱，知止不殆，可以长久。"老子苦口婆心劝告人们："甚爱必大费，多藏必厚亡。"名与实；身家性命与身外之物；得与失，什么重要？名、身外之物虽然重要，但不是永久的。搞得不好，今天有，明天就会失去。第9章："金玉满堂，莫之能守；富贵而骄，自遗其咎。"第12章：五光十色，令人目盲，分不清是非，看不到方向；五音轰鸣，令人耳聋，失去辨别能力；五味美食，令人口爽，吃得脑满肥肠，一身赘肉，有害健康；纵情猎艳，令心发狂；贵重宝物，令人铤而走险。金银财宝，身外之物，生不带来，死不带去。广厦万间，只居一宿；美味万千，只有一饱；风情万种，只是一娱，不值得舍命追求。第46章："祸莫大于不知足，咎莫大于欲得。""是以圣人为腹不为目。"第3章："不尚贤；不贵难得之货；不见可欲。"第29章："去甚，去奢，去泰。"不走极端，不追求过眼云烟，虚荣享乐。第51章："生而不有，为而不恃。"不把这些东西占为己有。第39章："贵以贱为本，高以下为基。不欲琭琭如玉，珞珞如石。"第33章："自胜者强，知足者富。"能战胜自我者最强大，知足者最富有。

（4）有利于树立全心全意为人民服务的根本宗旨。

老子认识到团结起来的人民具有驰骋天下，无坚不摧，攻无不克的力量。因此，《老子》的根本宗旨是：不折腾民众，不鱼肉百姓，爱民治国，无为而治，与民休养生息。第10章："爱民治国能无为乎？"第13章："以身为天下者，若可寄托天下。"第20章："我独异于人，而贵食母。"第36章："鱼不可脱于渊。"第39章："贵以贱为本，高以下为基。"第49章曰："圣人无常（私）心，以百姓心为心。百姓皆注其耳目，圣人皆孩之。"老百姓注重的事情，圣人都应该去办。第58章："其政闷闷（低调），其民淳淳；其政察察，其民缺缺。"第60章："治大国，若烹小鲜。"第66章："欲先民，必以身后之。处上而民不重，处前而民不害。是以天下乐推而不厌。"第 74 章："民不畏死，奈何以死惧之。若使民常畏死而为奇（怪）者，吾得执而杀之，孰敢？"第 75 章："民之饥，以其上食税之多。"第 77 章："天之道，其犹张弓与？高者抑下，下者举之，损有余以奉天下。人之道，则不然，损不足以奉有余。"可见，老子敢冒天下之大不韪，为老百姓说话。

类似的话，孔子是不说的。《论语》没有一句是为老百姓说的话。孔子只为统治者说话："天尊地卑，贵贱定矣。""普天之下，莫非王土，率土之滨，莫非王臣。""礼乐征伐自天子出，庶人不议。""刑不上大夫，礼不下庶人。""君君臣臣"周礼奴隶制制不能变。变了的要"克己复礼"变回去。

（5）有利于正确传承优秀传统文化。

五四运动打倒孔家店，说明当时对孔子思想的本质，有了突破性的认识。但对《老子》的研究始终没有突破性进展，只停留在只言片语的引用。都说老子有大智慧，却又说老子有神仙思想、权谋思想、遁世思想的糟粕。只肯定老子有辩证思想，不肯定有唯物思想。因此，五四运动虽提出打倒孔家店，却没能提出用老子的思想来凝聚人们的思想，原因就在于缺乏理解。幸亏十月革命一声炮响，送来马列主义。其实，老子思想和马列主义是一致的，和中国实际更贴近一些。

有位太虚真人说："老子给后人最大启迪是虚、静、忍三个字。"我看法不同：老子主张实有，不主张虚无；主张运动变化变易，不主张静止不变；主张有为进取，不主张无为忍让。我认为，老子给我们最大启迪是道、同、德三个字，老子称之为玄道、玄同、玄德。老子给我们的启迪不只这三字，还可以列出许多，如无、水、柔、善、信、知、和等。这十个字贯穿一根主线，即以百姓心为心，爱民治国，无为而治。

当然，老子思想岂能用几个字概括？但我们可以从这几个字入门，去领悟老子博大精深的思想。

老子的思想不是论语所谓忠孝礼乐仁义道德所能比拟的。老子与孔子最大区别有三点：老子唯物，孔子唯心；老子忠民，孔子忠君；老子奋斗目标是建立甘其食，美其服，安其居，乐其俗的太平盛世；而孔子的奋斗目标是克己复礼，复辟奴隶制周礼。

孔子主张克己复礼，谁要是反对，就会被扣上不忠不孝，不仁不义，乱臣贼子的罪名，马上招来杀身之祸，株连九族。孔子这招很厉害，难怪统治者喜欢孔子。老子也讲忠孝仁义，但反对孔子虚伪的仁义道德。老子愤怒地说："圣人不仁，以百姓为刍狗。"圣人没有爱心，把老百姓不当人。可见，《老子》不是神仙道书，而是本辩证唯物主义哲学之书，是革命之书、改革之书，是为老百姓说话之书，是本非常有用的书，在各个领域，都可以帮助我们解决许多矛盾问题。

纵观两千多年历史，没有哪本书的影响能超过《老子》。《老子》博大精深，是《论语》所望尘莫及的。

后 篇

第一章

古　文	今　文
道可道，非常道； 名可名，非常名。 无，名天地之始； 有，名万物之母。 故常无，欲以观其妙； 常有，欲以观其徼（jiào）。 此两者，同出而异名， 同谓之玄。 玄之又玄，众妙之门。	道可以是各种各样的道，但都不是永恒的道。 名可以有各种各样的名，但名都不是永恒的。 无，可叫作天地的开始。 有，可称为万物的母亲。 无与有，是最普遍、永恒的现象。故曰：常无，常有。想从常无之中，观察其玄妙；想从常有之中，看个明白。 无与有，同出于道，只是名称不同而已。 同样可以说非常玄妙。 虽然玄之又玄，却是观察、研究、解决众多玄妙问题的入门。

查字典

1. 道

道有许多含义，在阅读时，应注意区别。具体情况，具体分析，上下文联系解读，然后再定义。

（1）可作为名词

道的本意是：从这里到那里的一条路，有始有终。可以是物质性的道路、道具、味道等；可以是精神性的思路、道德、孔孟之道、社会主义道路等。也可以是道理即物理。理不是物的本体，而是物体的本性、本能及其规律；反映到大脑，经过思索，产生了精神性的理论、学说；方法、门道、诀窍、技术措施等。故理可以是物质性的，也可以是精神性的。道和理的关系是同出一物，一物两面，同出共存的关系。正如古人云："皮之不存，毛将焉附？"

（2）可作为动词

"人道是三国周郎赤壁。"此处的道是作为讲、说、云、曰等动词用的。"道可道"第二个道字是名词还是动词？说法不一，你认为呢？

（3）可作为数词、量词

如一道走，一道光，几道杠杠等。

2. 常

有三种概念：

（1）正与反的概念。如正常、反常、不正常、有毛病等。故"道可道，非常道。"有人理解为："道可以是各种各样的道，但都不是正道。"（不是正确的道路、道理）。还有人认为：道是正常的东西，违反常规，就是不正常。故曰：非常道。

（2）变与不变的概念。荀子曰："天行有常，不为尧存，不为桀亡。"生死存亡这一变化的自然规律是永远不变的。

（3）时空概念

表示时间概念：如时常，表示时间的间断性；常常，表示时间的连续性。韩非曰："唯夫与天与地之剖判也俱生，至天地之消散也不死不衰者谓常。"即无始无终，不生不死，表示时间的永恒性。

表示空间概念：一般、普遍、常规、常态、永存、永在等。

常与恒词义相近，皆指永恒之物及其规律，都有普遍、长久之义。但有区别：如恒星不能说常星，常常不能说恒恒，永恒不能说永常。

长沙帛书和郭店竹简《老子》用的都是恒字。不知何时，后人把恒改为常。在《解老》一文中，韩非说："道之可道，非常道也。"可见，早在公元前二百多年，就用常字。帛书与《解老》同期，难说先后。但竹简抄于公元前三四百年，故恒比常早用。现在习惯用常字，大同小异，未尝不可。

3. 徼（jiào）

吴澄注："徼者，犹言边际之处，孟子所谓端是也。"有边界、端倪、起源之意。王弼注："徼，归终也。"吴澄理解为始，王弼理解为终。我认为应合起来理解："常有，欲以观其始终（徼）。""有"是有始有终，故可观其始终。而"无"是无始无终，故只能观其妙。

马叙伦注："徼当作窍"与前文"欲以观其妙"及后文"众妙之门"相对应。可理解为方法窍门、玄妙诀窍。这样理解，亦无不可。

敦煌本用皦（jiǎo）。"峣峣者（高）易折，皦皦者（白）易污。阳春白雪和者寡，盛名之下，其实难副。"皦有洁白、明亮、分明、清晰之意。可理解为："常有，想以此看个明白。"

我认为：以上注解都有道理，可综合理解。

4. 玄

古人认为：玄是黑色。苏辙曰："凡远而无所至极者，其色必玄，故老子常以玄寄极也。"也有人说："玄者，深远之极，混沌不清。"即深远难辨，深奥莫测，不易理解。玄虚指亦真亦幻，虚虚实实，不真实，不靠谱。虚不一定什么都没有，例如肾虚表示体质活力下降，不等于没有肾；零也不一定是什么都没有，例如零钱，只是钱少一些，不等于没钱。假如在工资后面加一个零，岂不要高兴得做梦都笑醒！

我的理解

第一章讲道之唯物论；讲名与实、无与有、同与异的辩证法。

1. 名与实

第一章是全书总纲。要读懂第一章，首先要搞清第一个字，什么是道？老子答："道之为物。"道是物质，物的本质是无数的实在物。这种实在物很小，小到看不见，听不到，摸不着，闻不到。但不是虚无，而是实有的东西。像水又像气，只是像而已，还不能说就是水和气。

"有物混成"，宇宙再大，也是由这些无数的小东西混合而成的。"先天地生"，在天地万物产生之前就已经存在。它能上天入地，恍兮惚兮，独立而不改，周行而不殆。驰骋天下之至坚，无有入无间。它无处不在，存在于蚁蝼、杂草、砖瓦、屎尿等万物之中。它无所不能，能生天生地生万物。自己却是永恒的，不生不死。

千百年来，人们都猜想不出这是什么东西，连老子自己也不知道是什么东西。许多人认为：它是神，是上帝。直到科学发达的今天，我们才知道，老子所说的这些无数的小东西，就是基本粒子，这是比哥德巴赫更伟大的科学猜想。许多人不相信，老子会有如此超前的科学思想。于是问他："何以知其然哉？"老子曰："不可致诘，吾不知谁之子，吾不知其名。"不要追问，我也不知道是什么，怎么产生的。只知道："合抱之木，生于毫末；九层之台，起于累土；千里之行，始于足下。"大由小构成，以此推理：宇宙再大，也由小东西构成，就这么简单！

老子这样讲的目的，不是要解决科学问题，而是要为老百姓说话。他认为：宇宙由无数小东西构成，以此推理：天下由许多小小老百姓构成。"象帝之先"，在帝王将相产生之前，天下原本是老百姓的。所有吃穿用的东西都是老百姓生产出来的。从根本上否定了"普天之下，莫非王土；率土之滨，莫非王臣"之说。

老子首先看到民众的力量：一个小东西很弱小，不成气候。但是无数小东西团结起来，汇成不可阻挡的洪流。"弱之胜强，柔之胜刚。"具有无坚不摧，攻无不克的力量。第75章曰："民之饥，以其上食税之多；民之难治，以其上之有为；民之轻死，以其上求生之厚；无以生为者，是以轻死。""民不畏死，奈何以死惧之？""民不畏威，则大威至！"不要以为老百姓很弱小，看不见，听不到，好欺侮，就烹小鲜，鱼肉百姓。"官逼民反"，老百姓不得已就会造反。不是民难治，而是官难治，治国先治官。"以百姓心为心，爱民治国。"才是深根固柢，长生久世之道。搞清道是基本粒子，是实的，就比较好理解第一章讲什么。

第一句话："道可道，非常道。"什么意思？我的理解有三点：

（1）道可以是各种各样的道，但都不是永恒的道。

老子第一句话就声明："道可以是各种各样的道，可以是神仙之道、先王之道、仁义之道，但都不是永恒之道。我与诸子百家的主张不同。"这就划清了界限，明确了道与常道的不同概念。

（2）道可道，又不可道，是辩证的

许多人都理解为："道不可道，无法用语言来表达。"可是，老子明明说："道可道"，不是不可道。凡是人看到的，认识到的东西，都可以用语言、文字、音乐、绘画等形式来表达和描述。

但是，从脑袋里想出来的，从口里说出来的，用任何形式表达出来的道，是精神性的道，不等于是常道，不等于是物质性的道。故曰："道可道，非常道。"就像照镜子，影像不等于实人。

老子又说：道是无状之状，无物之象，恍兮惚兮。看不见，听不到，摸不着。又没有具体形状和现象可以描述，当然无法用语言文字来表达。所以，道可道又不可道，是辩证的。

（3）道可知，又不可知，也是辩证的

知才可道，不知就不可道。什么都不知道，说什么呢？硬要说，那只能胡说八道。故第71章曰："知不知，上；不知知，病。"知道自己有所不知者上等；不知装知者，毛病。

道可知可道，肯定了人的认知能力。暂时不可知不可道，通过努力探索，将来一定可知可道。知识可以代代相传，庄子曰："薪可燃尽，火可传承。"被称为乐观的可知论。

但是，道又是不可知不可道。过去，许多历史事件已灰飞烟灭，后人可能知道一些，但更多的是无法知道；现在，事物是无限的，人生是有限的，不可能什么都知道；将来，地球终有一天会毁灭，当人类不存在时，宇宙无穷的奥秘，当然不可知不可道。《庄子·秋水》曰："计人之所知，不若其所不知；其生之时，不若未生之时。"这样的观点，被贬为悲观的不可知论。但这是大实话，不以人的忌讳为转移。

世界可知，又不可知。不管是乐观也好，悲观也好。我们不能因为有朝一日要死，地球要毁灭，现在就不活了。也不能因为知不完，不可知，而放弃追求和探索。相反，我们要抓紧有限生命，活好每一天，努力探索，为子孙后代积累更多的知识财富。故老子曰："欲以观其妙，欲以观其徼。"表达了老子的探索精神，为我们树立了榜样。

第二句话："名可名，非常名。"我的理解是：名都是人叫出来的，是精神产品。

"名可名。"任何事物，可以这样命名，也可以那样命名。犬可以为羊，马可以为牛，约定俗成，大家公认即可。这些名称、名分、名利、地位，都不是永恒的。第9章曰："揣而锐之，不可长保。金玉满堂，莫之能守。""君无常位，禄无常奉，自古以然。"今天是天子、侯王，明天就可能人头落地，谁能永保天子、侯王的名分？故曰："非常名。"孔子的观点截然相反："君君臣臣，父父子子。"君臣名分就像父子关系是永恒的，不能变。变了的，要"正名"，纠正过来。不少人持孔子观点。胡适说："人生人死，而人名常在；

雪落雪消，而雪名永存。"名是永恒的，不会变，也不可变。孔子永远叫孔子，死了两千多年还叫孔子。如果变了，就不知道指的是谁。但是，不用说几千年，就是几亿年，对宇宙来说都是短暂的。当地球和人类都不存在时，还有人叫孔子吗？可见，名不是永恒的。但道是永恒的，当地球和人类都消散了，物质还在。

名与实的问题，有着重大的现实意义。汉武帝的祖母窦太后，不愧是汉代女政治家，她经历了文景之治的全过程，对老子这两句话有深刻的理解。她说：道可道，老子的道，可值得称道。你们讲的都是虚的小道理，老子讲的是实在的大道理。名分固然重要，但那是身外之物，不可能长久。要想长久，就要无为。对外和亲，不打仗。对百姓，不烹小鲜，不折腾，休养生息。对诸侯，要小国寡民，使其无力坐大。无为是汉家国策，长久之道。只要无为，没有名分，就会有名分。妄为，有名分也会失去名分。她告诫汉武帝：不要以为当了皇帝，权力很大，不顾国力，想干什么就干什么。由于她坚持"无为"，使汉武帝无法"有为"。她去世后，汉武帝立即"罢黜百家，独尊儒术"改"无为"国策为"有为"。仗着强盛国力，长年征战，扩大疆域。为支付庞大军费，加重税役，导致经济衰退，国库空虚，诸侯乘虚作乱。汉武帝晚年觉察到自己的错误，发布"罪己诏"，但为时已晚。从此，西汉由强盛走向衰败。

胡适说："名实之争，老子是最初提出这个问题的人。"老子关于名与实的论述可归纳成二点：一、道是实的，是永恒的。名是虚的，不是永恒的。二、先有实，后有名。

第32章曰："道常无名，始制有名。"道本来无名，是后来才有名的。制名指实，名的作用就是要区分不同的事物。任何事物，本来都没有名称。人们为了指认事物，才从脑子里想出来，从口里叫出来不同的名称、名字、名分，这都是精神产物。就像一个人，本来是没有名字的。还没出生，哪来的名字？只有出生后，父母取名，才有名字。所以说：没有实就没有名，先有实后有名。

第44章曰："名与身孰亲？身与货孰多？得与亡孰病？"不是说名不重要，相比之下，还是实更重要。没人愿意要有名无实、徒有虚名的东西。老子虽然主张玄同平等，但不全盘否定不平等的名分等级。第32章曰："始制有名，名亦既有，夫亦将知止，知止可以不殆。"既然制定了名分等级，就要适可而止，不要无限制地扩大这种等级差别。懂得适可而止，就没有危险。

春秋时期，礼坏乐崩。旧礼制被诸侯破坏殆尽，周天子徒有虚名。孔子曰："相维辟公，天子穆穆，奚取于三家之堂？""季氏八佾舞于庭，是可忍，孰不可忍！""天下有道，则礼乐征伐自天子出，政不在大夫，庶人不议；天下无道，则礼乐征伐自诸侯出，自大夫出，陪臣执国命。"旧名已不能适应新实，诸侯不满足称臣，而要称王称霸。周天子腐败无能，必然被人取代，应该说，这是一种社会进步。孔子死抱旧名不放，反对变革。企图通过"正名"，"克己复礼"恢复旧礼制。主张先有名，后有实，名重要。《论语》曰："名不正，则言不顺。言不顺，则事不成。事不成，则礼乐不兴。礼乐不兴，则刑罚不中。刑罚不中，则民无所措手足。"所以，为政必先正名，要恢复并摆正君君臣臣、父父子子的名分地位，不要乱套。先有君主的名，后有君主的实。只有当了君主，有了君主的名分，才有君主的实惠。才能做君主的事，才能享受君主的待遇，才能用刑罚礼制去治民。否则名不正，言不正，师出无名，什么事也办不成。孔子这样说有没有道理？不能说没道理。但这是维护君主利益，不是维护老百姓利益的道理。"正名"在理论上没错，名不能反映实，就必须纠正，使其名副其实。但孔子主张"正名"的目的，是要恢复世袭制，摆正君臣关系。君臣关系就像父子关系，永远不能变。

老子与孔子不同说法，引发了战国和魏晋时期，名与实的大辩论。辩论的实质，就是精神与物质的关系。公孙龙说：别同异，左是左，右是右，白是白，黑是黑，马是马，牛是牛，不能混淆。白马非马，是有区别的。谁能说公孙龙讲错了？但公孙龙的目的是以此引申为君是君，臣是臣，不能颠倒。想从理论上论证孔子主张"正名""克己复礼"的正确性。所谓"离坚白，坚白石二"，认为一切属性可离物而自存，在世上还没有石头这种实物时，精神性的坚与白就已经存在。把精神性的足名当作实足，从而得出"鸡三足"的荒谬结论。所谓"物莫非指"，认为物都是人指称出来的，人不指称就无物。这是颠倒名实关系，典型的唯心论。公孙龙实际是儒家，却被错划为名家。

《左传》说：臣对君的忠，要看其实，不能只看其名。如果名不符实，则臣不必视其为君，不必谨守君臣名分。在孔子看来，这简直是乱臣贼子的造反言论，必诛之而后快。

荀子对名实问题也很有研究，他反对"奇辞起，名实乱"。认为名的作用是"别同异，明贵贱"。就因为他主张："贵贱有等，长幼有差，贫富轻重皆有称。"被错划为儒家。其实，荀子应该是法家。他的两个学生，韩非、李斯都是法家。虽然，荀子和儒家一样，站在统治立场，推崇等级礼制。但不同的是，儒家反对社会变革，维护旧社会，旧统治阶级利益；荀子主张社会变革，建立法治，维护新统治阶级的利益。在哲学上荀子也与儒家相左，倾向唯物。他说："天行有常，不为尧存，不为纣亡。""天命可制，人性可化。""制天命而用之。"荀子反对孟子的"人性善"，主张"人性恶"。荀子说："群而无分则争，争则乱，乱则需要法治。""因任而授官，循名而责实。""循名实而定是非，因参验而审言辞。"这都是法家的基础理论。

墨家成员大都来自社会底层；如工匠、侠士、小市民、当不了官的小知识分子。尚同、兼爱、唯贤、非攻、节用、薄葬、非乐、非命、天志、明鬼等十大主张，大都与儒家针锋相对。"背周道而用夏政"，反对等级周礼，尚同平等；"官无常贵，民无终贱"，要唯实、唯贤，任用真才实学的人；不唯名，不要只任用名门望族的人；反对儒家有差别之仁爱，主张不分亲疏、贫富、贵贱之兼爱；反对厚葬，奢侈浪费，倡导夏禹苦行僧式的奋斗精神；斥儒家"有誉义之名，而不察其实也。此譬犹盲者之与人，同命白黑之名，而不能分其物也。""白马，马也；乘白马，乘马也。"反映了社会底层人物争取政治平等的利益诉求。由于墨家是半军事化民间团体，有一定造反性。东汉农民起义，就采取墨家组织形式，用《老子》作指导思想。受到统治者的分化瓦，残酷镇压。后墨家有的转为行业帮会，有的销声匿迹，成为民间秘密组织。

老子为百姓讲话；墨子为社会底层讲话，故尚同，主张合同异。孔子、公孙龙为旧统治者讲话；荀子为新兴统治阶级讲话，尚异，主张分别离。立场不同，看法各异。胡适说的没错："大凡一种学说，绝不是凭空从天上掉下来的。""他的政治主张，也只是他的根本观念的应用。"

史家定义："名家是以名实为主要研究对象的哲学派别。"据此定义，老子、孔子、墨子、荀子、韩非、嵇康等人对名实问题很有研究，都应列为名家。把公孙龙列为名家，还说得过去，把惠施列为名家就毫无道理。从"惠施十事"看，并未论及名实。再说，惠施与公孙龙是论敌，观点不同，怎么可能同为一家。因此，所谓名家，实际是不存在的。

2. 无与有

（1）无与有是宇宙中最普遍、永恒的现象。故曰："常无，常有。"

生死存亡，成败得失，一切都可以归结于有和无。这种生生死死，有无相生，是宇宙中最普遍永恒的现象。"无"什么也没有，就什么也谈不上。只在"有"的基础上，才谈得上什么美丑、善恶、难易、长短、高下、音声、前后、动静、变化、是非、对错、成败、祸福，等等。宇宙中，还有什么能比有与无更为普遍永恒的现象？

（2）无与有，同出而异名，玄之又玄。

一般认为：无就是没有。老子却认为：没那么简单，很玄。有三样东西被老子称玄：一是道，道者，万物之奥，是谓"玄牝"。无与有同出于道而异名，故同谓之玄；二是"玄德"；三是"玄同"。此三玄都不容易说得明白。

关于无与有，历史上也有长期的争论，甚至分成两派。一派是以王弼为代表的崇无派，把无抬到至高无上的地位。认为道是无，无与有的关系，是母子、本末、先后的关系。王弼曰："老子之书，其几乎可一言以蔽之，崇本息末而已矣。""无为有之始，有从无中生。"主张以无为本，以有为末，先无后有，崇本息末，举本统末。实际强调以精神为本，先有虚，后有实。

另一派是以郭向为代表的贵有派，认为道是有，反对王弼的"无中生有"。郭向说："万物岂能无中生有，天地岂能生神哉？""不生天地而天地自生，物各自生而无所出，颓然而自生。"此言较合老庄本义。可见，无并非简单地就是没有，有许多问题值得深入探讨。故老子提醒我们注意："常无，欲以观其妙；常有，欲以观其徼。"

（3）无是虚无实有。

有人说老子崇尚虚无缥缈的东西，说起话来故弄玄虚。其实，老子不崇虚而崇实。在老子概念中，无不一定是真空，什么也没有。第5章曰：天地之间，不就像大风箱吗？里面好像什么也没有，空无一物，其实里面充满空气。"虚而不屈，动而愈出。"只是看不见而已，是看不见的"无"，实际是"有"。

（4）宇宙是有不是无。

所谓空间，就是空的，一般认为宇宙空间是真空的。老子则认为宇宙并非虚无，而是实有。第25章曰："域中有四大"有天、地、人、物（道）。"有物混成，先天地生。"域是由道这种无数的小东西混合而成的，这些小东西在天地万物产生之前就已经存在。宇宙并非真空，而是由无数日月星辰和混沌之气构成的。其中有73％暗能量，23％暗物质，4％看得见的天地万物。虽然有96％是看不见，但宇宙是有不是无。

宇宙不是无中生有，从零开始；不是从真空中爆炸产生的。爆炸前，宇宙并非真空，一点东西也没有。而是一片混沌，充满无数基本粒子，科学家称之为"宇宙汤"。

宇宙只是时间和空间概念，时空和物质都是永恒不灭的，不会因为爆炸而产生和消失。时空不可能爆炸，能爆炸的是宇宙中的物质。爆炸后，也不是宇宙膨胀了，而是物质向四面八方飞散。爆炸的原因是物质"周行而不殆"、不断旋转的结果。太阳系、银河系乃至任何星系，都是一个个旋涡。所谓黑洞，就是涡心。当某个无比庞大的星系旋转越来越快时，产生高温高压，最终发生爆炸。爆炸的结果，产生的不是宇宙，而是新的星系，新的世界，新的天地万物。这种自然现象，可以用龙卷风来加以理解。

（5）无是不，无为即不为。

老子讲"无"的目的是要引进无私、无为的概念。"生而不有，为而不恃，长而不宰，是谓玄德。"天无私覆，地无私载。不为私利而为天下，是最高尚的道德。我们往往只注意到字典的定义：无是没有。而忽略：无是不。无为即不为，不是无所作为，什么事都不做。而是有些事不要去做，不要为私利去做伤天害理的事情。例如："金玉满堂，莫之能守。""故不争、不贵难得之货"；"夫兵者，不祥之器。师之所处，荆棘生焉；大军之后，必有凶年。"故"不武、不怒、不以兵强天下"；"民之饥，以其上食税之多。""是以圣人执左契，而不责于人。"不以征税逼死人；"天下神器，不可为也。"不搞宗教迷信，"为者败之，执者失之。"故第16章曰："不知常，妄作凶。"应"后其身而不敢为。"

其实，老子主张有为，而且大有作为，反对无所作为。老子在第69章批评了一些用兵者无所作为：敌人是得寸进尺，他却"不敢进寸而退尺。"宋襄公最典型，他说："我们是仁义之师，最讲仁义，不搞阴谋诡计。你来了，我先礼让三分。"结果丧失战机，吃了败仗。"以正治国，以奇用兵，以无事取天下。"取天下就是大作为。"自知者明，自胜者强。"有自知之明，能战胜自我，无私为天下百姓者，是大有作为的人，可寄托天下之大任。"无为而无不为""无为而治"实际就是"有为"。

孔子主张有为，只有当官，才算是有作为的人。孔子也主张无为，但意思与老子相反。孔子认为：无为就是无违，不违反先王礼制。"三年无改于父之道。""无为小人儒。"《论语》子曰："无为而治者其舜也与，夫何为哉？恭己正南面而已矣。"能做到无为而治的人是舜，舜做了什么？什么也没做。不创新，不改革，只法先王，沿袭尧的礼制。只是恭恭正正坐在王位上，以礼治国而已。

（6）无是尚未产生，产生了才有。有无相生，互相转化。

无的另一个概念是尚未产生，无此物但有他物，并非空无一物。正如你还没出生，还不存在于世上，是"无"。没有你不等于没有别人，不等于没有你的父母。父母生了你，你是有中生有，并非无中生有。但你是从无到有，故曰："无生（始）于有。""有，名万物之母。"

你出生之前是"无"，出生之后是"有"，开始了从无到有的人生。你这个有始于你这个无，故曰："有生（始）于无。""无，名天地之始。"将来，你死了，又从有到无，故曰："有无相生。"在一定条件下，有与无这对相反相成的矛盾可以互相转化。此物不存在了（无），转化成他物（有）。

如不用现代科学知识，确实很难理解老子所说的："道之为物，有物混成，先天地生。""道生万物，道生之，德畜之。""万物并作，夫物芸芸，各复归其根。"有无相反、相成、相生，这是道运行的过程，"独立而不改，周行而不殆。"可见，有无相生是老子发现的一条自然规律，并非老子不讲条件，发明的人造规律。

（7）有用与无用。

有人说："老庄理论，大而无当。现实问题都没说清楚，还说到宇宙去，有什么用？"一般认为："有"才有用，"无"没用。有钱才有用，才能过好日子，无钱有什么用？谁都想拥有，不想一贫如洗，一无所有。做生意都想赚钱，没人想亏，亏本生意没人做。但老子懂辩证法，所以看问题比较深刻全面。他善于反思，逆向思维，从另一个角度看问题。既看正面，又看反面。

老子不反对拥有，"有之以为利"。有当然好，有利。拥有财富和权力，拥有知识和聪明才智，并不是坏事。看你拥有后干什么，处理不好会成为包袱甚至祸害，是把双刃剑。五色、五音、五味、驰骋田猎、难得之货、享太牢、登春台、服文采、带利剑、财货有馀，谁都喜欢，谁都想拥有。但是，"金玉满堂，莫之能守。富贵而骄，自遗其咎。"过甚、过奢、过泰，会造成目盲、耳聋，分不清是非，看不清方向。从而使心发狂，铤而走险。大吃大喝，"馀食赘行"，有害健康。"朝甚除，田甚芜，仓甚虚。""民不畏威，则大威至。"最典型的莫过于秦始皇，他统一中国，拥有绝对权威。但他只知以法治国，不知爱民治国。不是用他的权力为民造福，而是不顾百姓死活，为自己建阿房宫，修皇陵。老子曰："民之轻死，以其上食税之多，以其上之有为，以其上求生之厚。"最终引爆农民起义，强大帝国毁于一旦。秦始皇把无变成有，坐了江山；又把有折腾成无，丢了江山。历史上复秦之过，实在太多。

一般来说：无的确没用。没东西可用，当然无用。老子却从另一个角度告诉我们：有，有用；无，也有用。"无之以为用"，不但有用，而且有大用。试想想：车毂要是没有轴孔，轮子不能转，车子还有用吗？陶器是实心的，还能盛食物吗？房间满满的，还能住人吗？

人类要是没有生活和发展空间，还能生存吗？老子认为：最有用的还是"无为"。不争权夺利，不贪污腐败，不烹小鲜，折腾百姓，不做伤天害理的事情，就是"有为"的人。"无为而无不为。""为无为，则无不治。"只要"以百姓心为心，爱民治国"。"爱以身为天下者。""万物将自宾。""是以天下乐推而不厌。"老百姓将拥护你，并寄托以天下之重任，老子并不是无政府主义者。"吾是以知无为之有益。不言之教，无为之益，天下希及之。"以上是老子用四句话，讲无与有的意思。

3. 同、和、异

一般认为：同与异很好理解。同就是一样，没区别；异是不一样，有差别。既然同，就不存在异；既然异，就不同。要么这样，要么那样，有什么好说的？但是，老子发现：现实中，问题没那么简单、绝对。并不一定是非同即异，非异即同；也不一定非此即彼。常常是难分彼此，难分同异。于是，老子提出了"玄同"与"和"的概念。

"冲气以为和。""和"是介于同与异的中间状态；"和"是万物负阴而抱阳，毕同毕异，同出而异，大同小异，同中有异，同下有异。"和"是经过烹炒形成的一道美味；是多次协调后形成的和谐美声；是矛盾冲突后的和解与化解；是问题的解决，矛盾的统一；是求同存异，和平共处，互利双赢，各得所欲的一种平衡。所谓"冲气"，有许多形式。可以通过竞争，互相促进，增进友谊，共同提高。不一定非要头破血流，你输我赢，你胜我败，你死我活，你吃掉我，我吃掉你。

什么是玄同？第56章曰："知者不言，言者不知。塞其兑，闭其门，挫其锐，解其纷，和其光，同其尘，是谓玄同。故不可得而亲，不可得而疏；不可得而利，不可得而害；不可得而贵，不可得而贱。故为天下贵。"不分亲疏，不讲利害关系，不论贵贱，同尘世百姓打成一片，一律平等。这就叫玄同。第4章曰："道冲而用之，或不盈。渊兮，似万物之宗。挫其锐，解其纷，和其光，同其尘。湛兮，似或存。吾不知谁之子，象帝之先。"万物原本是平等的，我不知道这种平等是谁创生的。但有一点可以肯定，在帝王将相不平等制度产生之前，就已经存在。天下不是一开始就是帝王的。体现了老子"均贫富，等贵贱"的革命思想。但是，同不是绝对不能有异，同之下有异；平等不是绝对平等，而是平等之下有不平等；平均不是绝对的，而是一种平衡。可见玄同是"和"，是平衡。

有人认为：玄代表神秘文化，非一般人所能理解。老子喜欢装神弄鬼，故弄玄虚，使人如坠云雾，不知所云。其实不然，名与实、有与无、同与异，初看有点玄乎，几句话说不清，并非不可理解。"此两者，同出而异名，同谓之玄。玄之又玄，众妙之门。"是解决许多玄妙问题的关键之门。"欲以观其妙，欲以观其徼。"我们应该有强烈的求知欲望。

第二章

古　文	今　文
天下皆知美之为美， 斯恶己。 皆知善之为善， 斯不善己。 故有无相生， 难易相成， 长短相形， 高下相倾， 音声相和， 前后相随。 是以圣人处无为之事， 行不言之教， 万物作焉而弗始， 生而弗有， 为而弗恃（shi）， 功成而弗居。 夫唯弗居， 是以不去。	天下人都知道，美之所以为美，是因为丑的存在。都知道，善之所以为善，是因为恶的存在。美与丑，善与恶是相对的，又互相依存。没有真善美，就无所谓假丑恶。有了真善美，假丑恶的东西就现形了，反之亦然。 所以，有与无是相反相生的， 难与易相反相成，可以互相转化的。 长与短相反相形。 高低，上下互相倾轧对立又互相支撑依靠。 多音与单声，多与少，相对相斥又和谐共存。 前后相对相随，独立又连续。 所以，圣人处无为之事， 以身作则，行不言之教。 道生万物，却不当始皇。 生而不占为己有。 为之付出而不求回报。 功成而不居功自傲。 只要不居功自傲，功劳摆在那里。 所以去不掉，谁也无法埋没的。

查字典

1. 斯

作指示代词：此、这、这里；作连词：那么、就、则；古语通厮：卑贱、那厮、那个家伙。

2. 己

停止、罢了；已经这样、已经发生、已经完成；语气：矣！

3. 倾

《老子》通用本用"倾"字，有互相依靠、支撑、支持，又有互相排挤、倾轧之意；帛书本用"盈"字，有互相补充之意；竹简本用"呈"字，有互相呈现之意。

4. 音声

把"音声相和"注解为"音与声对立而和谐"似乎解释不通。声音不可分割，声就是音，音就是声，词义相同，何以对立？其实，声与音既同又异。例如：知音、口音，不能说成知声、口声；声明、声张，不能说成音明、音张；声东击西不能说音东击西；大叫一声不能说大叫一音。汉代郑玄注曰："单一为声，合奏为音。"恰到好处为和谐，多种单声和谐合唱合奏成为音乐。不和谐就成了烦人的噪声，不是娱人的音乐。音乐课为普通课程，而声乐课则是专业课。孟子曰："君子之于禽兽也，见其生，不忍见其死；闻其声，不忍食其肉。"《史记》曰："诗言意，歌长言，声依永，律和声。"《三国志》："讨恶剪暴，必声其罪。"《战国策》："三战三胜，声威天下。"李白："一登龙门，声价十倍。"都用声字，不用音字。

5. 和

现在流行用语是和谐、和平、和谁在一起。古人则把和字作为哲学术语。老子曰："道生万物，万物负阴而抱阳，冲气以为和。"矛盾统一，解决问题。第18章："六亲不和，有孝慈。"第4章："和光同尘"表达平等思想。齐相晏子曰："和如羹焉，水火醯（xī 醋）醢（hǎi 酱）盐梅以烹鱼肉。"水火相反相成，终成和羹美味，意思与老子同。《管子》曰："市者，万人所和而利也。"和气生财，不和就做不成生意。《吕氏春秋》曰："天气下降，地气上腾，天地和同，草木繁动。"范仲淹曰："政通人和，百废具兴。"《史记》曰：高皇帝派人与匈奴结和亲之约，然后天下忘干戈之事。和是同之下有异，不是绝对的同，也不是绝对异。

儒家对和的理解不同。有子曰："礼之用，和为贵。不以礼节之，亦不可行也。"都以为孔子爱好和平，反对战争。孔子曰："礼乐征伐自天子出，庶人不议。"可见，孔子不反对天子发动战争，却反对老百姓的反抗，要用礼来钳制老百姓"犯上作乱"。孔子曰："君子和而不同，小人同而不和。"表达维护不平等的特权思想：君子主张不同等级的人和谐共处；小人主张平等，犯上作乱就是不和。

6. 恃（shì）

依赖、依仗，有恃无恐、恃才傲物。

7. 圣人

古人认为有三种人可称为圣人：

1. 具有至高地位，无上权力的皇帝，称为圣上。

2. 通达事理，具有最高智慧和道德的人。《抱朴子》曰："世人以人所尤长，众人所不及者，便谓之圣。"《史记》："圣人者，道之极也。"

3. 才智超人，出类拔萃，技艺高超的人。如"诗圣推杜甫"。

老子的圣人标准是：无私、无为，爱民治国，以身为天下者。孔子的圣人标准是：具有忠孝礼乐，仁义道德的人，如文王、周公。韩非曰："然则有美尧舜禹汤武之道，于当今之世者，必为新圣笑矣！"

8. 弗

表示否定，可用"不"代之。

我的理解

第一章讲唯物论：道是实在的东西；讲名与实，有与无，同与异的辩证法。第二章继续讲美与丑，善与恶，有与无，难与易，长与短，高与下，音与声，前与后的辩证关系。老子用相反相成，相生相形，相和相随来说明这种辩证关系。由无引入"无为"之事：不言、不始、不有、不恃、不居。

从哲学角度看：一物两面，凡物莫不有对。宇宙是对称的，任何事物都有对立面。一切都处于矛盾统一之中，没有反面就没有正面；没有此就没有彼。两者缺一不可，不能独立存在。过去，我们过分强调矛盾双方互相对立、排斥、斗争，不承认相反的东西有统一性。这种认识是不全面的，现实中，往往是异性相吸，同性相斥。故老子曰："美之为美，斯恶已。"之所以有真善美，是因为假丑恶的存在。美与丑，善与恶，好与坏，对与错，成与败，祸与福是对立的，又互相依存；相对的，又是绝对的。任何事物都有相对的一面，也有绝对的一面。运动是绝对的，又是相对的；静止是相对的，又有绝对的一面。一句相对的话，可以说出了一个绝对的道理：一切处在变化之中，变化之中有不变之规律，即矛盾统一。否认绝对，就是相对主义；否认相对，就是绝对主义。好就是好，坏就是坏，既是绝对的，又不是绝对的。因为在一定条件下，事物是可以转变的，好可能变坏，坏可能变好。"有无相生，难易相成。"金无赤金，人无完人。尺有所短，寸有所长。上与下为什么非要对立、相倾，不能互相支持、支撑？音与声，多与少是对立的，但可以和谐共处，为什么非要争得头破血流？天下皆认为是美德的，其实是丑恶；天下皆认为是善行，其实是不善啊！是打着仁义道德旗号的罪恶。"前后相随"时间概念是间断又连续有序的，说明老子不反对长幼有序。

有人挑毛病，说老子的文章写到这里，突然转折，分成两段。前段讲矛盾统一，辩证关系；后段却讲"圣人处无为之事，行不言之教"，意思是什么事也不要做，什么话也不要说。从文意看，前后不相随，上下文不连贯。白居易还根据第56章："知者不言，言者不知。"第5章："多言数穷，不如守中。"挖苦老子曰："言者不如知者默，此语吾闻于老君。

若道老君是知者，缘何自著五千文。"既然不言，为何又言，自相矛盾。

老子的文章被人议论了两千五百年，明明是辩证唯物思想，被说成是神仙思想。所谓"无为""不言"，不是不说话、不做事，而是少说废话、多办实事。老子从宇宙最普遍的"有无相生"的自然现象，说明言与不言、有为与无为的辩证关系。人有言、有为，而自然界是无言、无为的。人应该法天、法地、法道、法自然，努力做到不言、不为。哪些事不要去为？道生万物不当始祖；生而不占为己有，无占有欲；为之付出而不求回报；功成而不居功自傲。只要不居功自傲，功劳摆在那里，谁也埋没不了。老子关于无私、无欲、无为的论述，言简意赅，前后相随，上下连贯，并不矛盾，没有一句废话。

第三章

古　文	今　文
不尚贤，	不崇尚所谓的圣贤，那都是有钱有势的人。
使民不争。	使人不争权夺利。
不贵难得之货，	不看重、不稀罕名贵难得之财宝。
使民不为盗。	使人不偷不抢。
不见可欲，	视而不见那些可以恣情纵欲、贪图享乐的东西，
使民心不乱。	使人心不乱。
是以圣人之治，	所以圣人治乱的原则是：
虚其心，实其腹。	淡化其私心，满足其合理需求。
弱其志，强其骨。	削弱其过分追求私欲的心志，增强其骨气。
常使民无知无欲。	永远使人不萌生那些无知的欲望。
使夫知者不敢为也。	使那些有这种欲望的人，也不敢胡作非为。
为无为，则无不治。	做到不妄为，则无不治之乱。

查字典

1. 民

在《老子》书中，民有时指百姓，如民之饥，爱民治国；有时却泛指人，包括为官之人，如第 64 章："民之从事，常于几成而败之。"不能理解为，只有老百姓做事，常常快成功时，却失败了。第 53 章："大道甚夷，而民好径。朝甚除，田甚芜，仓甚虚，服文彩，带利剑，厌饮食，财货有余，是谓盗夸。"显然，此处民字泛指人，主要指统治者而非老百姓。老子有时也用万物比喻万众，如"侯王若能守之，万物将自宾"。故"常使民无知无欲"。此处民字泛指人，主要指侯王而不是指老百姓。无知指不要算计老百姓，无欲指无私欲。不能把这句话，理解为愚民政策。

2. 欲

欲望一般指较低层次、原生态、自然本能的生理、心理需求，如食欲、性欲、求生欲望，等等，偏重于物质生活追求；愿望、希望、梦想、理想则是较高层次的精神追求。欲望本是人类生存繁衍天然合理的需求，但自古以来往往走两个极端。一是第 77 章："以其上求生之厚。"致使民众无以生为。第 53 章：他们"朝甚除，田甚芜，仓甚虚，服文采，带利剑，厌饮食，财货有余"。第 12 章：追求"五色、五音、五味、驰骋田猎、难得之货"。第 20 章："熙熙攘攘，如享太牢，如登春台。"为了满足自己的欲望，"以兵强天下，终日行不离辎重；以其上食税之多。""圣人不仁，以百姓为刍狗。"把老百姓不当人，当刍狗，任意踩蹦。另一个极端是"存天理，灭人欲"。要老百姓安分守己，安于贫困，不犯上作乱。

老子认为："祸莫大于不知足，咎莫大于欲得。"物极必反，反对走极端，主张去甚、去奢、去泰，适可而止，知足常乐。圣人最高道德是：无私、无欲、无知、无为、无事，但不能无道。要后其身，外其身，以身为天下。以百姓心为心，爱民治国。让老百姓过上没有战争，不再逃难，甘其食，美其服，安其居，乐其俗，和平幸福的生活。这样的圣人，一般做不到，只要做到少私寡欲，不妄为，不折腾百姓就很不容易了。老子不反对收税，而反对食税之多；不反对圣人的生活过得比百姓好，而反对圣人只顾自己，不顾老百姓死活；主张圣人之治，不主张无政府；主张平等，均贫富，等贵贱，损有余而补不足，以奉天下，不反对有等级差别，不主张绝对平均。

3. 虚

古人对虚字有许多注解：

（1）大山丘。汉书曰："广狐兔之苑，大虎狼之虚。"陆游曰："河出昆仑虚。"

（2）废墟。荀子曰："望鲁之郊，亡国之虚。"

（3）方位、处所。列子曰："用之弥满六虚，废之莫知其所。"

（4）市集。柳宗元曰："虚所卖之。"王安石曰："花间人语趁朝虚。"

（5）谦虚。虚心，虚怀若谷，君子以虚受人。陈亮曰："臣愿陛下虚怀易虑，开心见诚，疑则勿用，用则勿疑。"

（6）徒然，白白地。李商隐曰："贾生年少虚垂泪。"

（7）空隙、弱点。孙子曰："水之行避高而趋下，兵之行避实而击虚。"此虚并非空无一兵一卒。

（8）虚假、虚构、不真实、子虚乌有。楚辞曰："弗省察而按实兮，听谗人之虚辞。"

（9）虚弱、不足、亏损。肾虚并非肾没了，虚心并非心不见了。

（10）虚化、淡化。

有人认为，宇宙分两大部分：一是肉眼看得见的实有宇宙；一是只有心灵才能感受到的虚无宇宙。老子告诉我们：宇宙只有一个，不存在虚无的宇宙。"虚"并非只有空虚，虚无缥缈，空无一物，一种情况。例如"道"，无形可见，却无处不在，有而若无，实而若虚；宇宙看起来虚，实际不是无，而是有，其间充满天体和基本粒子。反之，"实"并非实而无虚。"天下之至柔，驰骋天下之至坚，无有入无间。"再坚硬结实的东西，也会被渗透。任何事物，都不是绝对的。既有绝对的一面，又有相对的一面。要辩证地看，不能只看一面。

我的理解

第二章由"无"引入无为概念，第三章则进一步展开讨论。更具体地提出无为的内容：不尚贤，不贵难得之货，不见可欲。

1. 不尚"贤"

尚贤，选贤任能，唯贤是举，是反对世袭制的。老子主张圣人之治，由圣人来治理国家，有政府不是无政府。当圣人的基本条件是：第51章：要有生而不有，为而不恃，长而不宰之玄德。第7、13章：是以圣人后其身，外其身，以其无私，爱以身为天下者，可寄托天下。第8章：圣人要像水一样，不但要有善利万众而不争的精神，到别人不愿去的、最艰苦的地方去。而且要有善为之本事：居善地，心善渊，与善仁，言善信，政善治，事善能，动善时。第73章：不争而善胜，不言而善应，禅然而善谋。第68章：善为士者不武，善战者不怒，善胜敌者不与，善用人者为之下。第27章：善行、善言、善数、善闭、常善救人救物。圣人要起带头表率作用第57章：故圣人云：我无为而民自化；我好静而民自正；我无事而民自富；我无欲而民自朴。第66章：圣人处上而民不重，处前而民不害，是以天下乐推而不厌。治国的圣人，要由民主选举产生。第36章：鱼不可脱于渊，君与民是鱼水关系。天下者，非一人之天下，禄无常奉，君无常位。这是对"普天之下莫非王土，率土之滨莫非王臣"世袭制、家天下的否定。可见老子是尚贤的，老子心目中理想的圣人是无私、无欲、无为的，希望由这样的圣人来治理国家。怎么会不尚贤呢？这不是自相矛盾吗？然而，在现实中，老子看不到真正的圣贤，却看到太多的假圣人，太多的假仁假义。第5章：圣人不仁，以百姓为刍狗。第18章：大道废，有仁义，智慧出，有大伪，六亲不和，有孝慈，国家昏乱有忠臣。第26章：是以圣人终日行不离辎重，以身轻天下。第53章：朝甚除，田甚芜，仓甚虚，服文彩，带利剑，厌饮食，财货有余。这哪是圣贤，一帮强盗。第75章：以其上食税之多，求生之厚，使百姓无以生为。可见，老子不是不尚贤，而是不尚假圣贤。所谓"贤"本应加引号，由于古文无标点符号，故引起误解。

2. 愚民政策

胡适说："虚其心，实其腹，圣人为腹不为目。是要人吃得饱饱的，做一个无思无虑的愚人，不做有学问知识的文明人。因为知识愈高，欲望愈难满足。又见许多不合意的事，心生无限烦恼。倒不如无知的草木，无思虑的初民，反倒可以混混沌沌，自寻乐趣。"这完全是误解，老子原义是劝当权者虚化、淡化私欲，能满足基本需求，生活过得去就算了。不管怎么说，当权者的生活总比老百姓好很多。适可而止，知足常乐。不要毫无节制地追求五色、五音、五味、驰骋田猎、难得之货。"金玉满堂，莫之能守。"第46章："祸莫大于不知足，咎莫大于欲得。"老子主张甘其食，美其服，安其居，乐其俗。这种高质量的幸福生活，就不只是吃得饱饱的问题。知识越高的人，做学问的欲望是越难满足，但生活欲望却很容易满足。老子以智慧启发人们摆脱混沌，怎能说是愚民政策？孔子曰："上好礼，则民易使也。"子曰："民可使由之，不可使知之。"才是愚民政策。

老子认为，无限制的膨胀，无底洞的欲望，是乱的根源。于是提出无知、无欲。有人指责老子用心何其毒也，要把人变成头脑简单，填饱肚皮，弱小志气，骨骼强壮，四肢发达，没有知识，没有欲望，饱食终日，无所有心，什么话也不说，什么事也不做的废人。关于智与愚，孔子与老子的看法截然不同。子曰：唯上知与下愚不移。樊迟请学稼，子曰：小人哉，上好礼则民莫敢不敬，焉用稼？在孔子看来，学礼是聪明的，学稼是傻瓜。有人辞官归故里，有人漏夜赶科场。有权不用，过期作废，见钱不捞是傻瓜。而老子第20章：荒兮其未央哉！荒淫无度，没完没了。熙熙攘攘，大吃大喝，到处旅游。我独无动于衷，就像婴儿不懂人间享受。他们都很聪明，有本事，而我独予鄙视。我愚人之心也哉，沌沌兮！有人说老子不但自己愚，希望别人也愚。好像愚不是件坏事，倒是一种美德。第65章：古之善为道者，非以明民，将以愚之。民之难治，以其智多。故以智治国，国之贼。不以智治国，国之福。所谓智，不是没有智慧的愚人。而是不要把聪明才智都用在算计老百姓身上，千方百计盘剥、镇压老百姓。统治者越贤、越能、越智、越是雄才大略，压榨老百姓的怪招越多，对老百姓来说，越是灾难。发明杀人武器越先进，对生命威胁越大。老子曰："大智若愚。"列子讲愚公移山的故事，愚公看起来大傻瓜，实际大智慧，而智叟不过是自私自利的小聪明而已。

把这两个问题搞清楚了，第三章讲什么，就不难理解。

第四章

古　文	今　文
道冲， 而用之或不盈。	道是探索宇宙，追求真理的关键和途径。其作用不可估量，是取之不尽，用之不竭的源泉。
渊兮，似万物之宗。	渊博啊！好像是万物之宗旨。
挫其锐，	挫其尖锐的矛盾，
解其纷，	化解（解决）世人的纷争，
和其光，	柔和使人至盲的光芒，
同其尘。	同尘世百姓一样，和群众打成一片。不分亲疏贵贱，一律平等，和谐相处。
湛兮，似或存。	深奥啊！这种说不清，道不明的道，好像存在，又好像不存在。
吾不知谁之子，	我不知道它是谁生的，是怎么产生的。
象帝之先。	但是，有一点可以肯定：它在神仙上帝、帝王将相产生之前，就已经存在。天下不是一开始就是帝王的，也不是神仙上帝创造的。

查字典

1. 冲

可作名词：

（1）交通要冲、要道、关口、关键、首当其冲、重要途径。

（2）表示局部空间，山谷、虚谷，如韶山冲。可与第一章对应理解：道是探索宇宙，追求真理的途径和关键。虽然玄之又玄，却是众妙之门。亦可与第45章"大盈若冲"对应理解：盈是实，冲是虚的。道实而若虚，实有若无，其用无穷。《庄子·天地》曰："大壑之为物也，注焉而不满，酌焉而不竭。"

可作动词：

俯冲、冲锋、冲突、冲动、冲水、冲茶。第42章："冲气以为和。"矛盾统一，解决问题。矛盾双方通过交流、沟通、谈判、比赛、竞争、较量、冲突、斗争，达到意见、行动一致，和平统一。

2. 湛

（1）清澈、精深。阮籍："湛湛长江水，上有枫树林。"欧阳修："湛然而深。""景昊鸣禽集，水木湛清华。"

（2）隐晦。《战国策》："物之湛者，不可不察也。"

（3）沉迷。《庄子·则阳》："夫卫灵公饮酒湛乐，不听国家之政。"

我的理解

中国人讲究为人处世，对"和光同尘"尤其重视，能敷衍处则敷衍，绝不肯得罪人。"和光"被理解为韬光养晦，不露锋芒。"同尘"，混同于尘世之中，潜藏于万物之内。如镜子蒙上灰尘，混合等同，与世无争。《抱朴子》曰："内宝养生之道，外则和光于世。"魏伯阳真人著《参同契》曰："被褐怀玉，外示狂夫。"有道之士，往往装疯卖傻，蓬头垢面，混迹于世。或销声匿迹，隐居山林。

这是道士对老子的曲解，老子根本没有宗教隐居避世的思想。老子是无神论者，也没有神仙思想。"象帝之先"否定了上帝创世说。正如德国哲学家费尔巴哈说的：是人创造了上帝，而不是上帝创造了人。第四章亦是老子唯物论的重要章节。道之为物，有物混成，先天地生。道冲，万物之宗。吾不知谁之子，象帝之先。这些都是唯物论的基本观点。道是物质，物的本质就是无数看不见、摸不着的小东西，这些小东西叫基本粒子。物质不灭，基本粒子是永恒的，不生不死。万物齐一等同，都由基本粒子构成，都有生老病死的过程，全无贫富贵贱之分。故和光同尘，自由平等，是挫其锐，解其纷的最佳办法。然而，自由平等似或存，好像存在又好像不存在，世上不存在绝对的自由平等。这些问题，真有点玄之又玄，说不清，道不明，不是一两句话能讲清楚的，必须用辩证的观点才能理解。

第五章

古　文	今　文
天地不仁，	天地是没有仁爱之心的，没有人的思想意识，没有人性。
以万物为刍（chú）狗。	把万物当成祭祀用的草扎成的刍狗，用完就抛弃。
圣人不仁，以百姓为刍狗。	圣人也没有爱心，没有人性。把百姓不当人，当刍狗。
天地之间，其犹橐（tuó）籥（yuè）乎？	天地之间，不就像一个风箱吗？
虚而不屈，动而愈出。	空虚，而不可压缩，越抽动，就愈越出气。
多言数穷，不如守中。	说多了没用，不如不说。

查字典

1. 刍狗

古人把草扎成狗状，作为祭祀用品，用完就丢弃。元代吴澄注："结草为狗之形，祷雨所用也。既祷则弃之，无复有顾惜之意。天地无心于爱物，而任其自生自灭。圣人无心于爱民，而任其自作自息，故以刍狗为喻。"

2. 橐籥

古称风箱。《淮南子》曰："鼓橐吹锤，以销铜铁。"橐是冶炼铜铁的鼓风装置。籥是吹火竹管或古代管乐器。吴澄曰："橐籥所以吹风炽火之器也。"

3. 数穷

没用之义。数不仅是数目、数量，还数落、数说、责备、列举过错之义。如比较起来，就数他最穷，没用。穷，贫穷，缺少财物；困境，环境恶劣；没办法，走投无路，穷途末路；穷尽、彻底、达到极端、无穷无尽、穷凶极恶；寻根究底，穷物之理。阴阳家理解为：气数已尽。

4. 守中

守是坚守、坚持、遵守。中与外、偏相对。进行之中，中途而返。中间、中央、中等、中正、中游、不上不下、不左不右、不前不后、不偏不倚、不歪不斜、不扭不曲、不高不矮、不胖不瘦。子曰："中庸之为德也。""我叩其两端而竭焉。"孔子所谓中庸之德，看似公正，实是衷中主义。衷中的办法，矛盾还是没解决。却形成保守的中游思想，不思上进。

先进和落后都危险，中游最保险。

道教内丹派的养生理论，源于守中一词。"内守丹田"被奉为养生练功之精义，超凡脱俗之良方。超凡脱俗并非离群隐居，而是脱离本能欲望。他们认为：言多必有失，开口伤元气。多言有损内在精气，扰乱心神。开口神气散，意动火工寒。不如不言不动，像风箱一样，蓄足精气。不动则已，一动惊人。《老子想尔注》曰："五藏所以伤者，皆金木水火土，气不和也。和则相生，战则相克。随怒事情，辄有所发，发一藏则，故克所胜，成痛煞人，不如守中和之道。"司马永祯《坐忘歌》曰："常默元气不伤，少思慧烛内光，少怒百神和畅，不恼心地清凉。不求无谄天骄，不执可圆可方，不贪便是富贵，不苟何惧君王。至精潜于惚恍，大象混于渺茫。"《养生概要》曰："少言语以养内气，寡色欲以养精气，薄滋味以养生气，咽津液以养脏气，戒嗔怒以养肝气，节饮食以养胃气，不漏精以养肾气，慎行藏以养神气。"嵇康说："养生有五难：名利不去为一难；喜怒不除为二难；声色不去为三难；滋味不绝为四难；神虑精散为五难。五者无以胸中，则信顺日齐，道德日全。"

明哲保身者认为："守中"不是守静之义、养生之道，而是不走极端。教人少开口，古人慎言，守口如瓶。多言多失，多事多患。修身养性，与世无争。处无为之事，行不言之教。"柔弱圣之本，老氏忌刚强。无使名过实，守愚圣所藏。勿道他人短，无说己之长。惠人慎勿念，受惠慎勿忘，世誉不足羡。是非只为多开口，烦恼皆因强出头。沉默是金，寡言是福。道贵中和，当由中和之道行之。"老子恐怕做梦也没想到，"多言数穷，不如守中"这句话会被开发成养生理论和明哲保身的座右铭。正相反，本章讲的全是煽动老百姓"造反"的革命理论。

我的理解

（1）天地之间，不就像一个无穷大的风箱吗？好像是空的、虚的，似无实有。其中充满了空气，空气由无数看不见、摸不着的小东西构成。讲了宇宙空间的物质性，那里没有什么玉皇大帝，琼楼仙阁，极乐净土，上帝天堂。

（2）天地不仁，没有爱心，没有人性，没有人的欲望和思想感情。把万物当刍狗，用完就抛弃。道生万物，所谓万物，当然包括所有对的错的、美的丑的、好的坏的、善的恶的，不管人们喜不喜欢，愿不愿意，它都照生不误。第34章："万物恃之以生而不辞，功成而不名有，依养万物而不为主，常无欲。"第16章："万物并作，吾以观复。夫物芸芸，各复归其根。"第51章："故道生之，德畜之，长之育之，亭之毒之，养之覆之。生而不有，为而不恃，长而不宰，是谓玄德。"讲了万事万物产生、发展、消亡的全过程，这是不以人的意志为转移的自然规律。打破董仲舒所谓"天人感应"之说，儒家主张的天人合一，实指天人同类。即天和人同样有思想感情，能喜能怒，能惩恶扬善，天和人能互相感应，目的是树立君权天授之权威。老子主张的天人合一，指天和人是一个整体。"域中有四大，而人居其一焉。"人只是天地的组成部分，但不同类。人有思想，天地没有。

（3）天地不仁，没有人的思想意识，没有爱心，没有人性，是自然的。而圣人不仁，没有爱心，没有人性，把老百姓不当人，当刍狗，却是人为的。天地之间，不就像大风箱吗？风箱里的气体是由无数小粒子构成的。而国家是由众多小小老百姓构成的。虚而不屈，是不可压缩的。第72章："民不畏威，则大威至。夫唯不厌，是以不厌。"烹小鲜，鱼肉百姓。越折腾，越压迫，越出气，越反抗。说多了没用，不如行动，才有出路，这是典型的革命道理。

（4）不只孔子讲仁，老子也讲仁。老子讲以百姓心为心，爱民治国。孔子只爱天子、君子，不爱下愚的庶人、鄙夫、小人，连自己的学生宰我、冉求都不爱，要鸣鼓而攻之。

第六章

古　文	今　文
谷神不死， 是谓玄牝（pìn）。 玄牝之门， 是谓天地根。 绵绵若存， 用之不勤。	深山峡谷，神秘莫测。 就像玄妙的雌性生殖器。 雌性产门。 是天地之根，孕育天地，生养万物。 这种神秘的生殖现象，绵绵不绝，生生不息，妙用无穷。是普遍的， 永不停止的自然现象。

查字典

1. 谷

（1）山谷。逢大雪，坑谷皆满。陷入困境，进退维谷。

（2）粮食总称，五谷杂粮。

（3）谷道。气功理论认为：谷即丹田，神为元气。辟谷道引，养生之道。

（4）谷神。古代以稷为百谷之长，稷是一种黍粟粮食作物，被奉祀为谷神。

2. 神

（1）神灵。天地万物的创造者和主宰者。《后汉书》曰："西方有神名曰佛。"宗教迷信崇拜人格化的神灵，如上帝、神仙、佛陀。《屈原国殇》："身既死兮神以灵，魂魄毅兮为鬼雄。"人死后，灵魂出窍，脱离躯体，在空中游荡，成为鬼魂。心为出世之宗，丹为延年之药，服之羽化成仙。敬之如神，尊之如父。

（2）精神。庄子认为神是精神，不是神仙。《知北游》："精神生于道。"《充德符》："神不可离形。"《大宗师》："有其人后有其知。"荀子曰："形具而神生。天下无独燃之火，世间安得有无体独知之精？"东汉桓谭曰："精神居形体，犹火之燃烛矣。"南北朝范缜曰："形存则神存，形谢则神灭。形者神之质，神者形之用。未闻刀没而利存，岂容形亡而神在也。"常言道："只是神交，未曾会面。"

（3）神秘、神奇、玄妙。《周易》："阴阳不测之谓神。"《孟子·尽心下》："大而化之之谓圣，圣而不可知之之谓神。"

（4）功夫高超。荀子曰："不见其事，而见其功，夫是之谓神。"神功、神医、神童、神笔、神速、神机妙算。道家理想中得道之人为神人，《逍遥游》："至人无己，神人无功，圣人无名。"

（5）表情，脸色。眼神、神色、神气、神情、神不守舍、神采奕奕、神魂颠倒、神气活现。

（6）名词。精神病、神经病、死神、神州。火燎神州，洪流华域。神农尝百草，教民务农。国画不求形似，求神似。

可见，神字有许多含义。不要看到谷神二字，就说老子信鬼神。《老子》多次提到谷字。例如：第15章："旷兮其若谷。"第28章："知其荣，守其辱，为天下谷。"第32章："譬道之在天下，犹川谷之于江海。"第41章："上德若谷。"并不是以谷为神，而是把道比喻为山谷。神不是神仙，而是神秘、神奇、玄妙、深奥之义。

3. 牝（pìn）

雌性。牡（mǔ）雄性。丘陵为牡，溪谷为牝。牝鸡司晨，必有灾异。与儒家男尊女卑观点相反，老子尊重妇女，推崇玄牝为天地之始，万物之母。世人崇拜雄性男根，老子崇拜玄牝之门。第67章：女人虽然柔弱，但慈故能勇。当子女遭遇危险时，伟大的母爱能产生巨大的勇气，以慈卫之。

我的理解

所谓"谷神不死，是谓玄牝"，讲道生万物和母亲生孩子一样，生生不息，是永恒的主题，其作用不言而喻。

第七章

古　文	今　文
天长地久。 天地所以能长且久者， 以其不自生， 故能长生。 是以圣人后其身而身先， 外其身而身存。 非以其无私邪？ 故能成其私。	天长地久。 天地之所以能长久， 是因为它不为自己而生。 不自私，故能长生。 所以，圣人把自身利益放在百姓利益之后。而身先士卒，起带头作用。 不考虑自身，把生死置之度外。不怕死，反而不死。不怕牺牲，反而能身存。 难道这不是因为他的无私吗？ 所以能成就自己的理想和抱负。

我的理解

　　道生天生地生万物，却没有一样是为自己的需要而生。天无私覆，地无私载。老子主张，圣人要像天地那样无私奉献。

第八章

古　文	今　文
上善若水。	最高尚的道德就像水，润物细无声。
水善利万物而不争，	水善于滋润万物，无私奉献，不争名夺利，不求回报。
处众人之恶，	人往高处走，水往低处流，处众人不愿去的地方，
故几于道。	其德近于道。
居，善地。	水善于适应地势，把握形势。
心，善渊。	善于思考，知识渊博。
与，善仁。	善于奉献爱心。
言，善信。	言而有信，善于取得众人信任。
政，善治。	从政，善于治理。
事，善能。	善于处理矛盾，有能力，会办事。
动，善时。	行动，善于抓住时机，善始善终。
夫唯不争，故无忧。	只有不争名夺利，善于牺牲个人利益，才能高枕无忧。

我的理解

　　韩非批评老子说话片面，人不喝水会死，但喝多了也会溺水身亡。洪水肆虐，人或为鱼鳖。可见，水并非上善。这不是抬杠嘛！饭吃多了也会撑死人，能因噎废食，怪饭不好吗？说话哪能面面俱到，老子不过打个比方。说最好的事情就像水善利万物，最大的功德是普利万众。不但要有无私奉献的精神，还要有善利万众的本事。与善仁，说明老子不反对仁，而是反对假仁假义。

　　还是孔子说的有道理，子曰："知者乐水，仁者乐山；知者动，仁者静。"孔子说：老子喜欢水，喜欢动，喜欢变；我喜欢山，喜欢静，喜欢不变。孔子和老子的主张的确不同。子曰："无为而治者其舜也与？夫何为哉？恭己正南面而已矣。"孔子认为：无为而治是南面之术，舜法先王，照搬尧的统治方法，一切照旧，丝毫不变，就是无为而治。与老子主张不扰民，不折腾百姓，爱民治国，无为而治的理念完全不同。

　　或曰："以德报怨，何如？"子曰："何以报德？以直报怨，以德报德。"有人问孔子：老子主张以德报怨怎样？孔子立即回答：只能对等，以德报德，以怨报怨，不能以德报怨。对于怨恨，必须以眼还眼，以牙还牙。直接打击报复，严厉镇压。不能让步原谅，绥靖妥协，助长怨气。老子则认为：首先要分清敌我矛盾还是人民内部矛盾。第63章：对老百姓的怨气，要宽大为怀，为无为，事无事，报怨以德。如果以直报怨，冤冤相报，何时了。第79章：

"和大怨，必有余怨，报怨以德，安可以为善？"大怨是不可调和的敌我矛盾，报怨以德，怎么可以成为妥善解决矛盾的好办法？

不管乐山还是乐水，无为而治，报怨以德，二人观点针锋相对。有一点可以肯定，孔子读过《老子》一书，对老子思想非常了解。于是，老子在孔子之后一说，不攻自破。

第九章

古　文	今　文
持而盈之，	端着满满一碗水，再加，必然会溢出来。
不如其已。	不如适可而止，就此罢手。
揣（chuǎi）而锐之，	刀磨得再锋利，
不可长保。	也难保长久。
金玉满堂，	金玉满堂，身外之物。生不带来，死不带去。
莫之能守。	当守财奴，是守不住的。
富贵而骄，	富贵而骄，
自遗其咎（jiù）。	自食其果。
功成身退，	进一步，悬崖峭壁。退一步，海阔天空。
天之道也。	不要只知进，不知退。功成身退，天道自然啊！

我的理解

老子告诉我们：物壮则老，物极必反。任何事物都有个度、范围、底线、极限，这是事物发展的转折点。过度、过分，超出范围，越过底线，发展到极点，事物会向自己的反面转化，发生质的转变。月盈则亏，水满则溢。老子的财富观是：见素抱朴，少私寡欲。金玉满堂，莫之能守。富贵而骄，自遗其咎。不见可欲，不追求五色、五音、五味、驰骋田猎，不贵难得之货。为腹不为目，后其身而不争。去甚、去奢、去泰。甚爱必大费，多藏必厚亡。知足不辱，知止不殆。祸莫大于不知足，咎莫大于欲得。老子对物质享受是："我独泊兮，其未兆。"淡泊宁静，无动于衷。对知识财富的追求，却是欲以观其妙，欲以观其徼，犹如海纳百川，永不满足，这也是老子的价值观。《庄子·逍遥游》曰："尧让天下于许由，许由曰：名者实之宾，吾将为名乎？鹪鹩巢于深林，不过一枝。偃鼠饮河，不过满腹。"许由说：名是实的影子，我不为名，不当影子。广厦万间，不过一席，美食万种，不过满腹，我贪那么多干什么？中国台湾首富王永庆给子女的信中说："财富虽然是每个人都喜欢的事物，但非与生俱来，也不是任何人可以随身带走。人经由各自努力程度之不同，在其一生中，固然可能积累或多或少财富。然而当生命终结，辞别人世之时，这些财富将全数归还社会，无人可以例外。"唐太宗李世民曰："人主好奇技淫声，鸷鸟猛兽，游幸无度，田猎不止。如此则徭役烦，徭役烦则人力竭，人力竭则农桑废焉。人主好高台深池，雕琢刻镂，珠玉珍玩，如此则人财遗，人财遗则饥寒之患生焉。乱世之君，极其骄奢，恣其嗜欲。朕每思，伤其身者不在外物，皆由嗜欲以成其祸。若耽嗜滋味，玩悦声色，所欲既多，所损亦大。又扰生民，且复出一非理之言，百姓为之解体。怨恨既作，离叛亦兴。朕每思此，不敢纵逸。看古之帝王，有兴有衰，犹朝之有暮。皆为蔽其耳目，不知时政得失。忠己者不言，邪谄者日进，既不见过，故至灭亡。君者舟也，庶者水也。水可载舟，亦可覆舟。天子者，有道则人推为主，无道则人弃而不用，诚可畏也。"唐太宗能自我约束源于深刻认识。老子曰："使夫知不敢为也。""人之所畏，不可不畏。"人要有敬畏之心，老子和李世民敬畏老百姓。而孔子有三畏：畏天命，畏大人，畏圣人之言，就是不畏老百姓。

　　俗儒历来追求功名，升官发财。"名不显时心不死，再挑灯火看文章。""有人辞官归故里，有人漏夜赶科场。"当了官就"鱼肉百姓，以盈其欲"。马克思《资本论》说："只要还有一块肉，一根筋，一滴血可供榨取，吸血鬼就决不罢休。"老子曰："民之饥，以其上食税之多。民之轻死，以其上求生之厚。民不畏死，奈何以死惧之。民不畏威，则大威至。"当李闯王攻入紫禁城，明崇祯皇帝用剑砍杀长平公主时叹曰："汝何故生我家！"末代皇帝刘准被推上断头台时哭曰："愿后身世代，勿生帝王家。"多少人梦想当皇帝，不是为百姓谋利，而是为了自己享尽荣华富贵，不顾百姓死活，最终悔之不及。

第十章

古 文	今 文
载营魄抱一，能无离乎？	载体和心魄，形神兼备，言行一致，能做到不分离吗？
专气致柔，	对理想抱负，专心致志，执着追求，但思想不僵化。
能如婴儿乎？	能像婴儿那样，未受精神污染，没有私心杂念，纯真可爱吗？
涤除玄览，能无疵乎？	涤除心灵深处的私心杂念，能做到无瑕疵吗？
爱民治国，能无为乎？	爱民治国，能做到不胡作非为，折腾老百姓吗？
天门开阖（hé），能为雌乎？	天塌下来，能像母亲勇敢护卫孩子那样，爱护百姓吗？
明白四达，	明白事理，豁达四方，能做到没有心计，没有权术，没有歪门邪道，
能无知乎？	没有阴谋诡计吗？
生之畜之，生而不有，	生它养它，生而不占为己有，
为而不恃，长而不宰，	为之付出而不求回报，长肥了也不宰割，
是谓玄德。	这种无私奉献的精神，就叫作最高深的道德。

查字典

1. 载

（1）zǎi：记载，一年半载。

（2）zài：装载，承载，载体。庄子曰："天无私覆，地无私载。"

（3）盛放、充满、包含、包容、包括。"柳子载肉于俎"，怨声载道。本章载字有包括之义。

2. 营

（1）营造、营建。苏轼曰；"此阁几何高，何人之所营？"

（2）经营、钻营。《后汉书》："安贫乐道，与世无营。"司马迁曰："一心营职。"

（2）营地、军营、营垒。本章营字有实体、形体之义。

3. 魄

魂与魄皆指人的精神，但有本质区别。古人认为：精神依附形体而存在者为魄，魄随形而生，随形而灭，体与魄不可离。能离形体而存在者为魂，人死后，灵魂出窍，脱离躯体，在空中游荡，成为阴间鬼魂。《楚辞招魂》："魂魄离散，汝筮（zhì用草占卦）予之。"儒者韩愈："山川阻深，魂魄流行。"魂牵梦绕，古人还把梦误为魂。屈原曰："昔余梦登天兮，魂中道而无船。"白易居："五年生死隔，一夕魂梦通。"温庭筠："杜鹃魂厌蜀，蝴蝶梦悲庄。"苏轼："梦绕云山心似鹿，魂飞汤火命如鸡。"体与魄，灵与肉，精神与物质的关系，一直是人们，特别是哲学家争论的焦点。

陆游不相信什么鬼魂，《放翁家训》曰："近世出葬，或作香亭、魂亭、寓人、寓马之类，一切当屏去。"王充曰："人死血脉竭，竭而精气灭，灭而形体朽，朽而成灰土，何为鬼？"《左传》曰："人生始化曰魄。"《黄帝内经》把魄作为人体的一部分。《素问》曰："魄门亦为五藏使，水谷不得久藏。"魄门，体魄之门即肛门，有进必有出，人离不开肛门。东汉道士兼科学家张衡《灵宪》曰："故月光生于日之所照，魄生于日之所蔽。"两千多年前，张衡已经认识到月本身不发光，月之所以亮，是反射日光之故。魄是一种自然现象，精神是物质的反映。作为唯物论者，老子只讲魄，不讲魂。"载营魄抱一，能无离乎？"主张形神合一，体魄不可离。

我的理解

营魄抱一，专气致柔，涤除玄览，天门开阖，明白四达。被后人理解为精、气、神的养生之道，从而开发出《黄帝内经》的中医理论，太极拳和气功理论，这是老子做梦也没想到的副产品。老子在本章主要目的是提出无为的治国理念，这个基本理念的核心就是爱民治国。这和现在的群众路线，为人民服务的根本宗旨是一致的，与孔子的忠孝礼乐、仁义道德，以礼治国是对立的。

老子对掌权者以及想当官掌权的人，一连提出六个问题：

（1）你能做到营魄抱一，言行一致吗？第22章：是以圣人抱一，为天下式。圣人要表里一致，作天下人的表率。

（2）你能像婴儿那样纯洁而充满活力吗？所谓专气致柔，不是意守丹田，精神专注，排除杂念，一念代万念。而是思想像婴儿那样纯真，尚未受到私心杂念的精神污染。老子多次以婴儿比喻新生事物，第20章："沌沌兮，如婴儿之未孩。"我对熙熙攘攘，争先恐后，大吃大喝，到处游玩，淡泊宁静，无动于衷，甚至予以鄙视。混混沌沌，就像还没长大的婴儿，不懂人间享受。第28章："常德不离，复归于婴儿；常德不忒，复归于无极；常德乃足，复归于朴。"常德指生而不有，为而不恃，长而不宰之玄德。回归自然，回归纯朴的初生状态。无极指不走极端，去甚、去奢、去泰。第49章："圣人皆孩之。"圣人都要像关爱孩子那样关爱老百姓。第55章："含德之厚，比于赤子。"虽然柔弱，却有很强的生命力。物壮则老，故坚强者死之徒，柔弱者生之徒，新生事物终将取代老旧事物。

（3）涤除心灵深处的私心杂念，能做到无瑕疵吗？

（4）爱民治国，不烹小鲜，鱼肉百姓，能无为吗？

（5）天塌下来，能像母亲勇敢护卫孩子那样，爱护百姓吗？

（6）明白事理，豁达四方，能无知乎？所谓无知，不是没有知识，而是做人不要太有心机，老要算计别人。第65章：以智治国，国之灾难。所谓智，指把聪明才智全用在如何盘剥老百姓。这样的统治者越聪明，老百姓就越倒霉，故应愚官，而非愚民。老子认为：生之畜之，生而不有，为而不恃，长而不宰，是德。《管子·心术上》："化育万物谓之德。"而统治者认为是傻瓜。

秦始皇可谓雄才大略，以法治国，建立郡县制，影响至今。但他缺乏爱民治国理念，结果害人害己，使强大帝国毁于一旦。所以，只想当官捞好处，没有树立根本宗旨，虽然很有本事，却不想为民办事的人，趁早别当官。因为这样的人一旦当官，就会像秦始皇那样，害人害己。

第十一章

古　文	今　文
三十辐共一毂，	三十根辐条共一个轮毂，
当其无，	毂孔是空的，可穿轴，能转动，
有车之用。	车才有用。
埏（shān）埴以为器，	用模具和黏土制作陶器，
当其无，	中间是空的，能盛东西，
有器之用。	这种陶器才有用。
凿户牖（yǒu）以为室，	开门窗，成其屋，
当其无，	房间是空的，
有室之用。	能住人，才有用。
故有之以为利，	有，指实物。例如辐条、轮毂、车子、模具、黏土、陶器、房屋等实物，有利用价值。
无之以为用。	无，指空间。能使这些实物发挥作用。

查字典

1. 埏

制作陶器用的模具。

2. 埴

制作陶器用的黏土。《管子·任法》："昔者尧之治天下也，犹埴之在埏也，唯陶之所以为。"

3. 牖

窗子。

我的理解

　　本章以轴孔、陶器、房间为实例，讲有与无的辩证关系，阐明"有"有用，"无"也有用，而且有大用。汉武初年，淮南王刘安著《淮南子》曰："走不以手，缚手走不能疾。飞不以尾，屈尾飞不能远。物之用者，必待不用者。物莫不因其所有，而用其所无。"解释有与无，有用与无用的辩证关系。有之为利，无之为用。有是有利用价值，无是使有能发挥作用的空间。没有空间，车辆、陶器、房屋等实有的东西都没用。

在我们看来，有钱才有用，没钱用什么？当然没用。因此，希望拥有，不喜欢一无所有。老子善于逆向思维，反过来想一想。因此，看问题比我们全面、深刻。"有之以为利。"有当然好，有利，可以利用。但"无"并非绝对不好，试想一想，如果没有轴孔，车子还有用吗？陶器是实的，能盛东西吗？房间不空，能住人吗？没有空间，能发展吗？"故无之以为用。"只有无，有才能发挥作用。

任何事物都有两面性，有利的一面，又有害的一面。有钱是好事，处理不好，既会害自己，又会害子女。无有时反倒更好些，穷时夫妻恩爱打拼，富了却劳燕分飞。不能同甘，只能共苦。

在孔孟看来，只有当官，才是有本事，有用的人，劳心者治人。没本事，没用的人，只能当一介草民，劳力者治于人。所以，孔子什么都不教，只教学生怎么当官从政。樊迟学稼，孔子骂他小人哉，"上好礼而民莫敢不敬，焉用稼？""耕也，馁在其中矣；学也，禄在其中矣。""吾少也贱，故多能鄙事。"

在老子看来，一滴水微不足道，好像没什么用，一旦汇成洪流，则有大用，具有无坚不摧，攻无不克的力量。第43、78章："天下莫柔弱于水，却能驰骋天下之至坚，无有入无间。攻坚强者莫之能胜，以其无以易之。弱之胜强，柔之胜刚。"一介草民微不足道，只能任人宰割。一旦觉醒，团结起来，汇成革命洪流，就能改天换地，谁也无法阻挡。国际歌唱道："莫要说我们一无所有，我们要做天下的主人！"要树立信心，不要以为一无所有无用。无不但有用，而且有大用。

第十二章

古　文	今　文
五色令人目盲。	五光十色，令人目盲，分不清是非，看不到方向。
五音令人耳聋。	五音轰鸣，令人耳聋，失去辨别能力。
五味令人口爽。	五味美食，令人口爽。吃了还想吃，吃得脑满肠肥，一身赘肉。损害健康。
驰骋田猎，令人心发狂。	纵情猎艳，令心发狂。
难得之货，令人行妨。	贵重宝物。令人铤而走险。
是以圣人为腹不为目，	人生的诱惑太多，祸莫大于不知足，咎莫大于欲得（46 章）。圣人不追求这些东西，只要满足合理生活需求，能吃饱，穿暖，钱够用就行了。追求实际，去甚、去奢、去泰，不走极端。不图过眼云烟，追求荣华富贵，虚荣享乐。
故去彼取此。	所以，有为与无为，去彼取此。如何选择、取舍，可要想清楚。

我的理解

这章应该好理解。所谓"为腹不为目"，是对掌权圣人的要求，而不是对老百姓的要求。老百姓没有条件追求五色、五音、五味、驰骋田猎、难得之货。因此，绝不是胡适说的："要人吃得饱饱的，做一个无思无虑的愚人。"

《红楼梦》跛足道人的《好了歌》唱道：

世人唯有功名忘不了，古今将相在何方，荒冢一堆草没了。

世人只有金银忘不了，终朝只恨聚无多，及到多时眼闭了。

世人只有娇妻忘不了，君生日日说恩情，君死又随人去了。

世人只有儿孙忘不了，痴心父母古来多，孝顺子孙谁见了。

世上万般好便是了，了便是好。若不了，便不好。若要好，须是了。

甄士隐注解曰：陋室空堂，当年笏满床。衰草枯杨，曾为歌舞场。蛛丝儿结满雕梁，绿纱今又在篷窗上。说什么脂正浓，粉正香，如何两鬓又成霜？昨日黄土陇头埋白骨，今宵红绡帐底卧鸳鸯。金满箱，银满箱，转眼乞丐人皆谤。正叹他人命不长，那知自己归来丧。训有方，保不定日后作强梁。择膏粱，谁承望流落在烟花巷。因嫌纱帽小，致使锁枷扛。昨怜破袄寒，今嫌紫蟒长。乱哄哄你方唱罢我登场，反认他乡是故乡。甚荒唐，到头来都是为他人作嫁衣裳。忽喇喇似大厦倾，昏惨惨似灯将尽。好似食尽鸟投林，落了片白茫茫大地真干净。

　　红楼梦描写的社会现象和老子第 53 章的"朝甚除，田甚芜，仓甚虚；服文彩，带利剑，厌饮食，财货有余，是谓盗夸"。"民之饥，以其上食税之多。民之轻死，以其上求生之厚，使百姓无以生为。民不畏死，奈何以死惧之。民不畏威，则大威至。"等说法不谋而合。

第十三章

古　文	今　文
宠辱若惊，	得宠和失宠受辱，都会惹得你胆战心惊。
贵大患若身。	这是因为你太看重大患惹身。
何谓宠辱若惊？	什么叫宠辱若惊？
宠为下，	当然是上宠下，
得之若惊，	得宠吃惊，
失之若惊。	失宠也吃惊。
是谓宠辱若惊。	这就叫宠辱若惊。
何谓贵大患若身？	什么叫贵大患若身？就是大难临头。
吾所以有大患者，	吾之所以有大患，
为吾有身。	是因为我有身份，有顶乌纱帽。
及吾无身，	如果我没有身份，没有乌纱帽，
吾有何患？	我怕什么？
故贵以身为天下，	所以，有高贵身份的人，能献身为天下者，
若可寄天下；	就可以把天下之重任，寄托给他。
爱以身为天下，	爱岗敬业，献身天下者，
若可托天下。	就可委以天下之重任。

我的理解

本章讲老子的荣辱观、得失观。为什么得宠和失宠，都会使人惊恐不安？这是因为有身份、有乌纱帽、有私利，怕失去。如果没有，怕什么？不为物情所累，不为宠辱所困，不为得失所忧，吾有何患？庄子所说的"无我"，不是抛弃自我，而是不患得患失，不为荣辱所动。所以，外其身、后其身、献身天下者，可委以天下之重任。这是老子选举圣人的标准。唐朝陆希声曰："是贵爱天下，非贵爱自身。得失不在己，忧患不为身。可以大位寄托之。此大道之行，公天下之意也。"范仲淹《岳阳楼记》曰："不以物喜，不以己悲。居庙堂之高，则忧其民。处江湖之远，则忧其君。进亦忧，退亦忧，然则何时而乐耶？其必曰：先天下之忧而忧，后天下之乐而乐。"有人评曰："千古名言一大抄，范仲淹此言，源自老子。"

第十四章

古 文	今 文
视之不见，名曰夷。	看不见，叫无形。
听之不闻，名曰希。	听不到，叫无声。
搏之不得，名曰微。	摸不着，叫微小。
此三者，	此三者，没必要追问到底，我也不知道是什么东西。只知道它混合为
不可致诘（jié）。	一个整体。实在要问，只能说：常自然，（51章）即自然形成的。
故混而为一。	自己这样，本来就这样。
其上不徼，	其上不是光明的天堂仙境，
其下不昧。	其下不是黑暗的阎王地狱。
绳绳（mǐn）兮不可名，	延绵不断，混沌一片，不可名状。
复归于无物，	复归于无形之物，但不是空无一物。
是谓无状之状。	这种无形无状之物，是有不是无。是实有不是虚无。
无物之象，	所谓复归，就是回归到没有形状的初始状态，即回归自然。
是谓惚恍。	这种无物的现象，叫作惚恍。是动态的，变化的，普遍的，永恒的。
迎之不见其首，	存与亡，有与无，生生死死，永不停止，连续不断，看不到头，见不
随之不见其后。	到尾。
执古之道，	掌握自古有之的规律。
以御今之有。	以驾驭至今有之的现实。
能知古始，	就能认识万物之本源、本质。
是谓道纪。	这是道的核心，纲领性问题。

查字典

1. 夷

平，平坦，夷为平地；夷灭，赶尽杀绝。《后汉书》："夫道有夷崇。"《吕氏春秋》："灭其社稷，夷其宗庙。"《史记》："事发，夷九族。"河上公注："无色曰夷。"

2. 诘

追问，责问。

3. 昧

昏暗，不明朗，不明不白，愚昧无知，冒昧鲁莽。

4. 绳（shéng）

绳子，绳之以法。《史记》："故绳者，直之至也；衡者，平之至也。"《旧唐书》："欲以峻法绳骄兵。"

绳绳（mǐn）兮，连续不断的样子。

5. 恍惚

不真切，不清楚，隐隐约约，似有似无，模糊不清，不易辨认。精神恍惚，不集中。恍然大悟，突然明白。仿佛，恍如隔世。动态的，很快，闪烁不定。

6. 纪

头绪，法度，准则，纲领，纪律，世纪。《墨子·尚同上》："古者圣王为五刑，请以治其民。譬若丝缕之有纪，网罟之有纲。"《吕氏春秋》："用民有纪有纲，壹引其纪，万目皆起。壹引其纲，万目皆张。"《庄子·天运》："是故鬼神守其幽，日月星辰行其纪。纪纲既定，天下大定。纪纲既乱，乃灭而亡。"

我的理解

这一章是老子的道论，即辩证唯物论的重要章节之一，常被忽视。本章讲道的物质性：道虽然看不见，听不到，摸不着，却是实际存在的无数微小的东西。不要追根问底，我不知道是什么东西，只知道它们混合成一个整体，故混而为一。吾不知谁之子，吾不知其名，强之曰："道"。我也不知它们是怎么产生的，叫什么，勉强叫道吧。道是无数小东西的混合体，这种混沌体，上不是光明的天堂，下不是黑暗的地狱。无边无际，无始无终，绵延不断，不可名状。道生万物，万物并作，夫物芸芸，最终各复归其根，复归于无物。不是复归于空无一物，而是复归于无形之物，又回到没有形状的本质、本然状态，即回归自然。这种无形之状态，无物之现象，叫作惚恍。它是动态的，变化的，普遍的，永恒的。生生死死，有无相生，永不停止，连续不断，看不到头，见不到尾。掌握这种自古有之的自然规律，以解决当今之现实问题，这是道的核心、纲领。

有人说："老子为我们描绘了一个超乎物质世界之外，看不见，听不到，摸不着，混混沌沌，恍兮惚兮，连他自己都不知道是什么的东西，如何古为今用？"这个问题只有用现代科学知识才能说清楚。老子所说的道，不是超乎物质世界之外的东西。恰恰相反，道之为物，道是物质，物的本质是无数看不见，听不到，摸不着，却实际存在的小东西。有物混成，先天地生。宇宙是由无数小东西混合而成的，这些小东西在世界产生之前就已经存在。这无数的小东西就是科学家说的基本粒子，只有基本粒子才完全符合老子所描绘的东西。有人质问老子："何以知其然哉？"老子曰：我确实不知道是什么东西，我只知道大由小构成，再大的东西都由小东西构成，如此而已，就这么简单。引申到现实，天下也是由小小老百姓构成的。象帝之先，天下一开始并不是帝王将相的。因此，普天之下，莫非王土；率土之滨，莫非王臣，是强盗理论。这不就是古为今用了吗？

第十五章

古　文	今　文
古之善为道者， 微妙玄通， 深不可识。 夫唯不可识， 故强为之容： 豫兮若冬涉川。 犹兮若畏四邻。 俨兮其若客。 涣兮若冰之将释。 敦兮其若朴。 旷兮其若谷。 混兮其若浊。 孰能浊以静之徐清？ 孰能安以久动之徐生？ 保此道者， 不欲盈。 夫唯不盈， 故能蔽而成新。	古代善于应用道的人，都能理解： 道之微妙玄通， 深不可识。 而尚未深刻理解的人， 勉强用犹豫不决来形容他们的心态： 豫兮，就像冬天涉川，战战兢兢，如履薄冰。 犹兮，一方面害怕强大的四邻。 另一方面，又俨然像个客人，想去四邻做客。 这是既害怕又喜欢的一种心态。 思想涣散，意见不一，就像冰雪即将融化。 敦厚迟钝，就像一根未经雕琢的呆木。 空旷，就像山谷一样空虚，好像很虚心。 实际很糊涂，混沌得就像污泥浊水。 谁能让浊流静止，使之慢慢澄清？ 谁能让动乱已久的社会慢慢安定下来，从而露出一线生机？ 保此道者， 不想满足现状。 只有不满足， 才能推陈出新。

查字典

1. 犹豫

《说文·犬部》："犹，猴类。"《水经注》："山多犹猢，似猴而短足，好游岩树。"豫，大象。这两种动物生性好疑，警觉而戒备。《史记·楚世家》："楚王业已欲和于秦，见齐王书，犹豫不决，下其议群臣。""平原君犹豫，未有所决。"《楚辞·离骚》："心犹豫而狐疑兮，欲自适而不可。"《汉书》："王，王后计欲毋遗太子，遂发兵，计未定，犹豫十余日。"可见，犹豫表示一种小心翼翼，动摇不定，迟疑不决，拿不定主意的心态。

2. 俨

俨然、好像；庄重、严肃。《官场现形记》："后来丈夫捐了官，当了差。越发把她

156

扬气得了不得，俨然一位诰命夫人了。"

3. 朴

未经加工的天然原木。《王充论衡》："无刀斧之断者，谓之朴。"艰苦朴素，朴实厚道，返璞归真。《汉书》："兆民反本，抱素怀朴。"《吕氏春秋》："民农则朴，朴则易用。"《商君书》："农民不伤，奸民无朴。"

4. 蔽

蔽、弊相通，又有区别。遮盖、蒙蔽，一言蔽之，浮云蔽日。陈旧、破烂。《史记》："狐裘虽敝，不可补以黄狗之皮。"弊端、弊病，营私舞弊。

我的理解

本章描述了有些人，既喜欢道，又心存疑虑的心态。老子敦促人们消除疑虑，心怀若谷，接受道的思想。第 30 和 55 章："不道早已。"第 43 章："吾是以知无为之有益。"道取之不尽，用之不竭。第 70 章：虽然道玄之又玄，但"吾言甚易知，甚易行。言有宗，事有君"。因为我说的，都是有根有据的事实。

什么才能使浑水浊流静止下来，得以澄清？什么才能使动乱已久的社会安定下来，从而露出生机？只有道，不满足于现状，才能推陈出新。用现在的话说，只有按老子的思路，接受辩证唯物主义思想，才能改革创新。

第十六章

古 文	今 文
致虚极，	虚才能容，致虚极，是最大的宽容。看淡一切，坚守宁静。
守静笃（dǔ）。	笃是虔诚，真心诚意。不要动乱，要宁静，不折腾百姓。
万物并作，吾以观复：	从万物竞相产生的过程中，吾观察到一种复归现象：
夫物芸芸，	芸芸众生，万物蓬勃发展后，终将各自复归其根本，回归自然。
各复归其根。	最终都要返回各自的本原，这是旧生命的终点，新生命的起源。
归根曰静，	归根就叫宁静，宁静就是复命。
静曰复命。	所谓命运，就是生命运动的轨迹。重复有与无，生死存亡，这种生生
复命曰常，	死死，永不停息的生命现象，是普遍的、永恒不变的自然规律。
知常曰明。	懂得这种规律叫聪明。
不知常，妄作凶。	不懂规律，贪生怕死，贪得无厌，肆意妄为，命运将很凶险。
知常容，	生与死是每个人非走不可的道路，不是不想死就可以不死。
	懂得这种不可抗拒的自然规律，就要从容面对。
容乃公，	对生死都能从容面对、都能包容的人，还有什么不能面对、不能包容？
	金钱地位，生不带来，死不带去。想到这里，心地无私自然宽。心胸
	宽阔，万事都能包容的人，往往是大公无私的人，故曰容乃公。
公乃全，	大公无私的人，最公平正义，不会偏袒任何一方，故曰公乃全。
全乃天，	天是最全的，包容一切，故曰全乃天。
天乃道，	天就是宇宙，宇宙由物质（道）构成的。
道乃久，	物质不灭，不生不死，没有时空限制，永不消亡，故曰道乃久。
殁（mò）身不殆（dài）。	终身没有危险，谁也危害、改变不了它，故曰殁身不殆。

查字典

1. 笃

深信，重视，专注，虔诚。《史记》："守志称笃。"笃定，肯定；笃信，坚信；笃行，力行；笃论，定论；病笃，病重。

2. 作

《管子·法法》："曹党起而乱贼作。"《史记》："桀纣失道而汤武作。"王充："周秦之际，诸子并作。"《老子》："万物并作，夫物芸芸。"有万物竞相产生，蓬勃发展之义。芸芸众生，众多的样子。

3. 殁

死亡，没有，终身。

4. 殆

不停、不息；危险，知己知彼，百战不殆。

我的理解

许多研究老子的人认为：本章主要讲致虚、守静的人生哲学。虚无是道的本体，"致虚极"是要人们排除物欲的诱惑。做到清心寡欲，知常守静。在诱惑面前，保持冷静的头脑和一颗清醒的心。在社会巨变新形势下，不迷失自我。这样理解，并非不可。但从总体看，老子更注重从哲学层面上讲社会问题。不专讲修身养性，人生问题。

道的本体是物质，是现在所说的基本粒子，是老百姓。并非虚无，而是实有。所谓"致虚极"，要求侯王虚怀若谷，广纳谏言，兼听者明。老百姓的话，人微言轻，不要视之不见，听之不闻。第49章："以百姓心为心，百姓皆注其耳目，圣人皆孩之。"所谓"守静"，是坚守和平，不要战争，不要动乱，不要折腾老百姓。

老子从哲学高度阐明上述主张。他说：吾观察到一种复归现象，独立而不改，周行而不殆。道生万物，万物并作，夫物芸芸，各复归其根。第14章：复归于无物。第28章：复归于婴儿；复归于无极；复归于朴。总之，复归于物的本质、本原，复归于基本粒子，复归于自然，复归于本来的面貌。万物是道产生的，是基本粒子构成的，最终将复归于道。道是万物的起源和归宿。世上所有吃穿用的东西，都是老百姓生产的，最终也将复归于老百姓。第51章：道生之，德畜之，生之畜之，长之育之，亭之毒之，养之覆之。万物都有产生、发展、消亡的过程，人也有生老病死，都要回归自然，这是不可抗拒的自然规律。知常曰明，没身不殆。不知常，妄作凶。懂得贵以贱为本，高以下为基，一切为老百姓着想，是聪明人，终身没有危险。不懂这个道理，妄作凶，民不畏威，大威至。

子曰："知者乐水，仁者乐山，知者动，仁者静。"说老子主张变、动；老子在此却主张守静。老了到底是主张动，还是主张静？这个问题涉及变与不变，相对与绝对等哲学问题。动意味着变，静止意味着不变。"正统"的哲学认为："运动是绝对的，永恒的。静止是相对的，暂时的。一切都在变化之中，不存在静止不变的东西。"这种说法首先就把动与静，变与不变绝对化，导致了阶级斗争扩大化。任何事物都有相对的一面，又有绝对的一面。老子曰："独立而不改，周行而不殆。"基本粒子不停地运动，这是绝对的。但是，一切运动又都是相对的，是相对位置的变化。历史不断向前发展是绝对的，但过去的历史静止不变也是绝对的。一切事物在变化之中，存在着一种不变的规律，那就是矛盾统一。因此，不能把问题简单化、绝对化。主张动不能主张静，主张静不能主张动。老子在第 7 章说天长地久。在第 23 章又说天地尚不能久。这不是自相矛盾吗？仔细想一想，并不矛盾，变化中有不变。刮风下雨，天气变化，是短暂的，不会长久。但天要刮风下雨，天气变化的自然规律，却是永久不变的。故老子既主张动，又主张静，两者并不矛盾。动是矛盾冲突转化的过程，静是矛盾已获解决，即冲气以为和。和解宁静，并非静止。

第十七章

古　文	今　文
太上，	最好的官，爱民治国，无为而治，不折腾百姓。
下知有之。	百姓知道有这么个官，处上而民不重，处前而民不害（66章）。
其次，	次一点的官，
亲而誉之。	老百姓还是亲近他，赞誉他，说他是个清官。
其次，	再次一点的官，
畏之。	百姓怕他。
其次，	最次的官，
侮之。	百姓骂他。
信不足焉，	当官的诚信不足，
有不信焉。	百姓就不信任他。
悠兮，	悠着一点，
其贵言。	少说空话，多干实事，就能得到老百姓的拥护。
功成事遂，	当官的才能功成名就，事遂己愿。
百姓皆谓："我自然。"	老百姓都说："事情本来就应该这样。"

我的理解

老子认为：官还得有人当，并不主张无政府主义。但官当得怎样，是亲而誉之，还是畏之侮之，以百姓为标准。而孔子认为：以君王为标准。"事君，能致其身。""杀身成仁。""不辱君命。""事君，敬其事而后其食，禄在其中。""礼乐征伐自天子出，庶人不议。"

在老子书中，"我"与"吾"都指自己，但有区别。"吾"指物质性的本人，实在的自己。而"我"指精神上、主观上、思想上的自我。如第20章："我独泊兮，我独若遗，我愚人之心，我独昏昏，我独闷闷，我独顽且鄙，我独异于人，而贵食母。"第42章："人之所教，我亦教之。"第53章："使我介然有知。"第57章："我无为，我好静，我无事，我无欲。"第67章："天下皆谓我道大。我有三宝。"第70章："吾言甚易知，甚易行。知我者希，则我者贵。"皆指精神上的自我。

不仅老子，《论语》也如此。"吾从周，我爱其礼。""不义而富且贵，于我如浮云。"在我思想上，就像天上的浮云。"樊迟御，子告之曰：孟孙问孝于我，我对曰：无违。"一般理解是：樊迟为孔子开车，孔子告诉他，孟孙问我什么是孝，我对曰："无违。"其实，准确的理解应是：孟孙问孝的精神实质是什么？吾答：基本精神就是无违。子曰："我未见好仁者，恶不仁者。"权威的解释是：孔子说他没见过爱好仁德的人，也没见过厌恶不仁德的人。这样解释不通，孔子怎么会说他没见过爱好仁义道德的人呢？关键是没理解孔子所谓的我，指思想上的自我。这段话应理解为子曰：存在一种尚未树立好仁而厌恶不仁思想的人。好仁者，极其崇尚仁。厌恶不仁的人，在他为仁时，是不让不仁者强加影响于自己的。他们是始终致力于仁的人啊！思想不努力的人，总是有的，关键是仁爱思想尚未树立起来。孔子这话讲得还是很有道理的。

对于我与吾，庄子、荀子、韩非等人的理解也是有区别的。吾是其实体、本体，我是自我、忘我精神。《庄子·齐物论》："天地与我并生，而万物与我为一。"讲人与思想并生并存，合二为一。"自我观之，仁义之端，是非之涂，樊然淆乱，吾恶能知其辩？"从思想层面看，仁义道德，是非不清，说法混乱，我怎能知道他在说什么？子綦曰："今者吾丧我，汝知之乎？"今天，吾很灰心，丧失了自我，你知道吗？如果吾与我没区别，吾丧我就很难理解。韩非曰："人以我为神君也。"人以我为精神。荀子曰："是我而当者，吾友也。"在思想上，和我很恰当的人，是我的朋友。

百姓皆谓："我自然。"此处的自然，不是自然界。而是说：自己这个样子，本来就这个样子。或自己如此，原来如此。"知其然，而不知其所以然。"知道它是这个样子，而不知道它为什么是这个样子。自然如此，并非有意，不是人为的。

第十八章

古　文	今　文
大道废， 有仁义。	道废缺德， 有什么资格讲仁义道德。只要求百姓对统治者讲仁义，统治者对百姓讲仁义吗？
智慧出，	用智慧出谋划策，智慧成了钩心斗角的工具。聪明才智，全用在弄虚作假，阴谋权术，争权夺利，欺诈百姓，
有大伪。	这是最大的虚伪。
六亲不和，	六亲不认，子戮父，兄弟相残。
有孝慈。	讲什么父父子子的孝慈。
国家昏乱，	国家昏乱，乱臣弑君，官逼民反。
有忠臣。	讲什么君君臣臣，忠臣孝子。

我的理解

　　老子在本章无情地揭露忠孝仁义，君君臣臣，父父子子的虚伪性。鲁迅说："拼命地劝孝，也足见事实上孝子的缺少。而其原因，便全在一意提倡虚伪的道德。"阮籍认为：名教以君臣之义为教。在古代，原本没有君臣名教，等级贵贱的。君臣名教产生之后，君立而虐兴，臣设而贼生。坐制礼法，束缚下民，欺愚游拙，藏智自神。竭天下万物之至，以奉声色无穷之欲。

第十九章

古　文	今　文
绝圣弃智，	拒绝假圣人，抛弃祸害百姓的智谋，
民利百倍。	民利百倍。
绝仁弃义，	绝弃假仁假义，
民复孝慈。	民复孝慈。
绝巧弃利，	绝弃投机取巧的暴利，
盗贼无有。	天下无贼。
此三者，	此三者，（假圣人，假仁假义，投机取巧）
以为文不足，	不足挂齿，是不齿于人类的狗屎堆，
故令有所属。	所以，把它们划为一类。
见素抱朴，	保持艰苦朴素的优良传统，
少私寡欲，	少私寡欲，
绝学无忧。	不学假圣人的假仁假义，即可消除隐患，高枕无忧。

我的理解

　　老子号召人们：拒绝假圣人，抛弃假仁假义，投机取巧。然而只有圣人能做到无私、无欲、无为，一般人做不到。因此，老子客观地提出："见素抱朴，少私寡欲。"这比儒家"存天理，灭人欲"实事求是，有人情味。有人认为：只有孔子讲忠孝礼乐，仁义道德，老子是不讲的。其实老子也讲，只是讲的内容和孔子不同。

　　孔子讲孝，讲得头头是道。"孝慈则忠。惟乎孝，施于有政。"其目的是要老百姓像孝顺父母那样孝敬父母官，效忠天子，不犯上作乱。但孔子不是孝子，没有孝的先进事迹。

　　老子不但孝敬父母，而且到了尊崇的地步。不但要民复孝慈，而且尊崇为天地之始，万物之母。第20章："我独异于人，而贵食母。"第52章："知其子，守其母。"第42章："人之所教，我亦教之，吾将以为教父。"老子的确不讲要像孝敬父母那样效忠天子。

　　孔子讲礼，不是讲文明礼貌，而是讲周礼奴隶制。子曰："礼云礼云，玉帛云乎哉？乐云乐云，钟鼓云乎哉？"孔子说：所谓礼呀乐呀，不是什么玉帛礼物，钟鼓乐器。而是沿用夏商周三代残酷的奴隶制。礼是干什么用的？"礼之用，以礼节之。""道之以德，齐之以礼，有耻且格。""礼乐不兴，则刑罚不中。""约之以礼，亦可弗畔。"是用来刑罚，防止犯上作乱的。"无礼则乱。""克己复礼，非礼勿视，非礼勿听，非礼勿言，非礼勿动。"季氏不知羞耻，敢用天子的八佾舞于庭。只有用礼乐来制约他，使他有耻且格，行为不出格，不敢犯上作乱。所以，孔子做梦都想克己复礼，复辟周礼。

第 38 章，老子则认为："夫礼者，乱之首，愚之始。"应该把这种不平等的礼制攘臂而扔之。第 56 章：不讲亲疏关系，不讲利害关系，不讲贵贱。玄同，一律平等。第 39 章："贵以贱为本，高以下为基。"主张均贫富，等贵贱。反对天尊地卑，明贵贱，别同异。另外，老子也清醒地认识到，世上没有绝对的平等，均贫富不是绝对的平均主义。铁饭碗，大锅饭，养懒汉，会阻碍生产力发展，故老子并不全盘否定等级制度。第 32 章："天地相合，以降甘露，民莫之令而自均。始制有名，名亦既有，夫亦将知止，知止可以不殆。"天地不可能平等，当官的生活比老百姓好，老百姓是可以接受的。但为官者要知足知止，不要朝甚除，田甚芜，仓甚虚，服文彩，厌饮食，财货有余，余食赘形。民之饥，以其上食税之多。故主张天地相合，而不是对立。去甚、去奢、去泰、不走极端。天降甘露，民自高兴，怎会造反？世上本无礼制，是后来才有的。既然有了，就应该适可而止，不应该无限制扩大不平等，这样才不会有危险。玄同、平等、自均实际是一种平衡，这种情况不就像第 77 章所说的张弓射箭吗？"天之道，其犹张弓与？高者抑下，下者举之。损有余而补不足，以奉天下。"老子主张以有余奉天下，而非绝对平均主义。

可见，老子、孔子都讲忠孝礼乐，仁义道德。但两人讲得截然不同。孔子忠君，老子忠民；孔子讲孝则忠，要像孝敬父母一样效忠君王；讲为君王杀身成仁的君臣之义。圣人不仁，不把百姓当人而当刍狗。孔子把庶人、鄙夫、妇人、小人物不当人。孔子讲不遵守周礼，犯上作乱，最不道德。是不忠不孝，不仁不义的乱臣贼子。必须斩首示众，株连九族。

老子讲贵食母，有孝慈；老子讲无私奉献，生而不有，为而不恃，长而不宰，是谓玄德。讲以百姓心为心，爱民治国；唾弃道貌岸然的假圣人，假仁假义，投机取巧。保持少私寡欲，见素抱朴优良作风。民复孝慈，利民百倍。

第二十章

古　文	今　文
唯之与阿，相去几何？	唯唯诺诺与阿谀奉承，相差多少？
善之与恶，相去若何？	善与恶之间，相去多远？往往只差一步！
人之所畏，不可不畏。	人之所畏，不可不畏。
荒兮，其未央哉！	荒淫无度，腐败无能，从古至今，没完没了。
众人熙熙，如享太牢，	众人熙熙攘攘，如享国宴，
如春登台。	如春游登台。
我独泊兮，其未兆。	我独淡泊一切，无动于衷。
如婴儿之未孩。	就像还没长大的婴儿，不懂人间享受。
儽儽兮，若无所归。	好累啊！失去精神家园，好像无家可归。
众人皆有余，	众人皆有余，
而我独若遗。	唯独我好像被遗弃了，一无所有。
我愚人之心也哉，	我怀着一颗愚人之心，
沌沌兮！	混混沌沌地过日子。
俗人昭昭，我独昏昏。	俗人都很聪明，唯独我糊涂。
俗人察察，我独闷闷。	俗人都精明算计，明察秋毫。唯独我闷闷不乐。
澹（dàn）兮其若海。	社会就像表面平静的大海，实际暗流涌动，
飉（liáo）兮若无止。	狂风刮个不停。
众人皆有以，	众人皆以此为荣，
而我独顽且鄙。	唯独我顽固地予以鄙视。
我独异于人，而贵食母。	我和别人不同，只看重衣食父母。

查字典

1. 未央

未尽，没完没了。《诗经》："夜如何其？夜未央。"《楚辞·离骚》："及年岁之未晏兮，时亦犹其未央。"

2. 太牢

古代祭祀宴会，牛羊猪样样齐全称太牢。"天子社稷皆太牢，诸侯社稷皆少牢。"少牢只有羊猪。

3. 未兆

古代以万万为亿，万亿为兆，今以百万为兆。是个大数目，表示极多。古代占卜，烧龟甲以断吉凶，其裂纹叫兆。《左传》："龟兆告吉，设坛祭祀。"《吕氏春秋》："命太卜祷祠龟策占兆。"事情发生前的迹象，征兆，预兆，苗头。"未兆"，无动于衷，毫无动静，没有欲望。

4. 昭昭

明白，明显，明辨事理，平反昭雪，罪恶昭彰。《孟子·尽心下》："贤者，以其昭昭，使人昏昏。今以其昏昏，使人昭昭。"《庄子·达生》："昭昭乎若揭，明而行也。"昭然若揭，真相大白，就像在明光下行走一样。

5. 察察

仔细观察，明察秋毫。《周易》："仰观天文，俯察地理。"孟子曰："明，足以察秋毫之末。"《后汉书》："虽晓习文法，长于应对。然察察小慧，类无大能。"《东方朔答客难》："水至清则无鱼，人至察则无徒。"迁徙变化，"无徒"指僵化，不能灵活变通。《老子》第58章："其政察察，其民缺缺。"政治上精明至察，严厉苛刻，则老百姓生活什么都缺。

6. 闷闷

密不透气，闷热，闷声闷气。心情苦闷、烦闷、郁闷、愁闷、压抑沉闷。《老子》第58章："其政闷闷，其民淳淳。"政治上，处无为之事，行不言之教。低调无为，不刮浮夸风，则民风淳朴。

7. 澹

词义动、静相反。

（1）安静、恬澹。《楚辞》："澹然而自乐兮，吸众气而翱翔。"《广雅》："澹，静也。"

（2）澹泊、淡薄。淡泊明志，宁静致远，不求名利。《吕氏春秋》："辛而不烈，澹而不薄。清静寡欲，淡泊闲适。"《汉书》："清虚澹泊，归之自然。"《三国志》："玄虚澹泊，与道逍遥。"

（3）满足。《荀子·王制》："物不澹则必争。"

（4）动荡不定。李白："云青青兮欲雨，水澹澹兮生烟。""吾亦澹荡人。"澹澹：波浪起伏，汹涌澎湃，旋流激荡。

我的理解

任继愈在《老子新译》中说："老子对当时许多现象看不惯，把众人看得卑鄙庸俗，把自己看得比谁都高。而在表面上却说了些贬低自己的话，说自己低能、糊涂、没有本领，其实是从反面抬高自己，贬低社会上的一般人。"任老是比较肯定老子的学者，不知为什么，要把老子看成是打击别人，抬高自己的老滑头。司马迁说："天下熙熙，皆为利来。天下攘攘，皆为利往。名利本为浮世重，古今能有几个抛？"老子在本章所说的，唯唯诺诺，阿谀奉承，荒淫无度，熙熙攘攘，如享太牢，如春登台的"俗人""众人"，可不是社会上一般人。老百姓哪有可能享太牢，春登台？可见俗人、众人不是社会底层老百姓。老子揭露了上层社会，熙熙攘攘，追逐物欲，贪婪丑态。作为守藏史，老子曾是官场中的一员，但出淤泥而不染。我独淡泊，如婴儿之未孩。对社会丑态，顽固地予以鄙视。表达了老子忧国忧民郁闷心情。他不看重荣华富贵，只看重衣食父母。社会上层是歌舞升平，醉生梦死，朱门酒肉臭。社会下层，却是路有冻死骨。对此，老子预言：不要以为大海很平静，其实暗流涌动。山雨欲来风满楼，暴风雨即将来临。人之所畏，不可不畏，人要有敬畏之心。孔子有三畏：畏天命，畏大人，畏圣人之言。要老百姓敬畏父母官。老子则相反，要当官的敬畏老百姓，不要鱼肉百姓，官逼民反。

第二十一章

古　文	今　文
孔德之容，惟道是从。	大德的内容，是从属于道的。
道之为物，惟恍惟惚。	道是物质性的，虽然恍兮惚兮，变来变去，看不到具体形状。
惚兮恍兮，其中有象。	但其中还是有迹（现）象的。
恍兮惚兮，其中有物。	其中还是有实物内容的。
窈兮冥兮，其中有精。	虽然微不可见，深不可识。
其精甚真，其中有信。	但其中有最精华本质的东西，是真实、客观存在的，其中有信息。从古至今，这些信息，永不消去。
自古及今，其名不去，	
以阅众甫。	可供我们去观察研究万物众生的起源及本质。
吾何以知众甫之然哉？以此。	我怎么知道万物众生之本然呢？就是根据这些信息，仅此而已。

查字典

1. 孔

（1）孔洞、孔穴、鼻孔、针孔、无孔不入。

（2）很、大。《诗经》："其新孔嘉，其旧如之何？"新的很好，旧的如何与之比？《淮南子》："孔乎莫知其所终。"《扬雄·太玄经》："孔道之夷，何不尊也。"

（3）孔德指大德，非孔子之德。

2. 窈冥（yǎomíng）

窈：曲折深远。冥：昏暗深奥，冥思苦想。宗教迷信认为，人死后进入阴间冥府。窈冥：《古诗》："窈冥终不见，萧条无可欲。"江淹诗曰："绛气下萦薄，白云上窈冥。"《论衡超奇》："造于眇思，极窈冥之深。"

3. 精

（1）与粗相反，细小精微。《庄子·在宥》："夫精，小之微也。"

（2）少而精。精兵简政。

（3）迷信的神怪之说：精怪、精灵、妖精、狐狸精。

（4）精神。非宗教精灵之神，而是精细、神奇、神妙、神秘之物。指主观世界，包括人的思想意识、思维活动、心理状态。

（5）物质，物的精华本质。从万物之中提炼出最纯粹、精华、本质的东西。《庄子·在宥》："黄帝：敢问至道之精。"广成子曰："尔所欲问者，物之质也。"恩格斯说："精神归根到底是物质。"因为人的思维活动都离不开大脑，其本质是脑电波和粒子流。精神是物质最绝妙的运动形态，只有人才有精神世界，才有人性、人心、爱心。老子曰："天地不仁""天道无亲"。天地没有人的思想意识和感情，亲疏利害关系，爱憎好恶。也没有人性，什么爱心不爱心。道生万物，不管好坏对错，美丑善恶。也不管人喜不喜欢，愿不愿意，道都照生不误。生之育之，毒之覆之，又毫无人性把万物当刍狗抛弃，任其自灭。生了又死，这是不可抗拒的自然规律。故老子曰："孔德之容，惟道是从。"德是从属于道的，先有道后有德，先有物质后有精神。

4.信

（1）信物：物质性的东西。如凭证、书信、信纸、信封、印信、信使、信徒等。

（2）诚信：精神性的东西。如信念、信仰、信心、信任、信义、信用、相信、言而有信等。

（3）信息：信号、消息、口信、音信全无、通风报信等。

古诗："开拆远书何事喜，数行家书抵千金。""雁来音信全无，路遥归梦难成。"白居易："信手把笔，随意乱书。"《史记》："信哉，是言也。""为政不平，立约无信，天下所不容。"《管子》："如日月之明，如四时之信。""必诺之言，不足信也。"《吕氏春秋》："天行不信，不能成岁。地行不信，草木不大。"孔子却攻击"言必信，行必果"是小人。子贡问：怎样才可称之为士？孔子答：首先要忠君，其次要孝悌。而言必信，行必果是硁硁然小人哉。孔子口口声声，敬事而信，谨而信，主忠信，子以四教，文、行、忠、信。但是，孔子言而无信的事情太多。孔子主张投机取巧，"邦有道则仕，邦无道则可卷而怀之。"对于偷盗案件，孔子反对大义灭亲，主张隐瞒、包庇、窝藏。卫灵公和齐景公待孔子不薄。但孔子背后却说卫灵公无道，齐景公无德。乡党篇形象描写了孔子在官场，见人说人话，见鬼说鬼话的表演。在不同场合，不同人面前，摆出不同面孔，变换不同面谱。在鲁君面前，低头哈腰，低声下气，卑躬屈膝，诚惶诚恐。君命召，不俟驾行矣。孔子入公门，走路的样子，屏气似不息者，十足奴才相。在乡党面前，恂恂如也，似不能言。在同级面前，滔滔不绝，侃侃而谈。在老百姓面前，正其衣冠，尊其瞻视，道貌岸然，俨然正人君子，万世师表，令人望而生畏。虽然孔子周游列国，到处吹嘘："苟有用我者，期月而已可也，三年有成。"却没人信任他，不说春秋战国时期，两千多年来，还没有哪个朝代，应用孔子理论，使国家强盛起来的。就连许多学生也不相信他，甚至发生信任危机。迫不得已，孔子只好发誓赌咒。子曰："二三子以我为隐乎？吾无隐乎尔！吾无行而不与二三子者，是丘也。"子见南子，子路不说。夫子矢之曰："予所否者，天厌之，天厌之！"孔子一面反对犯上作乱，一面却想参加公山弗扰和佛肸等人的叛乱。第81章老子曰："信言不美，美言不信。"第23章："信不足焉，有不信焉。"第38章：

"夫礼者，忠信之薄，而乱之首。"

可见，古人所说的信，就是信息。上述种种，皆可归为信息类。西方有人说："信息是纯精神性的东西，标志着唯物论的破产。"当信息通过人的感觉器官，传到大脑，由大脑加工、存储、处理。此时的信息是精神性的。但归根到底，还是物质性的。因为大脑里的信息，本质是脑电波和粒子流。从信息传递的全过程看，首先要有信息源，即能发出信息的东西，古称信物。发信、送信、收信、分类、综合、加工、存贮、处理，这几个环节和过程，都是物质性的。过去，长距离传递信息，主要靠邮递。现在，除了电报、电话、广播、电视，又有互联网。科学家认为，信息交流实质是物质能量的交换，美国科学家还算出互联网中信息的质量。标志着唯物论的胜利，唯心论的破产。

5. 甫

甫亦作父，是古代在男子名字后面加的美称。但本章的众甫，不只是众男、众父，应理解为万物、众生。

我的理解

这是老子的道论即唯物论最重要的一章。老子在本章提出了唯物论的几个基本观点。

1. 道之为物

道是一种无数的实际存在物。这种实际存在的东西很小，小到看不见，听不到，摸不着。不要追问我，我不知道是什么东西，是谁生的。只知道它象帝之先，先天地生。在帝王将相的天下产生之前，就已经存在。实在要问，我只能说道法自然，道的法则是自己这样，本来就这样的。我也不知道它叫什么，勉强叫道吧。《庄子·在宥》发明了物质一词，认为道是物的本质，《知北游》说：道无所不在，存在于蝼蚁、稗子、砖瓦、屎尿等万物之中。现已查明，老子所说的道，就是科学家所说的基本粒子。只有基本粒子才完全符合道的全部特征，包括不生不死，上天入地，无处不在，无所不能等特点。王安石曰："天之为物也，可谓无作好，无作恶，无偏无党，无反无侧。"天是没有人的思想意识的，无所谓好恶，也不结党营私。"天道尚变，天命不足畏，祖宗不足法，流俗不足恤。天地运行，咸法于道。"张载曰："太虚即气，气之为物，散入无形。太虚无形，气之本体。一物两体，气也。"所谓太虚即宇宙太空，气为宇宙本体。天之为物，气为本体的说法，源于老子的道之为物。

2. 其中有象、有物、有精、有信

道之为物，道是物质，是物的本质，是基本粒子。尽管小到人的感官无法直接感知它

们的存在，但其中还是有迹象、现象可寻。例如，第5章：天地之间，不就像个大风箱吗？其中充满看不见的空气，虚而不屈，动而愈出。故虚，并非无，而是有。第4章讲，虽然基本粒子恍兮惚兮，混而为一，无状之状，无物之象。迎之不见其首，随之不见其后，但其中还是有实物内容的。尽管这些无数精细、精华本质的小东西，微妙玄通，深不可识。但其精甚真，是真实存在的。并且其中有信息，以阅众甫，可供我们观察研究万物的状况。

3. 孔德之容，惟道是从

讲德与道的从属关系，即外因与内因，精神与物质的关系。道与德一体两面，不可分离；但道是道，德是德，不可混合。

第42章："道生万物。"第51章："道生之，德畜之。长之育之，亭之毒之，养之覆之。生而不有，为而不恃，长而不宰，是谓玄德。"第16章："万物并作，夫物芸芸，各复归其根。"吾以观其复，我观察到这种生生不息的过程。道生万物，万物并作。德畜之育之，夫物芸芸，蓬勃成长。物壮则老，各复归其根。归根曰静，死了或者说消亡，就是静止。静曰复命，所谓复命，即完成了一个生命运动周期，简称命运。复命曰常，这种生死不息的生命运动（命运）不是上帝安排的，而是永恒的自然规律。知常曰明，懂得按自然规律办事，是明智的。不知常，妄作凶。

可见，道（基本粒子）是产生万物，构成万物的本质、本体、本原。而德是养育万物的环境、条件。第8章：德几于道，德接近于道，天地不仁，天道无亲，都没有人的主观意识，没有爱心，没有人性，没有目的性。都是生而不有，为而不恃，长而不宰。都没有人的私欲，是自然的，没人为的东西。有换句话说，就是无私、无欲、无为。

引申到社会，道指社会是由老百姓构成的，吃穿用的东西都是老百姓生产的。老百姓"日出而作，日入而息，凿井而饮，耕田而食，帝力于我有何哉？"天下者，原本就非一人之天下。儒家却说："普天之下，莫非王土；率土之滨，莫非王臣。"而《老子》第39章："贵以贱为本，高以下为基，"这是最基本的道理。德指社会环境、条件、风气，个人的思想品德。做不到自然界无私、无欲、无为之玄德，起码要见素抱朴，少私寡欲，损有余而奉天下。使万物得一以生，让老百姓能活下去，这是最大的功德。

4. 恍兮惚兮

讲道是动态的，任何事物都处在不断运动、发展、变化之中。在一定条件下，是会互相转化的。第58章："祸兮福之所倚；福兮祸之所伏；正复为奇；善复为妖。"事物的运动、变化，再怎么复杂，都要遵循三种不变的规律：一是矛盾统一规律。第42章："万物负阴而抱阳，冲气以为和。"二是量变到质变。第64章："合抱之木，生于毫末；九层之台，起于累土；千里之行，始于足下。"三是否定之否定。第30、55章："物壮则老，物极必反。"第40章："反者，道之动。"第29章："是以圣人去甚、去奢、去泰。"第44章："甚爱必大费，多藏必厚亡。故知足不辱，知止不殆，可以长久。"第46章："祸莫大于不知足，咎莫大于欲得，故知足常足矣。"第25章："独立而不改，周行而不殆。"第42章："道生一，一生二，二生三，三生万物，"生生不息，星星之火，可以燎原。《庄子·养生主》："指穷于为薪，火传也，不知其尽也。"老百姓的火炬是永不熄灭的。第43章："天下之至柔，驰骋天下之至坚，无有入无坚。"第78章："天下莫柔弱于水，而攻坚强者莫之能胜，以其无以易之。弱之胜强，柔之胜刚。"一滴水微不足道，但团结起来，汇成洪流，具有无坚不摧，攻无不克，战无不胜的力量。

5. 何以知众甫之状哉

许多人不相信，在两千多年前，科学不发达，老子怎么可能有如此超前的哲学思想。辩证唯物论只能在工业化大生产历史背景下产生，并由马克思创立。于是质问老子曰："何以知其然哉？"老子答：吾就是根据自今及古，其名不去的信息，以阅众甫。吾不知其名，亦不知谁之子。但我知道合抱之木，生于毫末。多由少合成，大由小构成，再大的东西都由无数小东西混合而成。如此而已，就这么简单。其实，世上许多复杂的东西，原理却很简单。例如计算机网络是高精尖的东西，很复杂。其原理就是简单的0和1，有与无，阴与阳，开与关，通与不通，亮与不亮。老子伟大之处，就在于把最复杂的宇宙，用最简单的一个道字概括了。又把我们熟视无睹，最简单的名与实，有与无，同与异，搞出了玄之又玄的哲学理论。

第二十二章

古 文	今 文
曲则全，枉则直，	委曲则求全，受冤枉则求申冤。
洼则盈，敝则新，	亏空则求盈利，旧则求新。
少则得，多则惑。	少取反而能多得，贪多反而恐惑，不知如何是好。
是以圣人抱一，	所以圣人始终如一，保持清正廉洁，
为天下式。	成为天下的样板。
不自见，故明。	不固执己见，不只看到自己，所以是明白人。
不自是，故彰。	不自以为是，所以得到表彰。
不自伐，故有功。	有功而不自夸。
不自矜，故长。	不骄傲自大，故能长进，虚心使人进步。
夫唯不争，	只有不争权夺利，
故天下莫能与之争。	天下没人能与之争。
古之所谓曲则全者，	古人所谓委曲求全者，就是自己受到委屈，也要成全大众的利益。
岂虚言哉？	这难道只是一句空话吗？
诚全而归之。	诚心诚意，全心全意，为人民服务。民众就会归顺你，拥护你。

我的理解

有人说："老子在本章讲委曲求全，忍辱求荣，不抗争，苟且偷生的懦夫哲学。过分强调自我保护，缺少孔子当仁不让，杀身成仁的献身精神。不讲我不入地狱，谁入地狱的使命感。"

我则认为：本章讲曲与全、枉与直、洼与盈、敝与新、少与得、多与惑，相反相成，相互转化的辩证关系。这种转化是有条件的。这些条件是圣人要始终如一，清正廉洁。不自见，不自是，不自伐，不自矜，不争权夺利。所谓委曲求全，就是自己受到委屈，也要成全大众利益。全心全意为人民服务，就会得到人民的拥护，岂虚言哉？可见老子讲矛盾转化是有条件的。

第二十三章

古　文	今　文
希言自然。	自然界是不会说话的，少说话是很自然的事情。圣人处无为之事，行不言之教。少说话，多做事，少发号施令，才合乎自然本性。
故飘风不终朝，骤雨不终日。	狂风刮不了一上午，暴雨下不了一整天。
孰为此者？天地。	谁会这样？天地。
天地尚不能久，	天地尚不能长久，何况是人。狂风暴雨不能长久，滥施暴政，干尽坏
而况人乎？	事，同样是长不了的。
故从事于道者，同于道。	所以，从事于道的人，言行要合符于道。
德者同于德，失者同于失。	从事于德的人，言行要合符于德。失道缺德者，同样，什么都会丧失。
同于道者，道亦乐得之。	同于道者，大家会乐于让他得到应得的一切。
同于德者，德亦乐得之。	同于德者，大家也会乐于让他得到应得的一切。
同于失者，失亦乐得之。	失道缺德失信者，大家就会乐于让他丧失一切。
信不足焉，有不信焉！	诚信不足的人，有谁会信任他！

我的理解

　　第 2 章："处无为之事，行不言之教。"第 5 章："多言数穷，不如守中。"第 17 章："贵言"，本章："希言。"说明老子主张少说大话、空话、废话，为百姓多办实事，这是很自然的事情。

　　第 7 章说天长地久，本章却说天地尚不能久，到底能久还是不能久？看似矛盾，其实不矛盾，老子以天之道言人之道。告诉我们变中有不变；不变之中有变的哲理。天要下雨，天气变化是不变的自然规律。不变就是长久，变了不叫长久。天地之所以能长久，是因为天地不自私。天地之所以不能长久，是因为天气变化，狂风暴雨不可能长久，何况是人。比喻滥施暴政，鱼肉百姓是长不了的。故老子告诫统治者施政要遵循道德诚信，才会得到老百姓的信任。

第二十四章

古　文	今　文
企者不立， 跨者不行。 自见者不明， 自是者不彰， 自伐者无功， 自矜者不长。 其在道也， 曰余食赘形。 物或恶之， 故有道者不处。	踮着脚是站不久的， 跨步太大是跑不远的。量力而行，不要好高骛远。 固执己见，只看到自己的人，不明智。 自以为是的人，得不到别人的赞扬。 自吹自擂的人，没功劳。 自高自大的人，不长进。 从道的角度看， 过食者一身赘肉， 谁都厌恶他。 所以，有道者是不会这样做的。

查字典

企

踮着脚看：企望，企盼。企图，企业。《汉书·高帝纪上》："吏卒皆山东之人，日夜企而望归。"《三国志》："不胜翘企，万里托命。""人民流入荆州者，十万馀家。闻本土安宁，皆企望思归。"《后汉书》："天子危迫，企望义兵，以释国难。"

我的理解

立场不稳，揠苗助长，欲速不达；固执己见，自以为是，自吹自擂，自高自大；不按规律办事，不实事求是，不从实际出发，都是统治者常犯的毛病。就像过食者，一身赘肉，影响健康，必须减肥。

第二十五章

古　文	今　文
有物混成， 先天地生。 寂兮寥兮， 独立而不改，周行而不殆， 可以为天地母。 吾不知其名， 强字之曰：道， 强为之名曰：大。 大曰逝， 逝曰远， 远曰反。 故道大，天大， 地大，王亦大。 域中有四大， 而王居其一焉。 人法地，地法天， 天法道，道法自然。	道是由无数非常微小的东西混合而成的， 在天地产生之前就已经存在。 它无声无形， 独自周而复始，永不停止地运行，不是人或外力所能改变的， 可作为天地的母亲。就是说：天地是它产生的。 我不知她叫什么， 勉强称之为道，勉强称之为大， 小东西的数量太大，故道大。 大得看不到头，见不到尾。 大得看不见，就是消逝了，就是很遥远。 物极必反，又从很远的地方反回来。 远在天边，近在眼前。独立而不改，周行而不殆。这是道运行的全过程。所以说：道大，天大，地大，王也大。 王在天下，地位最高，权力最大。域中有这四大， 而王再大，也只居其中之一。 人的法则在地，地的法则在天， 天的法则是道，道的法则是自然。

查字典

1. 寂

寂静无声，寂寞无聊。《庄子·天道》："夫虚静恬淡，寂寞无为者，天地之平，而道德之至也。"

2. 寥

空虚无形，寥若辰星，寥寥无几。不是无，还是有，只不过稀少而已。河上公注："寂者无声，寥者无形。"

3. 周

周围环境，环绕一周。周旋应酬，周到细致。周济应急，众所周知。《论衡》："月之行天，三十日而周。""若孔子栖栖，周游应聘，身不得容，道不得行。"《周易》："变动不居，周流六虚。""知周乎万物，而道济天下。"

"周行"可有两解：一是公转或自转的圆周旋转运动，周而复始，循环往复，如环无端。二是普遍行为，周身、周遍、周围、周边、周游世界。

4. 逝

过去、过往、跑离、消失、消亡、去世、不幸病逝。《论语》：子在川上曰："逝者如斯夫，不舍昼夜。"李白："逝川与流光，飘忽不相待。"霸王别姬："力拔山兮气盖世，时不利兮骓不逝。颍川从我者皆逝，而子独留。"王弼注："逝，行也。"吴澄注："逝谓流行不息。光阴似箭，岁月如梭。"

5. 法

（1）法律。韩非曰："法不阿贵，绳不挠曲。儒以文乱法，侠以武犯禁。"《战国策》："商君治秦，法令至行，公平无私。"《吕氏春秋》："是非乃定，法律乃行。乃命太史，守典奉法。"司马迁曰："假令仆伏法受诛，若九牛一毛，与蝼蚁何异？"

（2）法则、准测、规范。《周礼》："祭祀以驭其神，法则以驭其官。"《管子·七法》："尺寸也，绳墨也，规矩也，衡石也，斗斛也，角量也，谓之法。"《荀子·非相》："度己以绳，故足以为天下法则矣。"

（3）方法、办法、做法。《论衡·问孔》："凡学问之法，不为天才。"

（4）效法、取法、师法、学法、学习。《三国志》："陛下当以尧舜禹汤文武为法则，夏桀、殷纣、楚灵、秦皇为深诫。"商鞅曰："治世不一道，便国不必法古。"

（5）法家。主张以法治国，反对儒家以礼治国。《史记》："法家不别亲疏，不殊贵贱，一断于法，则亲亲恩恩绝矣。"《汉书》："法家者流，盖出于理官，信赏必罚，以辅礼制。"《论衡》："文吏治事，必问法家。"

6. 自然

意思是自己这样，本来就这样。自己如此，原来如此，本该如此，必然如此。老子崇尚自然，观察自然。"欲以观其妙，欲以观其徼。"善于运用自然界的天地万物、江海山谷、风雨甘露、毒虫猛兽、攫鸟草木等，帮助我们认识自然规律。自觉地顺其自然，按自然规律办事。《老子》书中"自然"一词出现过五次。第17章：少说话，多办事，"百姓皆谓：我自然。"第23章："希言自然。"少说空话，是很自然的事。第51章："道之尊，德之贵，夫莫之命而常自然。"道与德之所以尊贵，就在于它不强迫命令，而是按自然规律办事。第64章：圣人欲不欲，想成功，不想失败。就不应该看重那些难得之货，不学那些不该学的东西，不重复许多人犯过的错误。遵循自然规律，而不敢妄为。

第 25 章："道法自然。"中国台湾学者陈鼓应说："道法自然这句话，常使人困惑。道在老子哲学中，已是顶级概念。一切都由道产生，导引出来的，为什么还要效法自然呢？"难道"道"只是个学生，上面还有个当老师的自然？其实，这个问题，许多古人已作了解答。例如河上公注："道性自然，无所法也。"道的性质自己这样，本来就这个样子，无所谓效法的问题。元代吴澄《道德真经注》曰："道之所以大，以其自然，故曰法自然，非道之外别有自然也。"可见，所谓道法自然的"法"，不应理解为学习、效法，而应理解为道法、道的法则是自然的，指的是规律而不是学习，效法。如果把人法地注解为人效法于地，取法于地，还情有可原。但天地无人为意识，如果把地法天，天法道，也注解为学习、效法、取法，就解释不通。

7. 王

《老子》有多种版本，竹简和帛书曰："故道大、天大、地大、王亦大。域中有四大，而王居其一焉。"指人群中，王的地位最高，权力最大。但王再大，也是人，也只居其一，也一样要法天、法地、法道、法自然，绝不例外。不会因为王大、地位高、有特权，就能逍遥法外。所有的人，包括帝王将相，权力再大，再有本事，都无法抗拒有与无、生与死这一永恒的自然法则。

不知何时，后人的通行本，为了与下文"人法地"衔接，把王改为人，曰："故道大、天大、地大、人亦大。域中有四大，而人居其一焉。"指人在天地之间、自然之中，处于大位。但再大也居其一，也要遵守自然规律。如此改动，未尝不可。

我的理解

第 21 章讲道之为物，是物质。第 25 章讲有物混成，宇宙由物质构成。故本章是老子唯物论（道论）又一重要篇章。

在传统观念中，天最大。结婚时，先拜天地，后拜父母。在礼制中，天的地位最高，权力最大，君权天授。儒家主张："天尊地卑，乾坤定矣。卑高以陈，贵贱位矣。有天地后有万物，有上下后有礼义，故礼本于天。"老子颠覆了这种观念。他说域最大，比天大，囊括了天、地、人、道。中国台湾学者南怀瑾认为：大曰逝的"逝"，是永远向四面八方延伸的，等于说，宇宙是无限扩张的。庄子根据老子关于域的说法，发明了宇宙一词。宇是空间，宙是时间。道是域中的物质，不是超越时空、虚无的东西。老子把我们的视角，从肉眼看到的，眼前的小天地，扩展到无限的宇宙，天大地大不如宇宙大。老子的目的是帮助老百姓，推翻天大、王大的传统观念，树立以民为大的根本宗旨。

从宏观看，现代人类借助太空望远镜，能看到最远的距离是 200 亿光年（光速每秒 30

万公里，一光年约 10 万亿公里），就是说人类所能看到的是直径 400 亿光年的空间，这比古人用肉眼看到的小天地不知扩大了多少倍。但 400 亿光年和无穷的宇宙比起来，仍然是极其渺小的。惠施曰："至大无外，至小无内。"《庄子·逍遥游》："上下四方有极乎？无极之外复无极也！"在 200 亿光年的世界之外是什么情况，科学家也不清楚，老子说，是一片混沌。

从微观看，毫米的千分之一是微米，微米的千分之一是纳米。利用电子显微镜，可以看到分子。但是，纳米级的原子，但原子里的电子、质子、中子，质子、中子里的夸克，是什么形状，是球形还是水滴状？现在还看不见，听不到，摸不着。只能从计算机显示屏里，恍兮惚兮，发光的运动轨迹，判断出它们的存在。

从时间看，我们已知 147 亿年前，宇宙中的物质发生一次大爆炸，产生了世界。100 亿年前产生了太阳系，46 亿年前产生了地球，35 亿年前产生了生命，几百万年前才产生了人类。现代科学不但验证了有物混成，先天地生。而且验证了宇宙中，不论是硕大无比的天体，还是至小无内的微粒，都在独立而不改、周行而不殆地运动着。所谓周行，第一种形式是自转和公转。例如电子不但自转，而且绕着原子核公转。当我们躺在床上不动，人、床、房屋好像都是静止的。你可曾想过，地球正带着我们以每秒 30 公里（每小时 10 万公里）惊人的速度绕太阳公转，以每秒 500 米（每小时 1700 公里）的速度自转。

周行的第二种形式是：在一定条件下，矛盾转化，即周而复始地转化。例如无与有，生与死，得与失，好与坏，成与败，动与静，祸与福等互相转化。第 16 章曰："道生万物，万物并作，吾以观复。夫物芸芸，各复归其根，归根曰静，静曰复命，复命曰常。"讲生命运动（命运）的一个周期：万物从产生、成长，发展壮大，物壮则老，死亡归根的全过程。万物由无数基本粒子混合而产生，成长过程是基本粒子的不断聚散，消亡后又复归到基本粒子的混沌状态。死亡后归根叫静止，即回复到生命生前的状态，这种生生死死，有无相生，周而复始的过程，是永恒的自然规律（常）。"知常曰明，不知常，妄作凶。"

第二十六章

古 文	今 文
重为轻根，	权衡轻重，重是轻的根基。
静为躁君。	静躁相比，以静为主。和平与战争，当然是和平好。
是以圣人终日行不离辎（zi）重。	但是，圣人终日行军不离粮草军车。
虽有荣观，	虽然拥有荣华富贵，还不满足。
燕处超然。	不顾百姓死活，还要去打仗。
奈何万乘之主，	即使拥有万辆兵车的君主，
而以身轻天下。	而以自己高贵身份，轻视天下百姓。
轻则失根，	轻则失去根基，
躁则失君。	打仗动乱则会失去君权帝位。

查字典

1. 躁

躁动，暴躁，烦躁，急躁，浮躁，不骄不躁。

2. 辎重

行军时，用车辆携带武器、粮草、被服等军用物资的统称。《史记》："上虽病，强载辎车，卧而护之。"《后汉书》："云辎蔽路，万有三千馀乘。"《三国志》："军无辎重，唯以抢掠为资。"

3. 燕处

闲居，像住在屋檐下的燕窝里，安然舒适。《论语》："子之燕居，申申如也，夭夭如也。"孔子闲居，悠哉游哉。《史记》："二世燕居，乃召高与谋事。""汉丞相陈平恐祸及己，常燕居深宅。"《宋史》："燕居暇日，多挈醪馔，以待宾友。"《清史》："其平时燕处公署，仍不得用。"虽有荣观，燕处超然。虽然拥有荣华富贵的生活，却超然处之，不顾百姓死活。终日行不离辎重，一天到晚打仗。不知轻重，以身轻天下，终将失去根本，失去君位，甚至掉了脑袋，还不知怎么掉的。

我的理解

老子曰："万物负阴而抱阳。"任何事物都有正反矛盾的两面，正如一张纸，不可能只有正面没有反面。故古人曰："一物两面。"科学家也说：宇宙是对称的，有正粒子，必有反粒子。有物质，必有反物质。有你和我，必有反面的你和我。有北京上海，必有反面的北京上海。正粒子和反粒子相遇，会闪光后湮灭。正反的你我相遇，正反的北京上海相遇，也会化为一缕青烟而消失，这太可怕了。可是，反面的你我，反面的北京上海在哪里？有人说可能藏在宇宙的某个角落里，科学家正努力在寻找这种反物质。也有人说反物质就藏在反宇宙那里，我们可以穿过时空隧道，或者什么虫洞，到反宇宙那里去旅行，没想到科学家也会天方夜谭。自从杨振宁、李政道，发现宇称并不对称，从而获得诺贝尔奖以后。科学家百思不得其解，为什么宇称不对称？老子在本章回答了这个问题。

"万物负阴而抱阳。"宇宙是对称的，由正粒子和反粒子共同混成。宇宙只有一个，不存在只由正粒子构成的正宇宙，也不存在只由反粒子构成的反宇宙。这种对称，是性质相反的对称，而不是半斤八两，数量上相等的对称。因此，不必耗费时间和精力，去寻找什么反物质、反宇宙、反面的你我、反面的北京上海。

在《老子》书中，列举了太多的矛盾事物：重与轻，静与躁，名与实，有与无，同与异，美与丑，善与恶，真与假，难与易，长与短，高与低，前与后，无为与有为，言与不言，争与不争，生与死，成与败，大与小，多与少，好与坏，对与错，祸与福，贵与贱，乱与治，雌与雄，黑与白，刚与柔，强与弱，等等。矛盾双方性质相反是对称的，但数量和力量对比，不会绝对均衡相等，而是有增减消长的。当矛盾一方的数量或力量上升并占优势时，就会决定事物发展的方向。量变到质变，物极必反，事物会向自己的反面转化。因此，要善于抓住矛盾的主要方面，促使矛盾向有利自己的方向转化。例如，轻重相比，重是根本，不要以身轻天下而失根。静躁相比，以静为主（君），静是矛盾解决后的宁静。和平当然比战争好。社会宁静当然比动乱好。

老子主静，主张静为躁君，守静笃。似乎与"反者，道之动。""恍兮惚兮，周行而不殆"的说法自相矛盾。并非孔子所言："知者乐水，仁者乐山。知者动，仁者静。"其实不然，他们所主张的静，有本质不同。孔子主张的静，是中庸调和，静止不变。老子则主张变动后的静。冲气以为和，矛盾统一，矛盾解决后的宁静。第79章："和大怨必有余怨，安可以为善？"矛盾不解决就不得安宁和平静。

第二十七章

古　文	今　文
善行，无辙迹。	善于行动的人，是不留痕迹的。
善言，无瑕谪（zhé）。	善于说话的人，是无瑕疵可指责的。
善数，不用筹策。	善于算数的人，是不用算盘筹码的。
善闭，无关楗而不可开。	善于关闭的人，不用门闩，别人也开不了。
善结，无绳约而不可解。	善于打结的人，不用绳子，别人也解不开。
是以圣人常善救人，	所以，圣人经常善于挽救帮助别人。
故无弃人。	不以百姓为刍狗，没有被他抛弃的人。
常善救物，	经常善于挽救事物，
故无弃物。	没有无故被抛弃的事物。
是谓袭明。	这叫聪明绝顶。
故善人者，不善人之师。	所以，善人者是不善于做人做事者的老师。
不善人者，善人之资。	不善人者，是善者的借鉴。
不贵其师，不爱其资，	不尊重老师，不爱惜资源，
虽智大迷，是谓要妙。	虽然聪明，实际糊涂，这是妙理之要点。

查字典

1. 善

老子劝人从善，善有两层含义：一是善心、善举，扬善弃恶；二是有能力，会办事。如本章所说的：善行、善言、善数、善闭、善结、善于救人、救物等。

2. 筹策

古代计算工具，如竹码、筹码、算盘等；计划、谋略。《史记》："运筹策帷帐中，决胜千里外，子房功也。"

3. 袭

袭击、侵袭，《国语》："秦师袭郑，过周北门。"世袭、承袭、继承；效法、沿袭、照样子做。《论衡》："武王承纣，高祖袭秦。"

我的理解

都说老子在第 3 章主张无知、无欲、实其腹、为无为，是饱食终日，无所作为。第 8 章和本章却劝人从善，是有为，不是无所作为。不但要有普利万物的善心，而且要有行善的本领。第 8 章提出八善：善利、善地、善渊、善仁、善信、善治、善能、善时。本章又补充七善：善行、善言、善数、善闭、善结、常善救人、常善救物。可见，老子主张无知、无欲，是劝人不要太自私，老想算计别人。而是要积德从善（第 59 章）。无为是不要做坏事，有为是要多做普利万众的善事。

最后，老子指出：善人者虽然是不善人之师。但是，不善人者，也是善人之资。经验教训，反面教材，往往更值得重视。

第二十八章

古　文	今　文
知其雄，守其雌， 为天下溪。 为天下溪，常德不离， 复归于婴儿。 知其白，守其黑， 为天下式。 为天下式，常德不忒（tè）， 复归于无极。 知其荣，守其辱， 为天下谷。 为天下谷，常德乃足， 复归于朴。 朴散则为器， 圣人用之，则为官长， 故大制不割。	万物负阴抱阳，冲气以为和。在决一雌雄的矛盾冲突中，要了解貌似雄壮强大的旧事物这一方，自觉守护柔弱的新生事物另一方，顺应历史潮流。作为众望所归，是离不开常德的，离不开环境与条件，离不开生之畜之，生而不有，为而不恃，长而不宰，这种无私奉献，高尚道德的环境与条件。婴儿作为新生事物，有柔弱的一面，又有生命力旺盛的一面。老百姓作为个体，有弱小一面，作为整体，又有强大生命力的一面。如果新生事物刚一产生，就被宰割与扼杀，得不到应有的爱护，尽管有强大生命力，还是不能发展壮大。因此，要复归于婴儿。白代表阳动；黑代表阴静。要分清黑白是非，立场坚定，旗帜鲜明，维护新生婴儿一方。作为天下样式典范，常德是不错的选择。无极是不要走极端。守不是保守，不思进取，而是守护。作为天下谷，不管是荣是辱，都能包容，泰然处之。包容天下，有常德就足够了。复归于纯朴的自然状态，回到万物产生的本源。当朴素的无私奉献精神散播开来的时候，就能成大器，成大气候。圣人应用这一原理，则为百官之长，长官在制定大政策时，是不能割断历史，割断本源的。

查字典

忒

tè：过失，过错。《诗经》："淑人君子，其仪不忒。"

tuī：太，过于。如风忒大。

我的理解

　　在雄与雌，白与黑，荣与辱，三对矛盾事物中，雄代表阳刚，雌代表阴柔；白表示容易看到的大人物一面（阳），黑表示不容易看到，不愿意看到的小人物一面（阴）；荣代表统治者荣华富贵，强势的一方，辱代表老百姓，弱势群体，忍辱负重的一方。老子提出：在万物负阴抱阳，冲气以为和的过程中，要黑白分明，立场坚定，了解貌似强大的旧事物一方，守护婴儿般柔弱的新生事物这一方。

为天下溪，即顺应历史潮流，成为众望之所归。

为天下式，成为天下的样式、典范。

为天下谷，海纳百川，有容乃大。

"常德"指生之畜之，生而不有，为而不恃，长而不宰，无私奉献，善利万物的高尚品德。换个说法：即无知、无私、无欲、无为、不言、不争、积德、从善之玄德。

常德不离，万物生长离不开阳光、空气、水土等良好环境与条件。

常德不忒，爱民治国，走群众路线，这是不错的选择。

常德乃足，具备上述之常德就足够了。

复归于婴儿。

回归婴儿般天真无邪，朴素自然的初生状态。返老还童，恢复青春活力。第55章："含德之厚，比于赤子。"婴儿作为新生事物，有生命力旺盛的一面。第76章："柔弱者，生之徒。"毒虫、猛兽、攫鸟都伤害不了它，任何邪恶势力都阻止不了它的成长壮大。物壮则老，故坚强者死之徒。这是总趋势，是针对总体而言的。

作为局部或个体而言，新生事物又有柔弱的一面，并不是所有婴儿都能成长壮大，若不呵护，很容易被扼杀在摇篮里。转化是有条件的，若不团结起来，汇成洪流，柔弱也不可能胜刚强。

老子像个老顽童，老天真，以赤子之心，多次提到婴儿。第10章："专气致柔，能如婴儿乎？"能像婴儿那样天真纯洁，未受精神污染吗？第20章："沌沌兮，如婴儿之未孩。"糊里糊涂，就像还没长大的婴儿那样无知，不懂人间享受，不懂社会上那些乱七八糟的事情。表达了老子对良好社会风气的向往。

复归于无极。

所谓极，是不可超越的顶点、最高点、尽头处。无极是不要走极端，去甚、去奢、去泰。物极必反，事物发展到极点，就会发生转化，不可能超越。故老子只讲无极，不讲太极。在老子哲学里，不存在超越时空的太极。太极是道教的神学之说，这是老子与宗教的本质区别。

复归于朴。

朴是未经人为加工的自然状态，老子崇尚自然，主张回归自然，回归本色。有人据此指责老子反对人为加工，认为人为的东西都是不好的。第80章：虽有什伯之器而不用，虽有车船也不坐。

这是无端的指责，第80章的原义并不是人造的东西都不用，而是用小国寡民的办法，削弱诸侯势力，使其有各种各样的武器也用不上，无法发动战争。这样，老百姓就用不着冒死逃难，即使有车船也不需要去乘坐。第5章的风箱，第11章的车辆、陶器、房屋，第77章的弓箭，都是人造的，老子并未反对使用。别的不说，《道德经》就是老子人为写的，老子怎么会认为人为不好，反对使用人为加工的东西？

朴散则为器。

当传统本色，见素抱朴，少私寡欲的精神散播开来的时候，则能成就大器，成就大气候。圣人应用这一原理，则为官长（领袖、统治者、管理者、当权者）。可见，老子主张有政府，并不是有人说的是无政府主义者。

第二十九章

古 文	今 文
将欲取天下而为之， 吾见其不得已。 天下神器，不可为也， 不可执也。 为者败之，执者失之。 是以圣人无为， 故无败，故无失。 夫物或行或随， 或歔（xū）或吹， 或强或羸（léi）， 或载或隳（huī）。 是以圣人去甚、 去奢、去泰。	以私欲夺取天下而妄为， 我看他什么也得不到。 宗教迷信，不可为也。靠祭天祭地，祭鬼神，以占卜爻卦来决定军事 行动和国家大事， 为者失败无疑。 所以圣人不为， 故无失败。 事情做或不做， 或缓或急， 或强或弱， 或成或毁，与神器无关。 所以，圣人去除极端做法， 去除过分奢侈，去除过分安逸。

我的理解

老子在本章具体提出哪些事情不可为，即无为：一是以私欲夺取天下不可为；二是宗教迷信不可为；三是物极必反，过分极端、奢侈、安逸不可为。再次强调：不要走极端。

什么是神器？有人说是神圣的国家机器，有的说是宗教器具。不管什么器，老子主张：不要迷信暴力和神灵。

第三十章

古　文	今　文
以道佐人主者， 不以兵强天下， 其事好还。 师之所处， 荆棘生焉。 大军之后， 必有凶年。 善有果而已， 不敢以取强。 果而勿矜， 果而勿伐， 果而勿骄， 果而不得已， 果而勿强。 物壮则老， 是谓不道， 不道早已。	以道辅佐君主的人， 不以武力逞强天下， 这种事情，容易受到还击，遭到报复。 军队所到之处， 荆棘丛生。 大战之后， 必有灾年。 有善果，适可而止。善于用兵的人，取胜了就罢手， 不要强取豪夺。 有战果而不夸耀， 战胜了不要再乱砍滥伐， 胜而不骄， 打仗是不得已的事情， 胜利了就不要再逞强。 物壮则老，事盛则衰。乐极生悲，物极必反。 发动战争是不道德的， 不道德者，会过早完蛋，自取灭亡。

我的理解

老子主张无为事项之一：战争。"师之所处，荆棘生焉；大军之后，必有凶年。"魏晋建安七子王粲《七哀诗》："出门无所见，白骨蔽平原。"战争带来无穷痛苦灾难，故老子反战。李息斋《道德真经义解》："杀人之父，人亦杀其父；杀人之兄，人亦杀其兄，是谓好还。"林希逸曰："我以害人，人亦将以害我，故曰其事好还。"朱谦之曰："兵凶战危，反自为祸也。"打仗是不得已的事情，物壮则老，坚强者死之徒。事盛则衰，乐极生悲，故打胜仗也不要逞强。

老子从哲学高度阐明，物极必反，是事物发展的必然规律。必然性是不可避免的，必定如此，不以人的意志为转移，处于本质的支配地位，决定着事物发展前途和方向，只有一种可能。而偶然性是随机的，有多种可能性。可能这样，也可能那样。战争的爆发有必然性，亦有偶然性。何时爆发，谁胜谁负，难以预料。但可预测几种可能性，亦可加速或延缓。认为一切都必然，忽视偶然，是否定主观能动性的宿命论。而断言一切都是偶然，是不可知论。都是片面的，非辩证法。

第三十一章

古　文	今　文
夫兵者，不祥之器。	兵器，是不吉祥的东西。
物或恶之，故有道者不处。	大家都憎恶它，所以，有道德的人是不用的。
君子居则贵左，用兵则贵右。	君子平时安居，以左为贵，用兵时，则以右为贵。
兵者不祥之器，非君子之器，	兵者，意味着死亡，是不祥之器，非君子之器，
不得已而用之，恬淡为上。	不得已才用，和平为上。
胜而不美，	胜利而不美滋滋，不要把打胜仗看成是美事。
而美之者，是乐杀人。	洋洋得意而美滋滋的人，是喜欢杀人的人。
夫乐杀人者，则不可得志于天下矣！	那些喜欢杀人的人，则不可能得志以天下啊！
吉事尚左，凶事尚右。	古人吉事尚左，凶事尚古。
偏将军居左，上将军居右，	偏将居左，上将居右。可见，右是用兵之事，是凶事。
言以丧礼处之。	说的是：以不吉祥的凶事、丧事来看待战争。
杀人之众，以悲哀莅之。	杀人之多，是件悲哀的事情，悲哀终将莅临自己头上。
战胜，以丧礼处之。	所以，打胜仗，也应以丧礼处之。

查字典

1. 贵左、贵右、尚左、尚右
古代礼仪很注重左右，左边象征吉祥之事，右边象征凶险之事。

2. 莅
莅临、光临、来临、降临。
"杀人之众，以悲哀莅之。"许多古本用"以悲哀泣之"；竹简本用位字；帛书本用立字，有看待之义。我认为用"莅"字比较恰当，杀人之多，悲哀终将降临自己头上。联系上下文，乐杀人者，打胜仗，杀人之众，还美滋滋，扬扬得意，喝庆功酒贺之，比较合情理。如果说，乐杀人者，杀人多了，还挥泪哭泣，这不是鳄鱼之假泪吗？解释不通，故用"泣"字不妥。

我的理解

老子主张恬淡和平为上，反对战争。战争不仅对战败者，对战胜者何尝不意味着苦难和死亡？

第三十二章

古　文	今　文
道常无名，朴。	道无等级名分，非常纯朴。
虽小，天下莫能臣也。	道虽小，却不可奴役，天下没有谁能使它臣服。
侯王若能守之，	侯王如果能遵守，
万物将自宾。	万众将自动宾服。
天地相合，	天与地，侯王与百姓，如果能和合相处，
以降甘露，	久旱降甘露，
民莫之令而自均。	民众用不着上头命令，会自均甘露，共享雨露滋润，这是平等的。
始制有名，	后来，产生了不平等。于是，开始制定等级名分，
名亦既有，	等级名分既然有了，
夫亦将知止，	亦应知道适可而止，
知止可以不殆。	知道适可而止，就没有危险。
譬道之在天下，	道之于天下，
犹川谷之于江海。	犹如海纳百川。

我的理解

　　本章主要讲天与地，侯王与万民的关系。侯王虽大，草民虽小，但侯王不能采取镇压手段，使万民臣服。关系处理好了，天地相合，以降甘露，滋润万物，万物将自宾，万民将自均。这一主张，也证明老子不是无政府主义者。

　　老子认为：道常无名，社会原先是平等的，没有什么等级名分，是后来产生不平等，才开始制定等级礼制的。但是，天下犹川谷之于江海，不可能有绝对的平等。等级礼制既然有了，就应该适可而止，不要无限制扩大不平等。只要差别不是太大，社会就不会有动乱的危险。这一主张，也证明老子能实事求是，在大同之下有异（玄同）的哲学思想指导下，不一概反对等级名分。

第三十三章

古　文	今　文
知人者智， 自知者明。 胜人者有力， 自胜者强。 知足者富， 强行者有志。 不失其所者久， 死而不亡者寿。	知人善任，需要智慧。 人贵有自知之明。 靠武力胜人者，只说明有力，不足以说明是真正强者。 能战胜自我的人，才是真正的强者。 知足者，物质生活虽不富裕，但精神上是富有的。 坚强的践行者，有志气，有理想，有执着精神。 不丧失原则立场的人，立足久稳。 虽然死了，能留下精神财富的人可谓长寿。

我的理解

任继愈说："本章宣传了一系列消极、保守、反省的精神修养观点。还宣传精神胜利法，说什么死而不亡是长寿，这些都是唯心主义的思想。"任老是学术权威，但权威的话不见得都对。难道说烈士的革命精神永垂不朽，是消极的精神胜利法，是唯心主义的思想？

本章讲知己、知彼、自胜、知足、有志、不丧失原则立场的人，死而不亡。讲人不可能永生，但精神可以通过他人传承而永存。强调最难能可贵的是战胜自己，这是常人难以做到的。

曹操曰："神龟虽寿，犹有竟时。"《庄子·养生主》："指穷于为薪，火传也，不知其尽也。"也讲人生虽短暂，精神可永传。这不是宣传什么灵魂不死的有鬼论，而是历史唯物论。

第三十四章

古　文	今　文
大道氾（sì）兮， 其可左右。 万物恃之以生而不辞， 功而不有， 衣养万物而不为主。 常无欲，可名于小。 万物归焉而不为主， 可名为大。 以其终不为大， 故能成其大。	大道就像河水啊，广泛流行。 它可左右一切，却无占有欲望。 万物靠它产生，它却不辞辛劳，生生不息。 功劳最大，从不把万物占为己有， 养育万物，而不是为了主宰万物。 永远没有私欲野心，可称之为心小。 万物归顺，却不当主宰， 可说它伟大。 因为它始终不自大， 所以能成其伟大。

我的理解

　　道无所不在，具有普遍意义，就像大河，广泛流行，左右一切。道无所不能，能生天生地，生养万物，却无占有欲。道可大可小，无知、无欲、无私、无为。这是什么东西？千百年来，令人百思不得其解！有人说，道是人格化的神，讲不通。因为神是虚无的大东西，而道是实际存在的小东西。只有应用科学常识，才能讲清楚，什么是道。道是物质，物的本质是基本粒子，以此才能理解老子所讲的一切。

第三十五章

古　文	今　文
执大象，天下往。	高举道这面大旗，天下向往。
往而不害，安平太。	向往互不伤害，向往天下太平，安居乐业。
乐与饵（ěr），	音乐与美食，
过客止。	吸引过客止步。
道之出口，	而道之出口，
淡乎其无味。	虽然淡乎无味，
视之不足见，	却能像音乐与美食，
听之不足闻，	让人停下脚步。
用之不足既。	看不完，听不够，用不尽。

查字典

1. 象

（1）动物，大象。《韩非子·解老》："人希见生象也，而得死象之骨，案其图以想其生也。"人们罕见活象，就照图想象其样子。

（2）形象，相貌。凡形之于外者皆称象。《周易·系辞上》："在天成象，在地成形。"

（3）现象，事物在发展变化中，表现的外部形态及表面情况。《淮南子》："此皆有充于内，而成象于外，乱象丛生。"《素问》："五藏之象，可以类推。"

（4）象征，用具体事物表达某种特别意义。如国旗、国徽象征国家。《史记》："黄帝作宝鼎三，象天、地、人也。"《汉书·艺文志》："教之六书，谓象形、象事、象意、象声、转注、假借，造字之本也。"

（5）法、法式、效法、取法。《管子·版法》："法天合德，象地无亲，参于日月，伍于四时。"《荀子·解蔽》："法其法以求其统类，以务象效其人。"《荀子·君道》："百姓莫敢不顺上之法，象上之志。"《荀子·强国》："夫下之和上，譬之犹响之应声，影之象形也。"

河上公注："象，道也。"成玄英注："大象，犹大道之法象也。"林希逸注：大象者，无象之象也。既然象就是道，老子为何不说执大道？因为道是看不见，听不到，非常小的东西，执不着。只有道生万物之后，有具体形象，才能执着，故曰执大象。

2. 饵

食物、鱼饵。

3. 既

（1）尽，完了，终了。《史记·游侠列传》：人貌荣名，岂有既乎？

（2）已经，既然。既往不咎，既成事实。既来之，则安之。

（3）作为连词，表示两种情况兼而有之。既高且壮，既快又好。

我的理解

本章是道的赞歌。道虽然平淡无味，却能像音乐美食吸引人。使人看不完，听不够，用不尽。高举道这面大旗，能使天下太平，安居乐业，达到无为而治的境界。

第三十六章

古　文	今　文
将欲歙（xī）之， 必固张之。	欲合之， 必先张之。
将欲弱之， 必固强之。	想削弱它， 先让它逞强一时。
将欲废之， 必固兴之。	想废它， 先让它兴风作浪一阵子。
将欲取之， 必固与之。	欲取之， 先与之。
是谓微明， 柔弱胜刚强。	这就是所谓的微妙之明理， 是柔弱胜刚强最好的办法。
鱼不可脱于渊， 国之利器， 不可以示人。	鱼儿离不开水， 国君离不开老百姓。 上述办法，是国之利器，只能用来对付敌人，不可滥施于民。

查字典

歙

吸，吸入。收敛，收缩，闭合。

《淮南子》："用兵之道，为之以歙，而应之以张。"《论衡·诘术》："口有张歙，声有内外。"

我的理解

本章成了老子是阴谋家的罪证。有人说老子这些主张，是韬光养晦，收敛光芒，伪装掩盖真实目的。隐退潜伏，等待时机，蓄势待发，如猫捕鼠，玩弄欲擒故纵的把戏。老谋深算，老奸巨猾，老道世故，包藏祸心，一肚子坏主意。是阴谋诡计的教唆犯，是十恶不赦的阴谋家。朱熹说："老子此心最毒。"螳螂捕蝉，黄雀在后。只想算计别人，不想有人在背后算计他。

《孙子兵法》曰："兵者，诡道也。故能而示之不能，用而示之不用。近而示之远，远而示之近。利而诱之，乱而取之。实而备之，强而避之。怒而挠之，卑而骄之。佚而劳之，亲而离之。攻其不备，出其不意。"完全是老子第36章的翻版。为了打胜仗，用尽欺诈之手段。为什么有人说老子是阴谋家，却没人说孙子是阴谋家？关键是立场问题，为谁说话。站在敌方，是阴谋家。站在我方，则是战略家。

第36章的主张是不是阴谋呢？不是。老子讲的是辩证法的精髓。张与合、强与弱、兴和亡（废）、取和与，是矛盾的统一体，在一定条件下，矛盾双方是会互相转化的。有人指责老子不讲条件，把柔弱胜刚强绝对化，教人心甘情愿，永远处于弱势。并煞有介事地责问：既然如此，又何必去战胜刚强，又如何树立战胜刚强的信心与勇气？

其实，老子希望圣人站在弱势的老百姓一边，并没有教人甘愿处于弱势地位。相反，柔弱胜刚强，就是要改变弱势地位。第58章："祸兮，福之所倚；福兮，祸之所伏。"祸与福之间，只是潜伏着互相转化的可能性，没有环境和条件，不会转化。欲歙之，必张之。想吃，必先张口。欲取之，必先予之。想获得，必先付出。鱼失渊去水则死；君滥施利器，失民则亡。张之、与之、水就是条件。

太史公曰："诡者，道家之所禁。"老子讲诚信，反对搞阴谋诡计。认为孔子讲的忠孝礼乐、仁义道德，是虚伪骗局，是乱之首，愚之始，必须攘臂而扔之。主张爱民治国，不以智治国。治国当然需要知识和智慧。但是，第65章所谓愚之。第3章恒使民无知无欲。并非愚民政策，而是反对统治者搞阴谋诡计，把心智都用于搜刮民脂民膏。

欲弱之，必强之；欲废之，必兴之。这是物壮则老，物极必反哲学思想的实际应用。第76章：坚强者死之徒，柔弱者生之徒。强大处下，柔弱处上。第78章：一滴水微不足道，但汇成洪流，却有无坚不摧，攻无不克，战无不胜的力量。因此，在战略上要藐视它，树立必胜的信心和勇气，在战术上要重视它。解放战争初期，在敌强我弱的形势下，正是采取先与之大片解放区土地和城市，让敌人占领，使敌军张之，兵力分散。然后集中兵力，分别合之，各个击破而取之，从而取得辉煌胜利。可见，欲歙之，必先张之；欲取之，必先予之。这是柔弱胜刚强的好办法。

《史记》曰："知与之为取，政之宝也。"管仲相齐，深知想多收税，取之于民。想强国，必先与民土地和一条活路。不能采取杀鸡取卵，竭泽而渔的办法，从而使齐国强大起来。现在，搞市场经济，仍然用得着欲取之，必先予之的原则。想搞活经济，必先给企业自主权；想收获，必先辛劳付出。不要幻想，不劳而获，一夜暴富。

第三十七章

古　文	今　文
道常无为， 而无不为。 侯王若能守之， 万物将自化。 化而欲作， 吾将镇之以无名之朴。 镇之以无名之朴，夫将不欲。 不欲以静， 天下将自定。	道永不妄为， 故能无不为。 侯王若能遵守， 万物将自生自长，自我发展变化。 当然，也会伴随着欲望、私欲、贪欲的发作， 我主张以俭朴之德来引导、规范、约束、抑制、震慑。 使其不过分追求贪欲。 见素抱朴，少私寡欲，宁静致远。 天下自然安定。

我的理解

　　本章强调，无为而治和镇之以朴；宏观调控和微观搞活两手抓。现在发展市场经济，一方面放宽搞活，按经济规律办事，顺其自然，不干涉，不折腾，让它自我发展。另一方面，市场是追求利润的。起早摸黑，熙熙攘攘，四处奔波，皆为利来，皆为利往，亏本生意没人做，杀头的生意却有人做。有利一窝蜂，无利没人干，无序发展。必然伴随私欲膨胀，物欲横流，弄虚作假，坑蒙拐骗，贪赃枉法，贪污腐化的发作。此时，就要行政干预，宏观控制。即按老子主张镇之以无名之朴，并非放任自流，无政府主义。总之，不要一放就乱，一抓就死，就看政府的执政能力。王侯若能守之，天下自然安定。

第三十八章

古 文	今 文
上德不德，是以有德。	品德高尚的人，不自称有德，实际有德。
下德不失德，是以无德。	品德低下的人，自称有德，实际无德。
上德无为而无以为。	上德无为，是无私心的作为。
下德为之而有以为。	下德为之，是有私心的作为。
上仁为之而无以为。	上仁为之，是无私心的作为。
上义为之而有以为。	上义为之，是有私心的作为。
上礼为之而莫之应，	上礼为之，不要响应，
则攘臂而扔之。	而应抢起臂膀把它扔掉。
故失道而后德，	所谓失道，即无路可走，没办法了，才讲什么仁义道德。
失德而后仁，	缺德，道德沦丧，还讲什么爱心，
失仁而后义，	圣人不仁，以百姓为刍狗，还讲什么道义，
失义而后礼。	不仁不义，才讲什么礼制。
夫礼者，忠信之薄，	这种礼制，忠信之浅薄，
而乱之首。前识者，	动乱之源头。所谓先知先觉者，
道之华，而愚之始。	讲得天花乱坠，却是愚蠢之始。
是以大丈夫处其厚，	所以大丈夫选择厚实，
不居其薄。	弃其浅薄。
处其实，不居其华。	选择实在，弃其华而不实。
故去彼取此。	所以，取其精华，弃其糟粕。

我的理解

老子认为：最高尚的道德是无为，无为是无私心杂念的作为。老子并不反对仁义，而是反对假仁假义。孔子认为：礼乃国之大本。而老子认为：夫礼者，乱之首，愚之始，忠信之薄，华而不实，必须攘臂而扔之。

第三十九章

古 文	今 文
昔之得一者：天得一以清，	从前，得以产生的东西是：天得以产生，就清白，不混沌了；
地得一以宁，神得一以灵，	地得以产生，就稳定安宁了；精神得以产生，便聪明了；
谷得一以盈，万物得以生，	谷得以产生，可吃饱；万物得以产生，可生存；
侯王得一以为天下正。	侯王得以产生，为天下，不为自己，则一身正气。
其致之也，谓天无以清，将恐裂。	换言之，如果上天不清明，恐怕天崩地裂。
地无以宁，将恐废。	大地不得安宁，将恐荒废。
神无以灵，将恐歇。	鬼神不灵，怎么拜也没用，一边歇着去。
谷无以盈，将恐竭。	谷无收成，粮食枯竭，将闹饥荒。
万物无以生，将恐灭。	万物无法生存，将恐灭绝。
侯王无以正，将恐蹶。	侯王毫无正气，恐怕一蹶不振。
故贵以贱为本，	所以，贵以贱为本，
高以下为基。	高以下为基。
是以侯王自称孤、	侯王自称孤家、
寡、不穀。	寡人、不才。
此非以贱为本邪？	这不就是以贱为本吗？
非乎？	不是吗？
故至誉无誉。	所以，得到最高荣誉等于没有荣誉。拥有最高地位，还需要什么荣誉？
是故不欲琭琭如玉，	故不要虚荣贵重的玉石，
珞珞如石。	宁要坚硬踏实的普通石头。

查字典

1. 一

有许多含义：

（1）表示相同，一样，一贯。《管子》："春秋冬夏，不更其节，古今一也。""至于贤愚优劣，混同一贯。"

（2）表示一个整体，全体，全部，所有，一切，一律，一概。《史记》："一市人皆笑韩信，以为怯。""食客数千，无贵贱，一律平等。"《后汉书》："一家皆被害者，悉为收敛。"

（3）表示统一，一致。《后汉书》："校定科比，一其法度。"

（4）表示专一。《后汉书》："守职不桡，可谓诚一。"

（5）表示时间短促，忽然快速。《史记》："此鸟不飞则已，一飞冲天；不鸣则已，一鸣惊人。""追兵一旦至，负剑远行游。"《东方朔·答客难》："彼一时也，此一时也，岂可同哉？"

（6）作副词，表示或者，有时，乃，竟。《礼记》："一张一弛，文武之道。"《史记》："寡人之过，一至于此乎？"

（7）作为数词。《庄子·天下》："其数一二三四是也。"《淮南子》："万物之总，皆阅一孔；百事之根，皆出一门。"《论衡》："孔子所谓一世，三十年也。"曹植："人生处一世，去若朝露稀。"《朱子全书》："一息尚存，此志不容稍懈，可谓远矣。"

2. 清

与浊相对，清明，清白，清楚，清醒，清洁，清静，清凉，清新，清心寡欲。清正廉洁，两袖清风与贪得无厌、贪污腐败相对。

3. 灵

（1）灵活，不呆板僵化。心灵手巧，思维敏捷，灵活多变，活灵活现。《红楼梦》："我看他相貌也还体面，灵性也还去得，只是心野贪玩。"灵性指聪明伶俐，有悟性。李商隐："身无彩凤双飞翼，心有灵犀一点通。"陶渊明："自古皆有没，何人得灵长？"

（2）灵丹妙药，疗效灵验。

（3）精神灵魂，神灵鬼魂，神通显灵。

4. 正

与反相对，不偏不斜，不上不下，不左不右，不前不后，正中；不迟不早，正点；不偏天倚，公正；不贪不腐，廉正；合理合法，正当；不卑不亢，正派。此外，还有许多含义：如正确、正常、正气、正义、正直、正统、正宗、正经、正本、正道、正规、正果、正反、正负、纯正、清正、改正、正好，等等。《战国策》："以邪攻正者亡。"《论语》："名不正，言不顺。"《论衡·无形》："遭时变化，非天之正气。"孟子："不以六律不能正五音。"《管子》："此正天下之道也。"《汉书》："故删其伪辞，取正义著于篇。"《后汉书》："屏群小之曲说，述五经之正义。"《诗经》："正月繁霜，我心忧伤。"

5. 歇

休息，歇一会儿。停止，歇工，歇业。《荀子·修身》："齐明而不歇，圣人也。"谢稀逸："临风叹兮将焉歇，川路长兮不可越。"陈子昂："春木有荣歇，此节无凋零。"

6. 竭

尽，竭尽全力。干涸，取之不尽，用之不竭。《荀子·修身》："厌其源，开其渎（渠），江河可竭。"《国语》："吾闻事君者，竭力以役事，不闻违命。"《吕氏春秋》："先人有言曰：唇竭而齿寒。"

7. 蹶

跌倒，挫折，失败，衰亡，一蹶不振。《管子·成相》："贤能遁逃，国乃蹶。"《汉书》："生之者甚少，而靡之者甚多，天下财产，何得不蹶？"

8. 谷

（1）庄稼和粮食的总称，五谷杂粮。

（2）俸禄。《荀子·王霸》："心好利而谷禄，莫厚焉。"《论语》："邦有道，谷；邦无道，谷，耻也。"

（3）养育。《战国策》："乃布令求百姓之饥寒者，收谷之。"

（4）活着。《诗经》："谷则异室，死则同穴。"

（5）善、好。《诗经》："民莫不谷，我独于罹。""我生之初，尚无为；我生之后，逢百罹。"

9. 邪

（1）yé：语气词，表示疑问，反诘。《资治通鉴》："义之所动，岂知性命，何为以死相惧邪？"

（2）xié：《后汉书》："今选举不实，邪佞未去。"《新唐书·李邕传》："邕少习文，疾恶如仇，不容于众，邪佞切齿，诸儒侧目。"

10. 碌

（1）碌，玉。碌碌，形容洁润、珍贵、稀少的玉石。《文心雕龙·总术》："落落之玉，或乱乎石；碌碌之石，时似乎玉。"

（2）碌碌无为，平庸无能。《红楼梦》："从前碌碌却因何？到如今回头试想，真无趣。"《史记·酷吏列传》："九卿碌碌奉其官，何暇论绳墨之外乎？"

11. 珞珞

形容坚硬的石头。

我的理解

本章从正反两方面论述道的重要性：天下有道，则天清地宁，人聪明；五谷丰登，万物生。侯王为天下，不只为自己，一身正气。天下无道，"百川沸腾，山冢萃崩，高岸为谷，深谷为陵，天翻地覆。"春秋战国，天下大乱。乱臣贼子，弑君戮父。腥风血雨，战乱不已。你方唱罢我登场，因嫌纱帽小，致使枷锁扛。天崩地裂，不得安宁；田荒废，仓甚虚，粮枯竭。万物无以生，将恐灭；侯王无以正，将恐蹶。故贵以贱为本，高以下为基。宁要石头不要玉，宁要百姓不要孤寡。第 64 章："合抱之本，生于毫末；九层之台，起于累土；千里之行，始于足下。"无论高楼大厦，个人家庭，国家社会，首先要打好基础。

有人说："老子在中国，确实发展成了宗教。""道教装神弄鬼，吞刀吐火，迷信盛行，老子脱不了干系。"可是，老子的理论，确实发展成东汉农民起义，为何不说？老子不信鬼神，宗教与老子有何干系？相反，宗教盛行，与统治者的倡导推行有直接关系。

《论语》孔子曰："天下有道，则礼乐征伐自天子出，政不在大夫，庶人不议。天下无道，则礼乐征伐自诸侯出，自大夫出，陪臣执国命。"什么是天下有道，什么是天下无道，孔子和老子的看法，是如此不同。相比之下，老子为庶人说话，孔子为天子说话，再明显不过了。

作为数字，零是虚数，是无。表示虚无、没有、不存在，是混沌未开，尚未产生的状态。但零有时并不表示什么都没有，例如零钱、零件，表示还是有钱有东西，只是少一些而已；心虚，表示心里没底；没心没肺，表示没心计，不表示心和肺都没了；肾虚表示体质虚弱，不表示肾没了，不存在了。

零下来是一，一是实数，是有。不管无穷大还是无穷小，都是一个。至大无外的宇宙是一个整体，只有一个。至小无内的基本粒子，不可分，也只能算一个。这是自然的，自然如此，本来就这个样子，没有什么理由不理由。公理是大家公认的，无法证明，也不需要证明。

许多人认为一就是道，得一就是得道。把一混同于道，概念不清。老子的概念是非常清楚的，只说得一，执大象，不说得道，执大道。因为，道是很小的基本粒子，看不见，执不着，得不到。再说道是物本身固有的，不是从外面得来的。《庄子·知北游》："舜问乎丞：道可得而有乎？丞曰：是天地之委形也，（是先天就有的）又胡可得而有邪？"东郭子问："所谓道，恶乎在？"庄子曰："无所不在。"在蝼蚁、稗子、砖瓦、屎尿等万物之中。《大宗师》："夫道有情有信，无为无形，可传而不可受，可得而不可见。自本自根，未有天地，自古以固存。"《天运》："使道而可献，则人莫不献之于其君。使道而可进，则人莫不进之于其亲。使道而可以告人，则人莫不告其兄弟。使道而可以与人，则人莫不与其子孙。然而不可者，无佗也。"说明道不是别人给的，不可从外部得到。而是自己固有的本质、本体、本性、本能、本源，不能送给别人。

其次，道生一，道是母，一是子。虽有遗传，子很像母，但子并非母，不能把儿子说成是母亲。

在儿子出生之前，母（道）已经存在，先天地生，象帝之先。所以，说道是无、是虚无是错的。道是有、是实有。第21章说：起码有四样东西：有象、有物、有精、有信。

在儿子出生之前，对儿子而言，是不存在的，是无。出生了，对儿子而言，是从无到有，而不是无中生有。没有母，何来子？故王弼说无中生有，以无为本，是错误的唯心论。

有儿子，才有名字。没有儿子，能叫什么名字？故先有实，后有名。名可名，非常名。

最后，老子认为：宇宙只有一个，宇宙的本质、本体、本源只有一个，那就是道、物质、物的本质是基本粒子。宇宙的基本规律只有一个，即矛盾统一。"矛盾"就是万物负阴而抱阳，一物两面，就是一分为二。任何事物都存在矛盾对立面，互相依存，互相转化，最终必将归于统一；"统一"就是冲气以为和，就是合二而一。道生万物，道是万物唯一的起源。万物并作，九九归一，复归其根，道又是万物唯一的归宿。万物产生于基本粒子，又回归于基本粒子。万物负阴而抱阳，冲气以为和；一分为二，合二而一；矛盾统一，是辩证法最完整、最形象、最简洁的表达。

第四十章

古　文	今　文
反者，道之动， 弱者，道之用。 天下万物生于有， 有生于无。	旧事物向自己的反面转化，是因为道的推动。 新生事物的产生，是因为道在发挥作用。 天下万物产生于有， 有产生于无。

我的理解

　　道（基本粒子），是事物发展变化的内在动力。而不是牛顿说的，上帝是第一动力。所谓反者，就是德国哲学家黑格尔所说的："任何事物都包含了对它自己的否定。"物极必反，物壮则老。花开花谢，寒来暑往。日中则斜，月盈则亏，都是因为道在发挥作用。道之动是旧事物转化，新事物产生的条件。没有道的推动，事物不可能转化和产生。

　　有无相生，也是因为道的推动作用。天下万物生于有，是有中生有，而不是凭空捏造，无中生有。所谓有生于无，也不是无中生有，有以无为本。而是从无到有，从无形转化为有形。世界（天地）产生之前，宇宙并非虚无，空无一物。而是一片混沌，只是我们不知道有什么东西而已。世界也不是无中生有。

第四十一章

古　文	今　文
上士闻道，勤而行之。	上士闻道，勤奋践行。
中士闻道，若存若亡。	中士闻道，将信将疑，犹豫不决。
下士闻道，大笑之。	下士闻道，大声嘲笑。
不笑不足以为道。	不被嘲笑，不足为道。
故建言有之：	所以有人建言：
明道若昧，	道看起来好像不明不白，实际明白易懂。
进道若退，	好像是退，实际是进。
夷道若纇（lèi）。	好像是坎坷不平，崎岖小道，实际是平坦大道。
上德若谷，	上德看起来好像处于低谷，实际是虚怀若谷。
大白若辱，	好像蒙受胯下之辱，实际清清白白。
广德若不足。	广德好像有点不足，不完美。
建德若偷，	光明正大，好像偷偷摸摸，隐瞒着什么，不让人知道。
质真若渝。	货真价实，好像是假冒伪劣。
大方无隅，	大大方方的东西，好像没有棱角。
大器晚成。	这是因为大器晚成。
大音希声，	声音（名声）太大，震耳欲聋，反而听不到，大声等于无声。
大象无形。道隐无名。	大象无形，道隐无名。道隐藏在事物之中，不易被认识和应用。
夫唯道，善贷且成。	其实，只有道，善于帮人获得成功。

查字典

1. 士

（1）古代介于大夫和庶民之间的阶层，包括已做官的人，如士大夫，以及尚未做官的读书人。

（2）军人，如将士、武士、士兵、士卒。

（3）具有某种品质或学有专长、技能的人，如壮士、志士、烈士；绅士、道士；学士、院士；医士、护士。

（4）泛指成年男女，如男士、女士。

（5）指精神状态，如士气。

《诗经》："女曰鸡鸣，士曰昧旦。"女的说：鸡叫了，起床。男士说天未亮。《礼记•

王制》："诸侯之上大夫卿、下大夫、上士、中士、下士，凡五等。"《左传》："王臣公，公臣大夫，大夫臣士，士臣卑。"《论语》：子曰："富而可求也，虽执鞭之士，吾亦为之。"

2. 颣

（1）缺点、毛病。《淮南子》："如玉之有瑕，珠之有颣。"

（2）坑坑洼洼，崎岖不平。"夷道若颣。"

3. 渝

变。始终不渝，忠贞不渝。质真若渝，质量好像变坏了。

4. 隅

角。向隅而泣，面对墙角，绝望而泣。

我的理解

第 14 章："视之不见，听之不闻。"本章却说："闻道。"这不是自相矛盾吗？难怪人家将信将疑。我的理解：道是基本粒子，确实看不见，听不到。科学家发现了基本粒子，我们听科学家讲有关科学道理，就是闻道。故听之不闻与闻道，并不矛盾。

闻道之后，有三种态度：一是勤奋实践；二是将信将疑（第 15 章讲过这种心态）；三是讽刺嘲笑。故老子建议：由于道隐藏在事物之中，现象和本质往往存在矛盾，不易被认识和应用。故老子建议：透过现象看本质。

第四十二章

古　文	今　文
道生一，一生二， 二生三，三生万物。 万物负阴而抱阳， 冲气以为和。 人之所恶，唯孤、寡、不穀， 而王公以为称。 故物或损之而益， 或益之而损。 人之所教，我亦教之。 强梁者不得其死， 吾将以为教父。	道生一，一生二，二生三，三生万物。 一句话，道生万物。万物都有一个共同的母亲：道。 万物对立统一，都包含矛盾对立的两个方面，互相依存，又互相冲突， 最终和解统一。 人最怕的是：孤、寡、不才， 而王公却以此而自称，以示谦虚，实际喜欢独裁。 可见，事物受损反而有益， 或者，有益反而受损。 别人这样教我，我亦这样教人。 干尽坏事的强盗不得好死， 我将以此作为教训。

我的理解

本章是老子辩证法最重要的一章。道生万物，万物负阴而抱阳，冲气以为和。这是辩证法，矛盾统一，最早、最完整的表达。

道之为物，是物质。气是物质形态的一种，叫气态。《庄子·知北游》曰："人之生，气之聚也。聚则为生，散则为死。"首先认识到人和万物生死存亡的本质，是物质的聚散。一个国家的兴亡，本质是百姓的聚散，而不是神的安排。

韩非是首先提出矛盾一词的人，认为不陷之盾与无不陷之矛不可同世而立。韩非只揭露矛盾，没能提出解决矛盾的办法。而老子解决矛盾的办法是冲气以为和，即经过冲突斗争达到矛盾的和解。所谓冲突，有多种形式，例如看法不同，意见不一致，不一定是流血冲突。所谓斗争，也有许多形式，例如商业竞争、友谊比赛，不一定非要咬牙切齿，你死我活的斗争。矛盾分歧，通过交流沟通，甚至争论，化解分歧，矛盾统一。不一定非要通过战争，通过谈判，也可实现和平。所谓和，是玄同。所谓统一，并非只有同，没有异，没有矛盾。而是求同存异，同中有异，大同小异。

到了北宋，哲学家张载比韩非有了更深的认识。张载认为："太虚（太空）即气，气聚有形，气散无形。知太虚即气，则无无。"太虚不虚，无无就是有，看不见不等于没有。《张载·太和》曰："一物两体，两不立则一不可见。"没有对立面，就没有物体。"动非自外，有象斯有对，对必反其为；有反斯有仇，仇必和而解。"动力来自矛盾内部，不是外部。

张载有这些认识，很了不起。他所说的气，就是基本粒子形成的气态。但他把气态说成物质，把矛盾说成有仇，似乎不妥，因为物态不是物质，矛盾不是仇恨。

"道生一，一生二，二生三，三生万物。"许多人认为：一是道，二是阴阳二气，三是阴阳二气相冲形成的混合气，混合气生万物。还有人认为：宇宙生化过程，有如生殖过程。阴阳交合，男施女受，生殖后代。故一是受精卵，然后细胞分裂，最终生成万物。但有人反对，细胞分裂，一分为二，应是偶数，不应出现三的奇数。再说，道生一，道不是一，应该是太一，太一生水。总之，众说纷纭，杂陈不一。我认为：一是新生事物。然后一个生二个，二个生三个，连锁反应，生生不息，传宗接代，最终生成万物。讲的是由单一到多样万物生成的自然过程，说明老子没有神仙思想。

综合一下，老子和科学家讲述的宇宙生化过程是宇宙大爆炸，是宇宙中物质周行不殆的"龙卷风"形成的。大爆炸之前，宇宙由无数基本粒子混合构成，一片混沌。大爆炸之后，产生的不是宇宙，而是新世界的万物。第 16 章："万物并作，吾以观复。夫物芸芸，各复归其根。"百亿年之后，新世界变成旧世界。终有一天，世界末日来临，万物消亡，宇宙复归一片混沌。接下来，周而复始，又是"龙卷风"、大爆炸，产生另一个新世界，进入另一个产生于混沌，又复归于混沌的大周期，如此周行不殆。

人类的生命周期也一样，生老病死，生生死死，这是不可抗拒的自然规律。第 16 章："知常曰明，不知常妄作凶。"

许多专家认为，本章前后两段，文义不连贯，疑是他章错简。其实不然，前后两段，文义紧扣。前段讲理论，后段讲应用。前段讲矛盾统一，矛盾转化，后段举孤寡与众人，损与益，强梁与教父等矛盾为例。第 77 章：主张损有余以益天下。把孤寡独裁，无粮充饥，强梁者不得好死，作为反面教材。前车之覆，后车之鉴。不知常，妄作凶。

本章阐明了：

（1）矛盾的普遍性。矛盾普遍存在于万物之中，时时事事存在矛盾。因此，要承认矛盾，不要不承认，或者有意掩盖矛盾。

（2）承认有矛盾，就要解决矛盾，解决的办法是冲气以为和。不能采取折中主义的办法回避矛盾。

（3）抓主要矛盾及矛盾的主要方面，促使矛盾向有利于老百姓的方向转化。防止激化矛盾，造成社会动乱。老子认为：社会主要矛盾是：极端不平等的礼制，乱之首，愚之始。侯王与万民的矛盾，侯王是矛盾的主要方面。第 75 章："民之饥，以其上食税之多。"第 57 章："我无为，而民自化；我好静，而民自正；我无事，而民自富；我无欲，而民自朴。"故老子主张爱民治国，先治官。而孔子则主张以智治国，先治民。为政必先正名，以防民众犯上作乱。

老子把我国古代唯物辩证思维水平提升了一大台阶。

第四十三章

古　文	今　文
天下之至柔， 驰骋天下之至坚。 无有入无间， 吾是以知无为之有益。 不言之教， 无为之益， 天下希及之。	天下最柔弱的东西， 能上天入地，驰骋于天下最坚硬的东西。 具有无坚不摧的穿透力。它无处不在，无孔不入，没有进不去的间隙。 （第14章说：我也不知道是什么东西）但我以此深知无为之有益。 不言之教，以身作则， 榜样是一种无形的力量。 无为的好处，天下很少能赶上它的。

我的理解

本章分两段，前段讲至柔的东西，具有无孔不入的穿透力，很有为；后段却令人不解地讲无为之益。驰骋天下并非无为，至柔之物与无为之益有何关联？似乎又是东扯西拉，前后文义互不连贯。老子却说：他是受驰骋天下至坚之水的启发，才知道无为之有益。他是如何受启发的，其中有何玄机？第78章也一样，前段讲柔弱之水，后段讲社稷主、天下王。前后文似乎也没有关联。直到我读完《老子》，从整体上理解，才恍然大悟。

一滴水是微不足道的，太阳一晒，就人间蒸发了。但是，团结起来，汇成洪流，具有无坚不摧的力量。老百姓作为个体是柔弱的，只能任人宰割。但是，团结起来，作为整体，却有战无不胜、攻无不克的力量。总的趋势是，柔弱胜刚强，新事物终将代替旧事物。老子首先看到人民的力量，一方面鼓舞老百姓，战略上藐视敌人，树立必胜的信心和勇气。另一方面，让社稷主、天下王知道，老百姓比统治者有力量。不要以为自己很强大，看不起弱小的老百姓，想干什么就干什么。"无为"就是不能为所欲为，烹小鲜，鱼肉百姓，贪污腐败，最终是"民不畏威，则大威至"。可见，不要看不起柔弱之水，欺侮弱小的百姓。无为不是没有用，不但有用，而且有大用。故老子曰："吾是以知无为之有益，天下希及之。"

科学家认为：宇宙中还真存在一种全柔的小东西，能驰骋大卜之全坚，尤有入尤间。但不是水，不是气，而是基本粒子。基本粒子是组成自然界不可再分的最小粒子，再分下去就会转化成物质的另一种形式，即能量。一切天体在充满基本粒子的宇宙中周行不殆地自转、公转，就像鸟儿在空气中飞翔，鱼儿在大海中畅游。

第四十四章

古　文	今　文
名与身孰亲？	名利地位与身家性命那样更可亲可爱？
身与货孰多？	生命与财富谁多？当然财富多些，生命只有一次。
得与亡孰病？	得与失什么更有害？
甚爱必大费，	追求甚爱，必然要付出更大代价，
多藏必厚亡。	多藏，终究藏不住。丢失后，损失更惨重。贪得无厌，必招祸害。
故知足不辱，	所以，知足不是耻辱，不会吃亏。
知止不殆，	知道适可而止，不会有危险。能把握度数，把握分寸的人，当行则行，当止则止，可避免灾难。
可以长久。	可以天长地久，高枕无忧。这是长生久世之道。

我的理解

本章与9、12、20、26等章一样，讲老子的价值观。名与实，得与失，生命与财富，孰轻孰重？什么有益，什么有害？什么值得追求，什么需要战胜自我而放弃？人生都将面临抉择。一般认为：得有利无害；失有害无利。都希望得，不希望失；希望拥有，不希望一无所有。

老子认为：得当然好，但适可而止，知足常乐，不要贪得无厌。圣人为腹不为目。金玉满堂，莫之能守。富贵而骄，自遗其咎。众人熙熙，如享太牢，如春登台，我独泊兮，而贵食母。以身轻天下，轻则失根，躁则失君。甚爱必大费，多藏必厚亡。知足不辱，知止不殆，可以长久。这都是警世良言，应该警钟长鸣。

第四十五章

古　文	今　文
大成若缺，	金无足赤，人无完人。有大成就的人，也会有若干缺点。
其用不弊。	但他的作用不能因此而被蒙蔽、埋没。
大盈若冲，	再有学问的人，也有若干知识不足之处。
其用不穷。	虚怀若谷，才能装更多学问，其用无穷。
大直若屈，	世上没有绝对的直线，光线最直，也会弯曲。
大巧若拙，	再灵巧的人，也有若干笨拙的地方。
大辩若讷。	雄辩者，也会有若干木讷的时候。
静胜躁，	躁动一时，终归要平静下来。
寒胜热，	热火总会熄灭，温度总要降下来，故寒胜热。
清静为天下正。	政治清明，不折腾。思想清静，不躁乱。清静才能以正为天下，成为天下正确的榜样。

我的理解

　　"若"字，一般被理解为"好像"。苏轼曰："大智若愚。外智而内愚，实愚也；外愚而内智，大智也。"聪明人装笨，有钱人装穷。因此，有人批评老子教人伪装骗人。忍辱示弱，装疯卖傻，然后攻其不备，此心最毒。事实并非如此，《孙子兵法》曰："兵者，诡道也。"兵不厌诈，那是对付敌人的。对老百姓，老子一贯反对以智治国，以智治国是老百姓的灾难。主张光明正大，以正治国，取信于民。第81章："信者不美，美言不信。"第23章："信不足焉，有不信焉。"故太史公曰："诡者，道家之所禁。"

　　"若"字在此，应理解为"若干"。任何事物都存在正反两个方面，不可能完美无缺。"智者千虑必有一失；愚者千虑必有一得。""天下之至柔，驰骋天下之至坚，无有入无间。"说明大盈若冲，至坚也有间隙。世上没有绝对的直线，光线最直，也有弯曲。弄巧成拙，巧立名目，巧取豪夺，巧于钻营，花言巧语，看起来聪明，实际愚蠢。滔滔不绝，巧舌如簧，看起来善辩，实际不值一驳。所以，看问题要用二分法，既看到正面，也要看到反面，不要简单、静止、片面。

　　动与静，冷与热，也要辩证地看，才能正确对待。通用本用："静胜躁，寒胜热。"而帛书和竹简本反之："躁胜寒，静胜热。"虽然，躁动可以克服寒冷。但是，心静自然凉。清醒冷静可以克服头脑发热，实事求是地看人、看事，才不会搞错。不管哪种说法，老子主静反对动乱。所谓静，是和平宁静。不是孔子主张的，像山一样静止不变。

第四十六章

古　文	今　文
天下有道， 却走马以粪。 天下无道， 戎马生于郊。 祸莫大于不知足， 咎莫大于欲得。 故知足之足， 常足矣！	天下有道，天下太平。 退还马匹，施肥耕地。 天下无道，战争动乱。 战马生于荒郊野外。 祸莫大于不知足， 罪过莫大于贪得无厌。 所以，要懂得知足常乐的道理， 那才是永远的富足啊！

我的理解

　　老子反对战争，主张和平。他说："天下有道，却走马以粪。天下无道，戎马生于郊。"这和联合国门口铸剑为犁、枪管打结的雕塑所表达的主张一致，却和孔子的主张相反。《论语》孔子曰："天下有道，则礼乐征伐自天子出，庶人不议。"只要是天子制定的礼制，天子发动的战争都是合理合法的，庶人无权议论。无礼则乱。好勇疾贫，人而不仁，乱也。孔子认为：天下大乱的根源是小人喻于利，不安分守己，不安贫乐道，不遵守礼制，犯上作乱。而老子认为：战争动乱的根源在于统治者不知足，贪得无厌。第75章："民之饥，以其上食税之多。"

第四十七章

古　文	今　文
不出户， 知天下。 不窥牖（kuīyǒu）， 见天道。 其出弥（mí）远， 其知弥少。 是以圣人不行而知， 不见而明， 不为而成。	不出门， 能知天下事。 不坐井观天，视野开阔， 去观察日月星辰运行的自然规律。 走得越远， 知识越少， 所以，圣人不是周游列国才知天下事的。 不要只看到自己，能看到老百姓的是明白人。 不妄为，不鱼肉百姓的人，是能成就大业的人。

查字典

1. 窥
从小孔或缝隙看。窥探，窥伺。

2. 牖
窗户。不窥牖，不要只从窗户去观察。意为视野开阔，不要有偏见。持一孔之见，坐井观天，成为井底之蛙。观察天象，在什么地方观察都一样。跑得越远，时间都花在路上，只走马观花，浮光掠影，不专心深入，当然其知弥少。

3. 弥
遍，弥天大罪；弥漫，充满；更加，欲盖弥彰。

我的理解

　　本章成了老子反对实践的罪证。无为就是空谈理论，反对实践，反对有为。前面说过，老子的无为是不为、不妄为、不折腾老百姓。老子不反对有为，反而主张大有作为。"以百姓心为心，爱民治国。"取天下，就是大有作为的主张。老子也不反对实践，第 41 章：

"上士闻道，勤而行之。"主张社会实践；第 1 章："欲以观其妙，欲以观其徼。"主张探索真理的实践。第 2 章："处无为之事，行不言之教。"少说空话，多办实事。指责老子反对实践，反映出我们对实践的认识有偏差。

（1）狭隘认为，只有到农村种地，工厂做工，上阵打仗，什么事，都要自己做一遍，才是实践。

知识不是从天上掉下来的，而是来源于实践。这话是对人类整体和认知全过程而言的。从源头看，知识来源于实践，是正确的。但具体到每个人，知识不全来源于本人的实践，很多知识是来源于书本或他人的传授。秀才不出门，能知天下事。特别是当代信息社会，完全可以做到不出门能知天下事。没有必要，也不可能都亲自做一遍。什么事都要重复做一遍，那是浪费时间。"读书破万卷，下笔如有神。"多读书，也可以写出好文章。

老子曰："其出弥远，其知弥少。"当然，这话是针对春秋时期，到处游说的知识分子，不单是孔子才周游列国。老子劝他们"不见而明，不为而成"，不要只看到自己，能看到老百姓的人，是聪明人；不胡作非为，鱼肉百姓，是能成就大业的人。

（2）实践是检验真理的唯一标准。从本意看，解放思想是对的。但从理论角度看，提法不严谨。既然是真理，那就是对的，还需要再检验吗？实践有可能对，也有可能错。能用可能对、也可能错的实践，作为唯一标准，去检验对的东西吗？因此，建议改为："效果是检验理论的唯一标准。"

第四十八章

古　文	今　文
为学日益， 为道日损， 损之又损， 以至于无为， 无为而无不为。 取天下， 常以无事。 及其有事， 不足以取天下。	有用的学问，要日益增加。 私心欲望的有为之道，要逐日减少。 少之又少， 以至于无为， 达到无为而无不为的境界。 争取天下民心， 永远不要惹是生非。 到了出事：胡作非为，折腾百姓，腐败暴虐，战乱饥荒，则不足以争取天下民心。

我的理解

有人觉得"为学日益，为道日损"很难理解，老子不是主张为道吗？日益才对，为何要日损？冯友兰说："我对老子这句话，也并不完全同意。学和道是有所区别的，学就是增长知识，道则是心灵的提高，是哲学。"还有人说："这是老子在告诉我们，人生要学会做减法，不要只做加法。"

我认为：本章继续第43章，宣传"无为之益，天下希及之"。第57章："以无事取天下。"

第四十九章

古　文	今　文
圣人常无心， 以百姓心为心。 善者，吾善之。 不善者，吾亦善之， 德善。 信者，吾信之。 不信者，吾亦信之， 德信。 圣人在天下， 歙歙焉为天下浑其心。 百姓皆注其耳目， 圣人皆孩之。	圣人永无私心， 而以百姓的心为心。 对我友善的人，我善待之。 对我不友善的人，我也善待之。 这是善良的品德。 信我者，我信任他。 不信我者，我也信任他， 这是诚信的品德。 圣人坐天下， 就要为天下而收敛浑浊之心，不能昧着良心坐天下。 百姓都关注自己听到的，看到的， 圣人都要像关心自己的孩子一样，去关心老百姓。

我的理解

本章主要讲圣人。老子认为，天下应由圣人来管理。第 62 章："立天子，置三公。"说明老子不是无政府主义者。圣人是老子心目中理想的统治者（用现在的话说是执政者、领导人、管理者）。老子在许多章节都讲到，圣人最高标准是：无知、无欲、无私、无为、无事。生而不有，为而不恃，长而不宰。后其身，外其身，善利万众而不争。后来觉得，圣人尚不能做到，而况一般人乎？于是，降低标准，能做到见素抱朴，少私寡欲，适可而止，知足常足，去甚、去奢、去泰即可得到天下乐推而不厌，子孙祭祀而不辍。

本章提出：最根本的一条，就是"圣人以百姓心为心，爱民治国"。用现在的话说，就是树立全心全意为人民服务的根本宗旨。

许多注家说："对于善良的人，我善待他；对于不善良的人，我也善待他。对于守信的人，我信任他；对于不守信的人，我也信任他。"如此注解，圣人岂不是成了无是非标准，毫无原则的糊涂人。

我的理解是："对我友善的人，我善待他；对我不友善的人，我也善待他。信我者，我信任他；不信我者，我也信任他。"这不是对敌人，而是对老百姓，对自己人而言。圣人坐天下，要善待百姓，相信群众，团结一切可以团结的人，包括反对过自己的人。

总之，圣人要收敛浑浊的私心，像关心自己的孩子一样，关心老百姓。与百姓心连心，得民心者得天下。明代思想家李贽曰："把天下百姓痛痒置之不问，决不能平治天下。何也？民以食为天，从古圣帝明王，无不留心于此者。"

第五十章

古 文	今 文
出生入死。	出生入死，自然规律，人总是要死的。
生之徒，十有三。	生存的人，有十分之三。
死之徒，十有三。	正常死亡的人，有十分之三。
人之生，动之于死地， 亦十有三，夫何故？	本来活得好好的，突然意外死亡，亦有十分之三。为什么会非正常死亡？
以其生生之厚。	因为他们追求欲望太强烈，纵欲过度。
盖闻善摄生者，	听说善于保护自己生命的人，
陆行不遇兕（sì）虎，	陆行时，避开犀牛和老虎。
入军不被甲兵。	参战时，消灭敌人，保存自己，不被敌人杀害。
兕无所投其角，	使犀牛没地方使用它的犄角，
虎无所措其爪，	使老虎没办法使用它的爪子，
兵无所容其刃。	使敌兵用不上他的刀刃。
夫何故？	什么原因？
以其无死地。	因为没有他非正常死亡的地方。

我的理解

有人说老子在这一章专门讨论了养生问题。为什么有人会意外死亡？因为他们不善于养生，纵欲过度。善于养生者，功夫了得，兕虎无法伤害他，打仗刀枪不入。神仙道教认为，人的一生和天地万物一样，生死存亡都由道统筹安排的。如果你还没有进入道为你安排的死地，你就不会死，即使处在极其凶险的境地，也能逢凶化吉。道和上帝一样，是万能的。

还有人说本章主要宣传贪生怕死的避世隐居思想。任继愈说："老子看来，这个世界到处埋伏着危险，生命随时受到威胁。他主张处处小心，不要进入危险范围，只有无所作为，才最安全，最足以保全性命。"入山唯恐不深，避世唯恐不远。逃离险恶社会，梦想逃往一个世外桃源。

我认为，本章既不是论养生，也不是谈隐居，主要讲无为。老子认为人总是要死的，最好的结果是颐养天年，正常死亡。最遗憾的是，不该死却死了，意外地非正常死亡，让人痛心不已。为什么会非正常死亡？据老子分析，原因有两个：

一是以其生生之厚。追求欲望太强烈，纵欲过度。不只是纵情房事，大吃大喝，余食赘行。

金玉满堂，富贵而骄。追求五色、五音、五味、驰骋田猎，难得之货，玩物丧志。若烹小鲜，鱼肉百姓。民之饥，以其上食税之多。这些也都是以其上求生之厚，纵欲过度。老子主张见素抱朴，少私寡欲。去甚、去奢、去泰。

二是意外事故。例如被咒虎吃掉，被甲兵砍死。老子的办法是，躲开！避免意外事故。儒者说，老子贪生怕死，逃兵一个。《庄子·田子方》有段对话：鲁哀公对庄子说："鲁多儒士，和你同道者不多。"庄子曰："鲁少儒。"哀公曰："举国皆儒服，何谓少乎？"庄子曰："公固以为不然，何不于国中曰：无此道而为此服者，死罪！"哀公号之五日后，鲁国无人敢穿儒服。庄子问："谁贪生怕死？"

儒家曰：百善孝为先，孝为仁之本。可是，礼乐征伐自天子出，平民入军就被甲兵砍死，谁来孝敬可怜父母？忠孝矛盾难解。

趋利避害，人之本能。陆行遇虎，最好还是避开。无为，不要去招惹老虎，使虎无所措其爪。知不可而为之，明知山有虎，偏向虎山行，如果没有武松打虎的本事，硬充好汉，岂不自行喂虎吗？这不是英雄，而是妄为的蠢猪。第73章："勇于敢则杀，勇于不敢则活。"初生牛犊不怕虎，初生牛犊的勇气是建立在无知妄为的基础上，只会招来杀身之祸，不值得赞誉。有勇气不妄为，才有活路，才能立于不败之地。此两者，或利或害，大相径庭。

《孙子兵法》曰："水之行，避高而趋下。兵之行，避实而击虚。"弱者遇强者时，不能硬充好汉，鸡蛋碰石头。而应避其锋芒，保存自己，等待时机，击其不备，这是以弱胜强的唯一办法。故老子曰：避开咒虎和甲兵，使其无法用锐器伤害自己。惹不起，躲得起，把危险躲过去。打游击便是如此：打得赢就打，集中兵力消灭你；打不赢就走，让你打不着我。不做亏本生意，不做无谓牺牲。趋利避害，逢凶化吉，有什么不对？

我认为，老子生前做梦也没想到要养生或隐居。养生和隐居都是后人读了《老子》后，"开发"出来的。《老子》反复讲的是"无为"，我们应该从中受到启发。无论是政治、经济、军事，还是作为个人养生都应该无为，不做有害无益的事情。如吸毒、酗酒、赌博、污染环境，以危险行为危及公共安全，等等。

第五十一章

古　文	今　文
道生之，德畜之， 物形之，势成之。 是以万物莫不尊道而贵德。 道之尊，德之贵， 夫莫之命而常自然。 故道生之，德畜之， 长之育之，亭之毒之，养之覆之。 生而不有，为而不恃， 长而不宰，是谓玄德。	万物由道生之，由德育之。 物质赋予万物形体，环境哺育万物成长。 所以万物没有不遵循道，不重视德的。正如儿女必须尊重父母一样。 道与德之所以尊贵， 在于它不强迫命令，而顺其自然。 所以，道生之，德育之。 不管是长之育之，爱之害之，养之灭之。 总之，生而不占为己有，为之付出而不图回报，不靠它养老送终。 让万物自生自长，而不主宰、支配，这就是所谓深奥、不易理解的玄德。

我的理解

本章主要讲德，是《老子》重要的一章。什么是德？德就是环境、条件、外因。无私、无欲、无为是最高品德。道是道，德是德。道与德不可分，但有区别。第 8 章："德几于道，善利万物而不争。"这是道与德相同之处。第 21 章："孔德之容，惟道是从。"讲德与道是从属关系。本章讲道与德的分工：万物由道生之，由德育之；道是生母，德是养母。物质赋予万物形体，环境（形势）哺育万物成长。万物生长离不开阳光、空气和水，但万物为道所生，非太阳、空气、水所生。《南淮子》曰："天地虽含囊万物，而万物非天地之所为。"宇宙虽包容万物，但万物非宇宙所生，而由道（物质）所生。如鱼在水中生存，但鱼非水所生。万物生长离不开环境，但"盛阳不能荣枯朽之木"，太阳不能使枯朽之木欣欣向荣，外因必须通过内因才能起作用。"万物盈乎天地之间，岂有异乎斯哉？"难道有不同的吗？万物是顺应自然规律而产生，适应各自所处自然环境而生长。

道生万物，生而不有，没有一物是为自己而生的。德也一样，德畜之，为而不恃，长而不宰。说明道与德是无知、无欲、无私的，没有人的思想意识、占有欲望，是无私奉献的。既然如此好心，不辞辛劳而生万物，为何又让万物去死呢？生生死死好不痛苦，为何天地如此不怕麻烦呢？天生天杀，创造者又是破坏者、毁灭者。正说明道与德是无知的，没有人的心智。第 5 章："天地不仁，以万物为刍狗。"天地无知，没有什么爱心不爱心，也没人性。既然是万物，当然包括对的错的，好的坏的，美的丑的，善的恶的。也不管人喜不喜欢，愿不愿意，道照生不误，德照养不止。"天道无为，任物自然，无亲无疏，无彼无此也。"没有什么神仙、上帝有意识的主宰安排，这是老子的无神论、唯物论。万物的生长、发展、消亡完全遵循自然规律。所以，万物没有不尊道而贵德的。万众应该学习万物无私、无欲、无为的精神，遵循自然规律。

第五十二章

古 文	今 文
天下有始， 以为天下母。	天下万物都是有起源的， 把这个源头比作天下万物的母亲。
既得其母， 以知其子。	认识了万物的根源， 就可以了解万物。
既知其子， 复守其母， 没身不殆。	既然了解万物， 反过来要守住根本。 这样做，终身就没有危险。
塞其兑，闭其门， 终身不勤。	堵塞私心杂念的渠道，关闭私欲之门，终身就用不着操心。 不会因私欲得不到满足而烦恼。
开其兑，济其事， 终身不救。	如果开通渠道，想满足无底洞的私欲， 则终身不可救药。
见小曰明， 守柔曰强。	能看见微小的东西，叫眼清目明。 守护柔弱的新生事物叫自强。
用其光， 复归其明。	用道之光， 恢复眼力之明亮，
无遗身殃， 是为袭明。	不遗留后患， 这是因为承袭了光明之道，正如儿女继承了母亲无私奉献的伟大精神。

我的理解

本章与第一章相呼应：天下万物都有起源，万物源于道。道生万物，老子把起源比喻为万物的母亲。母亲对子女怀有无限的仁爱之心，生而不有，为而不恃，长而不宰，具有无私奉献的伟大精神。作为子女，不要因为私心杂念，使自己成为不可救药的下一代。而要守住根本，承袭母亲这种伟大精神，自强不息。

第五十三章

古　文	今　文
使我介然有知，	假使自己思想上稍微有点认识，
行于大道，	行走在大道上，（我指自我思想，见第 17 章注解。）
唯施是畏。	唯一担心的是倒行逆施。
大道甚夷，	大道那么平坦，
而民好径。	而有人却喜欢羊肠小径，歪门邪道。
朝甚除，	朝政那么腐败，（此处民指统治者，见第 3 章注解）
田甚芜，	田地那么荒芜，
仓甚虚，	国库那么空虚，
服文彩，	却服饰豪华，
带利剑，	佩带利剑，耀武扬威。
厌饮食，	饱食终日，以致厌食。
财货有余，	私财有余，
是谓盗夸，	这叫强盗，
非道也哉！	无道啊！

我的理解

　　本章对春秋晚期，东周政治黑暗，统治者腐败无能进行无情的揭露。对这群窃国大盗，表示极大愤慨。这与孔子对东周的态度形成强烈反差。《论语》："周之德，其可谓至德也已矣。""吾从周，吾爱其礼。""如有用我者，吾其为东周乎！"孔子最不容忍大逆不道，犯上作乱，违反周礼，做梦都想克己复礼。

第五十四章

古　文	今　文
善建者不拔，	善于建树的人，坚韧不拔，不懈修养。
善抱者不脱，	善于环抱的人，不会脱手。
子孙以祭祀不辍（chuò）。	子孙会不停地祭拜他，敬仰他。
修之于身，	加强自身修养，
其德乃真。	养成真诚待人的品德，认真做事的态度。
修之于家，	对于家，
其德乃余。	这种品德绰绰有余。
修之于乡，	付之于乡，
其德乃长。	其德行大长。
修之于邦，	付之于邦，
其德乃丰。	其功德就丰富了。
修之于天下，	付之于天下，
其德乃普。	其功德乃普惠天下。
故以身观身，	所以，自我修养，不仅是个人的事情。
以家观家，	胸怀家乡，
以乡观乡，	放眼天下。
以邦观邦，	以此观天下，
以天下观天下。	未来一定是个有道德的天下。
吾何以知天下然哉？	我何以知道未来天下是这个样子呢？
以此。	仅此而已。

我的理解

　　本章主要讲道德修养。有建树的人，能坚持不懈地自我修养，从自己开始做起，胸怀家乡，放眼天下，建功立业。不断提升道德水准，达到真、余、长、丰、普。并预言：未来是个有道德的天下。《庄子·天下》把老子这些主张，归纳为"内圣外王"之道。后来，儒家在《礼记》提出"修身、齐家、治国、平天下"。儒家提法和老子提法看似大同小异，但立场根本不同。儒家提倡忠孝礼乐，仁义道德，是要老百姓遵守的。不遵守，犯上作乱是不道德的。紧接着，不忠不孝，不仁不义，大逆不道，大帽一扣，杀身之祸，株连九族；老子提倡生而不有，为而不恃，长而不宰之玄德，是要圣人遵守的。不遵守，鱼肉百姓是不道德的。第30、55章："是谓不道，不道早已。"

第五十五章

古　文	今　文
含德之厚，比于赤子。	把道德深厚的人，比喻成婴儿。
毒虫不螫（shì），	毒虫不蜇，
猛兽不据，	猛兽不咬，
攫（jué）鸟不搏。	老鹰不搏。
骨弱筋柔而握固。	虽骨弱筋柔，握东西却很牢固。
未知牝牡之合	还不懂男女交合之事，
而朘（juān）作，	小小的生殖器却能勃起。
精之至也。	精力极其充沛。
终日号而不嗄（shà），	终日号哭，却不嘶哑，
和之至也。	元气充足到极致。
知和曰常，	要和平，不要战争；要和谐，不要争斗。不伤元气，这是永恒真理。
知常曰明，	懂得这个真理，叫明智。
益生曰祥，	有益生命，有益健康，叫吉祥。
心使气曰强。	心有余而力不足，硬要使气，贪欢纵欲叫逞强。
物壮则老，	物壮则老，
谓之不道，	叫作不懂此道，
不道早已。	不懂此道，会过早完蛋。

我的理解

本章也分两段，前段讲赤子之至；后段讲物壮则老。好像又是前后脱节，文不连贯，本章到底讲什么？

道学家认为：本章主要讲阴阳冲气，牝牡之合的房中术。《庄子·应帝王》曰："雄在上拼命，雌在下呼应。众雌无雄，又奚卵焉！"儒者曰："男女交媾之事不可言，言之羞也，无耻且出格。"表面一本正经，实则男盗女娼。孔子一贯歧视妇女，子曰："唯女子与小人为难养也。"武王曰："予有治乱大臣十人。"孔子曰："有妇人焉，九人而已。"不把妇女当人。孔子学堂，只招男生，不招女生。在孔子影响下，儒家主张男尊女卑，三纲五常，三从四德。男人可以妻妾成群，寻欢作乐。女人则无才便是德，必须缠足，大门不出，二门不迈，禁锢在家中，作为发泄性欲和生儿育女的工具。勾践把西施作为政治礼物献给夫差，造成吴王荒废朝政，逼伍子胥自杀。王允把貂蝉同时献给吕布和董卓，使吕布和董卓互相残杀。唐玄宗"后宫佳丽三千人，三千宠爱在一身"，与杨贵妃享尽荣华富贵。安史之乱，三军不发，无可奈何，只得把杨贵妃缢死马嵬坡下。吴三桂因陈圆圆被占，冲冠一怒为红颜。引清兵入关，成历史罪人。儒家不谴责当权者腐败，却污蔑女人是祸水，妲己、褒姒等女人是亡国妖姬。老子则不然，把妇女尊崇为天下之母。要人们守其母，贵食母。并以人们皆知的生殖现象，讲解宇宙生生不息的自然规律。

因此，我认为，本章不是讲什么房中术，而是讲新生事物。老子把新生事物比喻成初生婴儿，虽然骨弱筋柔，却不受外界精神污染，不受外界恶势力的伤害，具有很强生命力。第76章："柔弱者生之徒，坚强者死之徒。"因为物壮则老，这是自然规律。有些人不懂此道，心有余而精力不足，硬要使气，贪欢纵欲，影响身体健康，过早衰亡。属于第50章所说的，十之有三，非正常死亡的范畴。故老子一再劝说统治者站在新生事物一边，去甚、去奢、去泰。第9章："金玉满堂，莫之能守；富贵而骄，自遗其咎。"第12章：五色令人目盲，分不清是非，看不到方向；五音令人耳聋，听不进逆耳忠言；五味令人口爽，大吃大喝，吃得脑满肠肥，馀食赘行，影响健康；纵情猎艳，令心发狂；难得之货，令人铤而走险。第44章：甚爱必大费，多藏必厚亡。第46章：祸莫大于不知足，咎莫大于欲得。故圣人适可而止，知足常乐，为腹不为目。经常重温老子的金玉良言，微言大义，对反腐倡廉具有现实意义。

第五十六章

古　文	今　文
知者不言，言者不知。	一瓶水不响，半瓶水乱响。有知识的人不乱说，乱说的人无知。
塞其兑，闭其门。	塞上耳朵，闭上嘴，不听别人乱说，自己也不乱说。
挫其锐，解其纷。	挫其锐气，使其没有尖锐的矛盾，从而解决纷争。
和其光，同其尘。	和其高贵的光环，齐同尘世。
是谓玄同。	大家都一样，一律平等，这叫玄妙的齐同。
故不可得而亲，	所谓玄同，就是：
不可得而疏。	不分亲疏贵贱，
不可得而利，	不讲利害关系，
不可得而害。不可得而贵，	平等对待，
不可得而贱。	一视同仁。
故为天下贵。	所以，玄同是天下最可贵的东西。

我的理解

唐代诗人白居易读本章后有诗曰："言者不知知者默，此言吾闻于老君。若道老君是知者，缘何自著五千文？"说明白居易阅读认真，勤于思考，能提出问题。但他把问题绝对化，认为不言就是绝对不能说话。老子又不是哑巴，不能说话。"不言"之意，是少说空话，多办实事。老子五千言，是最精炼的大实话。

白居易认为本章主要讲"处无为之事，行不言之教"，其实不然，本章主要讲"玄同"。世人看问题主要有两种方法：

一种是形而上学的方法，静止、不变，片面地把问题看死。例如同与异，既然同就不能有异，既然异就不同，誓不两立。法家和儒家分别代表新旧统治者利益，为了说明不平等礼制的合理性，主张别同异，明贵贱。天子与庶人不同，不可能平等。故礼乐征伐自天子出，庶人不议。

另一种是辩证法，实事求是，从实际出发，全面地看问题，既看正面又看反面，不把问题看死。例如同与异，实际情况往往没那么简单和绝对。不一定是非此即彼，非同即异。常常是难分彼此，难分同异。老子认为：万物负阴而抱阳，毕同毕异，同出而异，同中有异，大同小异。天子与庶人，首先同样是人，然后才是地位不同。道家和墨家代表庶人利益，主张合同异，要求平等，均贫富，等贵贱。第39章：故贵以贱为本，高以下为基。第77章：

损有余以奉天下。

为此，老子提出玄同概念，玄同就是和。"和"是介于同与异之间的状态：同中有异，不是绝对的同，也不是绝对的异；是经过烹调后形成的一道菜；是多次协调后形成的和声；冲气以为和，是阴阳冲气后的和解；是矛盾的化解，问题的解决，矛盾的统一，意见的一致，战后的和平；是求同存异，和平共处，互利双赢，各得所欲。不是我吃掉你，你吃掉我，也不是绝对平均主义，而是找到各方利益的平衡。

要实现玄同和解，首先，通过谈判、交流、沟通，挫其锐，使其没有尖锐的矛盾；化解纷争，和其高贵光环，齐同尘世；不分亲疏贵贱，不讲利害关系，一视同仁，平等对待。人都有私心，各有偏爱。要任人唯贤，不唯亲，做到玄同境界，确实不易，故为天下贵。

玄同之所以玄，不是一两句话能说清楚的。第58章：人之迷，其日固久。第1章：虽玄之又玄，却是众妙之门。因此，老子提请我们注意研究玄同问题，要有欲以观其妙的探索精神。

在人类产生之前，世界大同。动物没有人类那么多心眼，饿了就吃，困了就睡。弱肉强食，没有名分、贵贱之分，从来没有因为你低贱该被吃掉，他高贵不该被吃。在我们看来，血淋淋的活剥生吞，非常残酷。但是，食物链一旦失去平衡，必然带来灾难。自从有了人类，不管什么人，都从一个地方来，又到一个地方去。都由无数看不见，摸不着，玄之又玄的小东西构成。万物齐一，人和蝼蚁、砖瓦、屎尿等万物，本来就是同样的东西，这就是让人想不明白的玄同。第4章："吾不知谁之子，象帝之先。"这种世界玄同，我也不知道玄同是谁创生的。有一点可以肯定，在帝王将相产生之前，就已经是这个样子。可见，天下一开始并不是帝王将相的。自从有了帝王将相，他们用武力窃取天下。这群窃国大盗在所谓圣人的帮助下，以智治国，制定礼乐制度，仁义道德，镇压老百姓。

儒家对"和"有完全不同的理解。《论语》有子曰："礼之用，和为贵，不以礼节之，亦不可行。"都以为"和为贵"是孔子说的，因此，说孔子是主张和谐，爱好和平，反对战争的圣人，全然不是那回事。"天下有道，礼乐征伐自天子出，庶人不议。"可见，孔子不反对天子发动的战争。礼是干什么用的？不是用来反对天子发动的战争，而是用来节制老百姓的反抗。光说和为贵，不要犯上作乱还不行，还必须用礼来节制。子曰："君子和而不同，小人同而不和。"君子主张不同等级的人和谐共处，小人主张平等，反抗就是犯上作乱，就是同而不和。

第五十七章

古　文	今　文
以正治国，以奇用兵， 以无事取天下。 吾何以知其然哉？ 以此： 天下多忌讳， 而民弥贫。 人多利器， 国家滋昏。 人多技巧， 奇物滋起。 法令滋彰， 盗贼多有。 故圣人云： 我无为，而民自化。 我好静，而民自正。 我无事，而民自富。 我无欲，而民自朴。	以正道治国，以出奇用兵， 以无事，不折腾，争取天下民心。 我怎么知道是这样，凭什么提出这三条呢？ 凭的是现实情况： 天下多禁忌、迷信， 民众就越贫困。 政权、军队、法律、税收等国之利器越多， 国家滋生黑暗，老百姓就越倒霉。 骗人的伎俩、手段、花招越多， 奇怪邪恶的事物就会滋生起来。 法令虽然有些效果， 但盗贼还是多如牛毛。 所以，圣人说： 我无为，民众自然潜移默化。 我好静，民众自然规范，不偏激，不走极端，不铤而走险。 我无事，不扰民，民众自然富裕。 我无欲，不恣情纵欲，民风自然淳朴。

我的理解

本章主要讲有为与无为的关系。

（1）有为。

首先，讲了三件很有为的事情：即治国、用兵、取天下。证明老子不但主张有为，而且主张大有作为。并非主张饱食终日，无所作为。取天下是从无到有的转化，转化的条件是以正治国，以奇用兵，以无事取天下。有人说老子只讲转化，不讲条件，否定主观能动性，这种言论可在此不攻自破。

（2）无为。

其次，讲了无为的四件事：不要搞那么多忌讳、利器、技巧、法令来镇压、剥削老百姓。有人说老子反对忌讳，反对国之利器，是地道的无政府主义者；反对技巧，是反科学，反文明的表现；说法令滋彰，盗贼多有，是反对依法治国。这些无端指责，都不值一驳。

老子主张国家应由天下乐推的圣人管理，第 62 章：立天子，置三公，为官长。顺其自然，按自然规律办事，并非放任不管，怎能说他是无政府主义者？骗人的技巧是科学文明的东西吗？奇物不是什么新产品，而是邪恶的礼制，虚伪的仁义道德。第 80 章："虽有车舆，无所乘之。"是指用不着乘车船去逃避战乱，并非反对采用先进交通工具。老子在第 25 章讲法："人法地，地法天，天法道，道法自然。"第 73 章："天网恢恢，疏而不失。"《法经》曰："道生法。"法家许多观点，源自老子。特别是韩非著《解老》《喻老》以述法家思想。第 14 章："执古之道，以御今之有。"第 37 章："化而欲作，吾将镇之以无名之朴。"第 36 章："国之利器不可以示人。"第 74 章："夫代大匠斫首，稀有不伤其手。""若使民常畏死而为奇者，吾得执而杀之，孰敢？"第 79 章："圣人执左契而不责于人。"都说明老子不反对以法治国，而反对酷刑峻法，滥施于民。

（3）无为而无不为，无为即有为。

第 37 章："常无为而无不为。"第 3 章："为无为，则无不治。"第 10 章："爱民治国，能无为乎？"第 51 章："为而不恃。"第 81 章："为而不争。"第 67 章："不敢为天下先。"第 12 章："为腹不为目。"第 7 章："后其身，外其身，不自生。"第 13 章："为天下而不为私者，若可寄托天下。"第 43 章："无为之益，天下希及之。"本章则要求圣人带头，在无为、好静、无事、无欲等四个方面作出表率。只要圣人能带头作出表率，民众当然会自化、自正、自富、自朴。表达出以百姓心为心，爱民治国，无为而治，治国先治官的思路取向。这与孔子的治国先治民的理念完全相反。孔子为了维护统治者利益，他提倡的忠孝礼乐，仁义道德都是要老百姓遵守的。犯上作乱就是不忠不孝，不仁不义，大逆不道，乱臣贼子，必须斩首示众，株连九族。

第五十八章

古 文	今 文
其政闷闷，其民淳淳。	其政低调无为，则民风淳朴。
其政察察，其民缺缺。	其政苛刻妄为，则民众生活什么都缺。
祸兮福之所倚，福兮祸之所伏。	祸与福是互相依存的，享福之中潜伏着祸根。祸与福之间的互相转化，
孰知其极？其无正。	谁知其尽头？好像没个准。
正复为奇，善复为妖。	正常变成不正常，善良转化为妖魔。
人之迷，其日固久。	为什么会这样？人们迷惑不解，已经很久了。
是以圣人方而不割。	所以圣人方方正正，不割舍原则。
廉而不刿（guì 刺伤），	廉洁奉公，不损人利己，搜刮民财。
直而不肆，光而不耀。	正直而不放肆妄为，闪光而不耀眼逼人。有亮点，但不刺眼。

我的理解

有的学者认为本章分三段，前段讲其政、其民；中间讲祸福、善妖；后段讲圣人。又是文义不一致，不连贯，疑有错简。我认为：本章主要讲对立转化，不存在文义不一致、不连贯、错简的问题。

《淮南子·人间训》所讲塞翁失马，焉知非福的故事，被认为是对本章祸福转化最好的诠释。故事说：边塞老翁丢一马。隔天，这匹马不但自己跑回来，还带回另一匹好马，因祸得福；正因为这个故事，使许多人认为：老子只讲转化，不讲条件，否定人的主观努力。这是很大的误解。

首先，老子说祸福之间，只是潜伏转化的可能，并没说一定会转化。其次，转化必须有一定的条件，条件不成熟，矛盾就不可能转化。最后，通过人的努力，矛盾可向有利的方向转化。

本章就很具体地讲解矛盾转化的条件："其政察察，其民缺缺。"《管子》曰："人至察则无友，水至清则无鱼。"执政者苛政妄为，民众生活则由自给自足转化为什么都缺。如果圣人行为端正，能坚持原则。廉洁奉公，不损人利己，搜刮民财。正直而不放肆妄为。有闪光点而不耀眼逼人。为政闷闷，低调无为，则民风淳朴。

老子一贯主张其政闷闷，低调无为：不打仗，少收税。打仗死人多，破坏性大，军费开支是个无底洞。税收是用来维持必要的行政开支，应取之于民，用之于民。而不是用来生活享受、用来打仗的。

康熙皇帝对老子的祸福观有比较深刻的理解。康熙说："圣人以劳为福，以逸为祸也！"

第五十九章

古　文	今　文
治人事天莫若啬。	管理人事，服务天下，不如小气吝啬一点好。
夫唯啬，	只有节俭，爱惜一点，不浪费，才能有所作为。
是谓早服。	这叫早作准备。
早服谓之重积德。	早作准备，就要重视积德。有积累，将来可把积蓄用在刀刃上。重积
重积德，	德，有准备，
则无不克。	则没有克服不了的困难，没有过不去的难关。
无不克，	想攻无不克，
则莫知其极。	则必须不知终极，不知疲倦地积累。
莫知其极，	有莫知其极，坚忍不拔的精神，
可以有国。	就可以把治国重任委托给你。
有国之母，	这是治国之本，
可以长久。	重积德，有积累，有准备，细水长流，可以长久。
是谓根深蒂固，	这叫根深蒂固，基础牢固，
长生久视之道。	是长生久世之道。

我的理解

有人说：老子的长生久视之道，害死了不少人。许多人，追求长生不老，炼丹服药，中毒而亡。秦始皇也追求长生不死，派五千童男童女，桴入东海，寻找长生不老药，结果下落不明，年仅五十岁的秦始皇却猝死路边。

这种指控，犹如医患纠纷，让老子跳进黄河也洗不清。其实，老子在本章所说的长生久视之道，是讲节俭、早服、积德是国家长治久安之道，治国之本。毫无人的长生不老、长生不死之意。

啬（sè）不只是守财奴，吝啬小气；更多的是爱惜、珍惜、积蓄、蓄能、节俭的意思。第 67 章，老子不但把俭作为人生三宝之一，而且作为治国之本，长治久安之道。大手大脚、大吃大喝，铺张浪费，坐吃山空，有国会转化为无国；早服积德，开源节流，勤俭持家，节约治国，这是有国之母，无国可以有国，有国可以长久，这是根深蒂固的基础工程。

总之，老子劝人积德从善，并非教人追求长生不老。

第六十章

古　文	今　文
治大国， 若烹小鲜。	治理大国， 就像煎小鱼。老翻，就会翻烂成滓，鱼不像鱼；老折腾，国家就不像国家。
以道莅天下， 其鬼不神。	以道治理天下， 邪恶势力就不神气了，不可能再横行霸道，作威作福，奢侈挥霍。
非其鬼不神， 其神不伤人。	心怀鬼胎的人神气不了， 不可能再来害人。
非其神不伤人， 圣人亦不伤人。	不但鬼神不能害人， 所谓圣人，亦不可能再来害人。
夫两不相伤， 故德交归焉。	凶鬼恶神、假圣人两者都无法伤害百姓， 所以，天下太平，功德圆满啊！

我的理解

"治大国，若烹小鲜。"是句千古名言，连美国总统里根也曾在 1987 年的国情咨文中引用过。由于立场不同，理解也截然不同。《韩非·解老》曰："事大众而数挠之，则少成功；藏大器而数徙之，则多败伤；烹小鲜而数挠之，则贼其泽；治大国而数变法，则民苦之。是以有道之君贵虚静而重变法，故曰治大国若烹小鲜。"事大众，治大国者，当然是指统治者。要求执政者不要乱翻烧饼，瞎折腾，鱼肉百姓。是上不要犯下作乱，而不是下不要犯上作乱。故韩非观点和老子一样，治国先治官。第 75 章："民之难治，以其上之有为。"第 57 章："我无为，而民自化。"官治好了，民自然好治，无为而无不治。

然而，儒者理解不同。例如，汉儒毛亨曰："烹鱼烦则碎，治民烦则散，知烹鱼则知治民矣。"唐儒孔颖达曰："烹鱼治民，俱不欲烦。知烹鱼之道，则知治民之道，言治民贵安静。"只想治民，不想治官。可见，儒家思路是：天下之所以大乱，是民不安贫乐道，不遵守礼制，犯上作乱。因此，治国必先治民，那套忠孝礼乐，仁义道德是要民遵守的。刑不上大夫，统治者可不遵守。

以道莅天下，非但鬼神不能伤人，假圣人亦不能害人。老子把鬼神和假圣人看成烹小鲜，鱼肉百姓的邪恶势力，说明老子毫无神仙思想。

第六十一章

古 文	今 文
大邦者下流，	大国要像水往下流，
天下之牝，	成为天下的母亲河。
天下之交也。	是天下之交汇点、关注点、焦点、重点。
牝常以静胜牡，	雌性常以文静、温柔、体贴征服雄性的心。
以静为下。	静就是谦下、谦让。
故大邦以下小邦，	所以，大邦谦让小邦，
则取小邦。	则可取得小邦的信赖。
小邦以下大邦，	小邦谦让大邦，
则取大邦。	则可以争取大邦的支持和帮助。
故或下以取，或下而取。	用谦下去获取，或者说，用谦让去争取。
大邦不过欲兼畜人，	大邦不要老想兼并、奴役别人，
小邦不过欲入事人。	小邦不要过于依赖、屈从、低声下气侍候别人。
夫两者各得所欲，	两者双赢，各得其所，得到自己想要的东西。
大者宜为下。	大者更要谦下，是矛盾的主要方面。

我的理解

第42章："万物负阴而抱阳，冲气以为和。"在现实中，阴阳往往是不平衡的，不是阴盛阳衰，就是阳刚强，阴柔弱。上升为强的一方，决定着矛盾转化的方向。老子希望，通过冲气交流，达到阴阳平衡、和解。例如，在处理大国与小国关系时，大国是强的一方，主导着矛盾转化的方向，是矛盾主要方面。处理得好，导致和平，互利双赢，各得所欲，世界就有希望。处理不好，导致战争。有两种可能，一种是螳螂捕蝉，黄雀在后。小国虽被灭，但两败俱伤。自己也因战争，伤了元气，被在后的另一大国算计。另一种是柔弱胜刚强，小国打败大国。因此，大国不要老想占人便宜，以大欺小，兼并、奴役小国；而小国也要自力更生，不要过于依赖大国。大国要有大国风范，像水一样善利万国，以静争取胜。所谓静，就是不以战争，而以和平的方式争取民心。具体做法是：在交往中，互相谦让，互相关切对方核心利益。走睦邻友好、和平发展道路。

从大的方面讲，可以说，这是国家的外交政策。从小的方面讲，不也是处理人际关系、干群关系的基本原则吗？这个原则是：强人、干部是矛盾主要方面，保护弱势群体。治国先治强人、先治官！

第六十二章

古　文	今　文
道者，万物之奥。	道是万物奥妙之所在。
善人之宝，	是善人之宝。
不善人之所保。	不善之人也应保有。
美言可以市尊，	美好的言论可以换来世人尊重，
美行可以加人。	美好的行为可以影响他人。
人之不善，	人再怎么不善，
何弃之有？	为什么要放弃已经拥有的宝贝？
故立天子，置三公，	立天子，设官职，
虽有拱璧以先驷马，	虽然手捧贵重玉器，乘坐驷马豪华轿车，
不如坐进此道。	还不如坐进此道。
古人所以贵此道者何？	古人之所以重视此道，为什么？
不曰：求以得，	不是说有求必应，
有罪以免邪？	有罪可以赦免吗？道是唯一出路。
故为天下贵。	所以，道为天下所重视。

我的理解

　　本章强调，道是万物之奥，万众之宝。立天子，置三公，拱璧驷马还不如此道有用，故为天下贵。不管什么人，都不要放弃。

　　道没有人的思想意识，没有人的私心和欲望，所以是最公平公正的。道生万物，既然是万物，当然包括好的坏的、善的恶的、美的丑的、对的错的，不管人们喜不喜欢，愿不愿意，它都照生不误，照长不误，照死不误，无乎逃物。故文中所谓善人，不善人，人之不善。意思是不管什么人，不管是好人还是坏人，都是父母生的，都离不开父母的养育。人再怎么坏，都应该尊道而贵德，何弃之有？再说，有错就改，有罪争取赦免，道是唯一出路。老子用词很有分寸，用善人，不善人，人之不善，不用好人、坏人，人再怎么坏，来说事，给人留个面子。

第六十三章

古　文	今　文
为无为，事无事， 味无味，大小多少， 报怨以德。	不管有为还是无为，有事还是无事， 有味还是无味，有意思还是没意思。也不管事情大小、多少， 无论如何，都要以德报怨。
图难于其易，为大于其细。	这事很难吧，难事总有它容易的地方，大由小组成。
天下难事，必作于易。	天下难事，必须从容易的地方做起。
天下大事，必作于细。	天下大事，必先从小事做起，从而积累经验。
是以圣人终不为大，故能成其大。	所以，圣人始终不自大，故能成就大业。
夫轻诺必寡信，	说大话、空话，轻易承诺，必然难以兑现。言而无信，则很少有人信任你。
多易必多难。	把事情看得太容易，必有很多难处。
是以圣人犹难之，	所以，圣人从大局着想，难处着眼。从容易的小事做起。
故终无难矣。	故天下无难事啊！

我的理解

本章一开始就让人费解，为无为，事无事，还好理解，可是味无味什么意思？中间又突然冒一句"报怨以德"，与后面"图难与其易"好像也衔接不上。似乎孤零零地，前不着村，后不着店，又是前后文义不连贯的一篇文章。我费了一番思量，才将报怨以德作为一件难事，把前后文义连贯起来，理解其中的意思。实际上，老子是把报怨以德作为实例，为世人讲解：为无为，事无事，味无味，大生于小，多起于少，难从易做起，大事从小事做起，不为大，才能成其大，轻诺必寡信，多易必多难等辩证法的哲学问题。

《尸子》曰："以德报怨，人之难也。"需要海纳百川的宽阔胸怀，宰相肚里能撑船。大肚能容，容天下难容之事，一般人是不容易做到的。但老子讲的怨，不是日常生活中的恩恩怨怨。而是民之饥，以其上食税之多。民之轻死，以其上求生之厚。逼得老百姓无以生为，活不下去，形成的大怨。第79章："和大怨，必有余怨，安可以为善？"调和矛盾，矛盾还是存在，怎能说是好办法？老子主张报怨以德。"是以圣人执左契，而不责于人。"老子不反对收税，但不要因税收，把老百姓逼上梁山。显然，老子在为老百姓说话。"以德报怨"是对自己人，对老百姓而言。对敌人，第74章老子曰："若使民常畏死，而为奇者，吾得执而杀之，孰敢？"

《论语》或曰："以德报怨，何如？"子曰："何以报德？以直报怨，以德报德。"

孔子认为：以德报怨，不记仇，反给好处，是非不分，是错误的。对老百姓的怨恨，要以牙还牙，以眼还眼，直接打击、严厉镇压。绥靖、妥协只能养虎遗患，助长怨气，纵容犯上作乱，危及统治者利益。反映出孔子与老子立场、观点的不同。

第六十四章

古　文	今　文
其安易持，其未兆易谋。	安定未乱容易把握，未露兆头容易谋划。
其脆而泮，其微易散。	脆的东西易碎，微小的东西容易涣散。碎了、散了就难以补救。
为之于未有，治之于未乱。	损失大了，要在事发前就防患于未然。预防为主，治未乱。
合抱之木，生于毫末。	合抱之木，生于毫末。
九层之台，起于累土。	九层之台，起于累土。
千里之行，始于足下。	千里之行，始于足下。
为者败之，执者失之。	急功近利，揠苗助长，这样做，只有失败。
是以圣人无为故无败，	圣人坚持无为，所以没有失败。
无执故无失。	胜利往往得之于再坚持一下之中。
民之从事，	许多人做事，常常是快成功时而失败。
常于几成而败之。	千里之行，只差一步，却放弃了，半途而废。
慎终如始，则无败事。	慎终如始，始终如一，坚持不懈，则无败事。
是以圣人欲不欲，	所以，圣人想成功，不想失败，
不贵难得之货。	就不应该看重那些难得之货。
学不学，复众人之所过，	学那些不该学的东西，重复许多人犯过的错误。
以辅万物之自然而不敢为。	遵循自然规律，而不敢妄为。

我的理解

本章主要讲事物发展，量变到质变的辩证过程，分三个阶段：

（1）发生阶段，要早服。为之于未有，治之于未乱。

老子认为事情刚发生，尚处安定未乱的阶段，还比较容易把持。如果乱到了坛坛罐罐都打碎了，就难以补救，损失太大。因此，在事情发生之前，就要妥善处理。尽量不要让无法挽救的事情发生。有许多事情，例如地震，虽然目前尚无法预测，无法避免。但可以"为之于未有，治之于未乱"。做好各种应急预案，以免灾难突发时，措手不及。未雨绸缪，预防为主。正如第 59 章所说的早服，早作准备，可把损失降到最低。

（2）发展阶段，要积德。量变到质变，防止急于求成。

大生于小，多起于少。任何事物的发展，都有量变积累的过程。第 24 章："企者不立，跨者不行。"急于求成，急功近利，想跨越这一过程，一口吃成胖子，一夜暴富，那是不可能的。但是，通过努力，可以缩短这一过程。量变是事物转化质变的条件。没有毫末，就没有合抱之木；没有累土，就没有九层之台；高以下为基，没有贱就没有贵，没有民就没有官；不始于足下，就没有千里之行。

（3）完成阶段，要慎终。始终如一，坚持无为。

许多人做事，常常快成功而失败。千里之行，只差一步，却放弃了。胜利往往得之于再坚持一下之中，很遗憾，半途而废，前功尽弃，白辛苦一场。如果想成功，不想失败。就不应该看重那些难得之货，不学那些不该学的东西，不重复许多人犯过的错误。慎终如始，坚持无为，按自然规律办事。

老子的哲学思想对中医理论产生深刻影响，主要有三个方面：

（1）整体观念。

东汉医圣张仲景在《伤寒论》主张天人合一，把人放在宇宙中，作为有机整体来观察。气候环境变化会导致人生病，可是，在同样气候环境中，为什么有人得病，有人却不得病？张仲景认为：人的体质是主要的。"正气内存，邪不可干。"外因要通过内因才能起作用。治病主要不是杀灭病邪，而是扶正为主，兼以驱邪。消毒是必要的，但细菌、病毒不可能赶尽杀绝。治疗不只是头痛医头，脚痛医脚，应着重治本，增强人的整体体质，增强抵抗力、免疫力。

（2）辨证施治。

唐代名医孙思邈长期隐居学道，行医救人。主张"人命至贵，大医精诚。"行医要懂老子，讲医德，博采众方。运用望、闻、问、切，阴阳五行的方法，辨证施治。认为得病是阴阳失衡，太过泻之，不及补之，建立阴阳平衡。改变了中医理论与实践脱节的状况。

（3）预防为主。

《黄帝内经》曰："圣人不治已病治未病，不治已乱治未乱。未病已成而后药之，乱已成而后治之。譬如渴而穿井，斗而铸锥，不亦晚乎？"提出了预防为主的医疗战略。未病先防，已病防变。在人生道路上，虽然无法避免慢慢变老的生命历程。但是，通过养生，可以延年益寿，防止非正常死亡。

第六十五章

古　文	今　文
古之善为道者，非以明民， 将以愚之。	古之善为道者，不是教人成为算计别人，争权夺利的聪明人。 而是教人做一个廉洁奉公，以身为天下的愚人。
民之难治，以其智多。	人之所以难治，是狡诈智谋太多。以智治国，把聪明才智都用在压榨
故以智治国，国之贼。	盘剥，算计百姓上面，与盗贼无异。故以智治国，乃国之灾难。
不以智治国，国之福。	不以智治国，乃国之福祉。
知此两者，亦稽式。	知此两者，也叫作总的原则。
常知稽式，是谓玄德。	深刻认识这项总则，称为玄德。
玄德深矣，远矣，	玄德的意义深远啊！
与物反矣，	与追求物欲相反，返璞归真。
然后乃至大顺。	然后才能万事顺利，社会安定，天下太平。

我的理解

有人指责，老子在本章重提愚民政策。治国当然需要智慧，无知怎能治国？这种指责，主要源自对民、愚、智，三个字的误解。

（1）民。泛指人，而且主要是指当官的，不是指老百姓。（详见第 3 章注解）

（2）智。在本章不是指文明知识，而指统治者统治老百姓的智谋。孔孟都主张以智治国。子曰："唯上知与下愚不移。"靠君臣的智力来管理下愚。子曰："民可使由之，不可使知之。"忠孝礼乐仁义道德是智的产物。"上好礼则民莫敢不敬。"子曰："上好礼则民易使也。"孟子曰："劳心者治人，劳力者治于人。治于人者食人，治人者食于人，天下之通义也。"这些主张都是典型的愚民政策。

（3）愚。什么是愚人？利益不同，立场不同，看法不同。见钱不捞是傻瓜。有权不用，过期作废。勤勤恳恳当老黄牛，是傻人傻事。在孔孟眼里，庶人都是没有知识，愚蠢的小人。第 20 章：老子却自称是个愚人，当了官，不懂享太牢，春登台，是个只懂贵食母的老土。《列子》讲愚公移山的故事，说明大智若愚，愚公是大智。智叟是个聪明人，顶多只有小聪明。《庄子·马蹄》：伯乐是个聪明人，以智治马，治马目的是奴役马；诸侯也很聪明，以智治国，目的是让民众当牛做马，故窃国贼为诸侯。而所谓至圣者，有不为大盗守者乎？他们发明什么忠孝礼乐仁义道德，来维护诸侯，节制百姓。故圣人不死，大盗不止。

孔子主张以礼治国，法家主张以法治国，都以智治国。不同的是，孔子维护旧统治者利益，妄图恢复周礼；法家维护新统治者利益，力图改革周礼。商鞅曰："故明主慎法制，言不中法者，不听也；行不中法者，不高也；事不中法者，不为也。"和孔子关于"非礼勿视，非礼勿听，非礼勿言，非礼勿动"的说法一样，替统治者治老百姓。

明末李自成造反，打开官仓，散粮济民，均田免粮。"杀牛羊备酒浆，开城门迎闯王，闯王来了不纳粮。"深受老百姓欢迎和支持，迅速攻占北京，建立大顺政权。国号就取自本章大顺二字，足见李自成受老子的影响。遗憾的是，李自成没完全按老子的办法做，进京后很快腐败，失去民众支持，败走湖北，死于九宫山下。

第六十六章

古　文	今　文
江海所以能为百谷王者， 以其善下之， 故能为百谷王。 是以圣人欲上民， 必以言下之。 欲先民， 必以身后之。 是以圣人处上 而民无重。 处前而民不害。 是以天下乐推 而不厌。 以其不争， 故天下莫能与之争。	江海之所以能成为百谷（百姓）之王， 是因为它善处百谷之下， 故能成为百谷之王。 所以，圣人想位于民众之上， 言行必须谦下，礼贤下士，体恤万民。 想在前面领导民众， 必须将自身利益置于民众利益之后。 所以，圣人虽然在上面，不压榨民众， 使民众不感到沉重负担。在前面领导，不损害民众利益，使民众不觉得有害。 于是，天下很乐意推选他， 而不讨厌他。 以其不争权夺利， 故天下没人能与之竞争。

我的理解

　　本章以海纳百川的包容，讲如何处理好王者与民众的辩证关系。欲上必先下，欲前必先后。处上使民众不感到负担；处前使民众不觉得有害。于是，天下很乐意推选他，反映出老子民主选举的思想。不争权夺利，反而没人能与之争。李世民深有体悟曰："水可载舟，亦可覆舟。天子者，有道则人推为主，无道则人弃而不用，诚可畏也。"

第六十七章

古　文	今　文
天下皆谓我道大，	天下都说我道伟大，
似不肖。	既像又不像。
夫唯大，故似不肖。	只讲伟大，故既像又不像。
若肖，久矣其细也夫！	如果像而自大，早就是渺小，而不伟大。
我有三宝，持而保之：	在自我的思想上，有三件宝，必须保持：
一曰慈，	一是慈：即慈爱，伟大的母爱，故为大。
二曰俭，	二是俭：勤俭、积蓄、积德、小气，故为小。
三曰不敢为天下先。	三是不敢把个人利益置于天下百姓利益之先，胆小故为小。
慈故能勇。	母亲生性柔弱胆小，但儿女遇到危险时，却能勇敢护卫自己的孩子，慈故能勇。
俭故能广。	只有节俭，才能宽裕。只有爱惜，才广有人才。
不敢为天下先，	见困难上，见荣誉让，外其身，后其身。
故能成器长。	在物质享受上，不敢为天下先，故能成大器。
今舍慈且勇。	如果舍弃爱心，逞强凶勇，乱砍乱杀。
舍俭且广。	如果舍弃勤俭优良传统，广为浪费。
舍后且先，死矣！	如果舍后抢先，有好处就抢在前头。首当其冲，枪打出头鸟，就死定了。
夫慈，以战则胜，	在伟大母爱呵护下的新生事物，是战无不胜，
以守则固。	守无不固的。
天将救之，	天下大众将救助它，
以慈卫之。	以爱心守卫它。

我的理解

　　本章分两段，前段讲道的大小，后段讲"执政三宝"或称"人生三宝"。有人说，又是上下文不合，疑为第34章错简。其实不然，老子惯用手法是，先讲哲学道埋，后引入实际应用。

　　道生万物，道是万物伟大的母亲。道又是物质，物的本质是实际存在的、无数看不见、摸不着的小东西。大到至大无外的宇宙，小到至小无内的基本粒子。从这个角度看是大；从另一角度看是小。可见，道既大又小，是辩证的，为后面讲"执政三宝"做好了铺垫。

　　"我有三宝。"此处的我，不是指老子自己，而是指掌权者在思想上应保有的执政三宝：

一曰：慈。仁慈，爱心，母慈子孝。慈故能勇，母亲生性柔弱胆小，一旦儿女遇到危险时，却能奋不顾身，勇敢护卫自己的孩子。这种勇气出自对子女伟大的爱。第49章："圣人常无心，以百姓心为心。百姓皆注其耳目，圣人皆孩之。"执政者应该热爱老百姓。孙子兵法亦视慈为宝《地形篇》曰："视卒如婴儿，故可与之赴深溪。视卒如爱子，故可与之俱死。"可见，不只是孔子在讲忠孝仁义，诸子百家也讲，只是内容不同。孔子忠君，只爱天子不爱庶人。老子忠民，爱百姓，贵食母。

二曰：俭。勤俭、积蓄、积德。从这个角度看，吝啬小气；从另一个角度看，俭故能广，只有节俭，才能宽裕。只有爱惜，才广有人才。只有积少成多，才能集中人力财力办大事。俭对普通人而言，是勤俭持家，量入为出，不大手大脚，乱花钱；对执政者而言，意味着轻徭薄赋，不与民争利，不奢侈腐败，公款消费。墨家主张节用薄丧；而儒家主张久丧厚葬，讲究排场，因为儒者是搞丧葬这个行当的。

三曰：不敢为天下先。此语备受争议，我们主张敢为天下先的雄心壮志，老子却唱反调，主张消极、保守、退缩、甘居落后、不敢为天下先。此争议说明，有些人读《老子》，未透过表面文字，理解内在精义。第7章："后其身而身先。"第57章："以奇用兵，以无事取天下。"第66章："欲上必先下；欲前必先后；处上而民不重；处前而民不害。"这些都是敢为天下先的雄心壮志。本章所谓不敢为天下先，是见困难就上，见荣誉就让，不敢有好处就抢先，不敢把个人利益置于民众利益之前，不敢把享受置于事业之上。第9章："金玉满堂，莫之能守。富贵而骄，自遗其咎。"第46章："祸莫大于不知足，咎莫大于欲得。"范仲淹"先天下之忧而忧，后天下之乐而乐"的名言，是"千古文章一大抄"，就源自老子的后其身而身先。第33章："自胜者强。"能战胜自我的人最强大，老子的不敢为天下先，是不敢妄为，绝不是什么乌龟缩头论。

第六十八章

古　文	今　文
善为士者，不武。	好的将士不好战。
善战者，不怒。	善战者不易被激怒而失去理智，沉着冷静。
善胜敌者，不与。	善胜敌者，扬长避短，不与强敌正面交锋。
善用人者，为之下。	善用人者谦下，能礼贤下士。
是之谓不争之德，	这叫作不争强好胜之德，
是谓用人之力，	显示出用人之能力和水平，
是谓配天古之极。	是符合自然规律的最高境界。

我的理解

老子不是军人，是文人，是反战人士。但他的书却被称为兵书，他的哲学思想被兵家广泛应用。例如：孙子兵法的避实击虚；国君不可怒而兴师；不可随便干预军务，自乱其军。成都武侯祠对联"能攻心则反侧自消，从古知兵非好战。不审势即宽严皆误，后来治蜀要深思"。都源自老子哲学思想。

第六十九章

古　文	今　文
用兵有言:"吾不敢为主而为客。不敢进寸而退尺。"	用兵者有话:"我不敢主动进攻,宁愿防守。客人来了,先礼让三分,退避三舍。不敢进寸而退尺。"敌人是得寸进尺,他却连寸都不敢进。
是谓行无行,	还没打就退缩。这叫行军没个行军的样子。
攘无臂,	卷起袖子好像要打,却不出手。
扔无敌,	敌人还没来,就扔下武器。
执无兵。	执掌兵权,却不出兵。只守不攻,不重视进攻,不做好进攻的准备,这是最大的轻敌。
祸莫大于轻敌,	祸莫大于轻敌,
轻敌几丧吾宝。	轻敌几乎丧尽我方宝贵战机。
故抗兵相加,	两军交战,
哀者胜矣!	哀兵胜,骄兵败啊!

我的理解

本章倍受误解。许多注家认为:老子借战争说事,宣扬忍辱退让,回避不争,居下无为的处世哲学。主张只守不攻,以静制动,以柔克刚,退缩保守,反对进取。硬把"吾不敢为主而为客,不敢进寸而进尺"这种乌龟缩头的言论裁到老子头上,认为这句话是老子说的。其实不是,而是老子引用兵家的话,并愤怒地加以斥责:敌人是得寸进尺,他却连寸都不敢进。还没打就退缩,行军没个行军样子,卷起袖子好像要打,却不出手。敌人还没来,就扔下武器。掌兵权,却不出兵。只守不攻,不重视进攻,不做好进攻的准备,这是最大的轻敌。祸莫大于轻敌,轻敌将丧失宝贵战机。两军相逢,勇者胜,骄兵败。

与老子相反,墨子主张非攻。墨子有11篇论文,全讲防守技术,只讲守,不讲攻。自称是弱者,不思进取,只想保全。死不旋踵,死守不退。守城之具比公输般的攻城之具先进,司马迁说他善守御。墨子墨守成规,一味死守挨打,否定主动进攻的积极意义,不理解最好的防御就是进攻。老子认为,战争是不得已的事情,如果弱者被迫卷入战争,在战略上不得不采取不武守势,但并不排除战术上主动出击。受这一观点启发,我认为,两军对峙,决不开第一枪的主张值得研究。古代战争,当君子不当小人,礼让三分,先让你打一拳,我刀枪不入,再行还击。可是,现代战争,突发的第一次打击,往往是毁灭性的,被消灭了还能还手吗?

第七十章

古 文	今 文
吾言甚易知， 甚易行。 天下莫能知， 莫能行。 言有宗，事有君。 夫唯无知， 是以不我知。 知我者希， 则我者贵， 是以圣人被褐（pīhè）怀玉。	我的言论很容易理解， 很容易实行。 天下却没能理解， 没能实行。 我的言论有宗旨，有根据。 只因没有理解， 所以缺乏认识。 了解这种思想的人很少， 能实践的更是难得， 故圣人身穿粗布烂衫，怀揣宝玉无人识。

我的理解

本章可与第 81 章一起，作为全书结束语，与第一章遥相呼应。

第一章曰："玄之又玄，众妙之门。"全书一共说了三个玄字：玄道、玄德、玄同。本章则说："吾言甚易知，甚易行。"看似说话前后矛盾，到底是深不可识，还是易知易行？老子曰："言有宗，事有君。"我说的都是有根有据的，虽然玄之又玄，经过逐章逐句讲解，应该还好理解，好实行。许多事情，不知道，不理解，就觉得玄。一旦知道了，理解了，就不玄。

任何事物都有两面性，既复杂又简单。世上最复杂莫过于宇宙，但它的原理最简单，老子用一个字、一句话就概括了。这个字就是"道"，这句话就是"道生万物，万物负阴而抱阳，冲气以为和"。电脑复杂吧，其原理就是 0 和 1。有人说："哲学看似复杂，其实就那几句话。"

反之，许多看似简单的事情，实际却很复杂。例如玄同，不是一两句话能说清楚的。同工同酬，按劳分配，看似简单，实际复杂。每天都要接触的商品，一手交钱，一手交货，简便易行，公平交易，天经地义，熟视无睹，实在看不出有什么名堂，马克思却能从中研究出《资本论》。老子曰："治大国，若烹小鲜。无为而治，爱民治国。"所谓治国理念，看似复杂，却很简单，但统治者就是做不到。"是以圣人被褐怀玉。"所以，聪明人要透过现象看本质。

第七十一章

古　文	今　文
知不知，尚矣。	知道自已有所不知，是最好不过了。
不知知，病矣。	没有知识，却自以为有知识，许多人常犯这种毛病。
圣人不病，	圣人没有这种毛病，
以其病病。	但担心自己也犯有这种毛病。
夫唯病病，	只有担心自己犯这种毛病，不讳疾忌医，
是以不病。	才不会犯这种毛病。

我的理解

本章："知不知，尚矣。不知知，病矣。"与《论语》子曰："知之为知之，不知为不知，是知也！"的认知态度，表面相同。但认知的内容，截然不同。孔子为了事君，追求的是如何当官治民的知识。老子则为了替老百姓说话，对玄之又玄的常无、常有，欲以观其妙，欲以观其徼，有着强烈求知欲望。

第七十二章

古　文	今　文
民不畏威，	如果民众不怕权威，
则大威至。	则统治者就大难临头。
无狎（xiá）其所居，	不尊重民众的居家生活，不让民众安居乐业。
无厌其所生。	不满足民众合理生活所需，不让民众活下去，民众就会反抗。
夫唯不厌，	只有不贪得无厌，不欺压百姓。
是以不厌。	民众就不会讨厌，不会反抗。
是以圣人自知	所以，圣人要有自知之明，
不自见，	不要只看重自己，
自爱不自贵，	自爱，但不要把自己看得太高贵。
故去彼取此。	所以要去掉自见、自贵，选择自知、自爱。

查字典

1. 狎
亲近而态度不庄重，狎侮。

2. 厌
厌恶，厌倦，厌烦，厌世，讨厌；满足，贪得无厌。

我的理解

哪里有压迫，哪里就有反抗。这种革命道理，在两千多年前，老子就领悟到了。

第七十三章

古　文	今　文
勇于敢则杀，	有勇气，敢蛮干，乱砍乱杀。胆大妄为，敢贪污受贿，敢冒天下之大不韪，终将招来杀身之祸。
勇于不敢则活。	战胜自我，放弃私利，后其身，外其身，也需要勇气。要勇于不敢，不敢以权谋私，不敢蛮干，不敢妄为，不敢拿群众一针一线，反而能存活。
此两者，或利或害。	此两者，或利或弊，请选择。
天之所恶，孰知其故？	天下民众所憎恶的是什么，谁知其中缘故？
是以圣人犹难之。	所以，圣人选择难以做到的后者：勇于不敢。
天之道，	普遍规律是：
不争而善胜，	不争权夺利却善于胜利，
不言而善应，	不夸夸其谈却善于应对，
不召而自来，	规律不以主观愿望而转移，不是想招它来，它就来。不想招它来，它就不来。而是不招自来。
禅然而善谋。	坦然而善谋，公开、公平、公正，是阳谋而不是阴谋。
天网恢恢，疏而不失。	天网无边，宽松却一个不漏。

我的理解

　　本章主要讲无为：不敢、不争、不言、不搞阴谋诡计。老子认为，勇敢有两种：

　　一种是第 67 章说的"慈故能勇"。这种勇敢是建立在慈爱的基础上，当儿女遇到危险，能挺身而出，勇敢地护卫自己的孩子。"夫慈，以战则胜，以守则固。"第 49 章："以百姓心为心，百姓皆注其耳目，圣人皆孩之。"这种对百姓的爱，产生的勇敢，挺身而出，保护老百姓利益，是战无不胜的。

　　另一种勇敢是不敢。这真是奇谈怪论，不敢是胆小的懦夫，不敢是勇敢吗？老子说，是的，不敢也是一种勇敢，勇于不敢。因为战胜自我，放弃私欲，后其身，外其身，不敢蛮干，不敢妄为，不敢鱼肉百姓，不敢拿群众一针一线，也需要勇气。

　　"天之所恶。"天下民众所厌恶的是什么？有勇气，敢蛮干，乱砍乱杀；胆大妄为，敢贪污受贿，敢冒天下之大不韪。这不是勇敢，而是罪恶。"勇于敢者杀，天网恢恢，疏而不失。"

　　天下民众最欢迎的是什么？是无为、不敢、不争、不言。"不召而自来，禅然而善谋。"胸怀坦荡，不搞阴谋诡计。为人民服务，不召而自来，服务上门。

第七十四章

古　文	今　文
民不畏死， 奈何以死惧之。 若使民常畏死，而为奇者。 吾得执而杀之， 孰敢？ 常有司杀者杀， 夫代司杀者杀， 是谓代大匠斫（zhuó）。 夫代大匠斫首， 稀有不伤其手矣！	民不怕死， 用死来威胁又有何用。 如果有奇恶者，用恐怖手段，使民众经常受到死的威胁。 我要是执政，就把他抓来杀掉， 谁敢？ 常有主管生杀大权的官员，叫人替他杀人。 那些替人杀人的人， 就像替木匠砍木头一样砍人头，残忍之极。 那些替统治者斩首的人， 少有不砍伤自己的手啊！

我的理解

　　本章表达出老子的立场，显然是站在老百姓一边，反对统治者滥杀无辜的。第31章："胜而美之者，是乐杀人者。杀人之众，以悲哀莅之。"打胜仗就美滋滋的人，是喜欢杀人的人。杀人之多，悲哀将莅临自己头上。"夫代大匠斫首，稀有不伤其手矣！"那些替统治者杀人的人，少有不伤到自己的手。都说老子是忍辱退让，胆小怕事，谦下不争，静默不言的窝囊废。然而，慈故能勇，当老百姓的生命受到威胁时，慈眉善眼的老子却横眉冷对曰："吾得执而杀之，孰敢！"

第七十五章

古　文	今　文
民之饥， 以其上食税之多， 是以饥。 民之难治， 以其上之有为， 是以难治。 民之轻死， 以其上求生之厚， 是以轻死。 夫唯无以生为者， 是贤于贵生。	民众饥荒， 是统治者食税过多造成的， 所以饥荒。 民众不服统治， 是统治者胡作非为造成的， 所以难治。 民众之所以冒死反抗， 是统治者过分追求生活享受造成的， 所以不怕死。 只有活不下去，把生死置之度外的人， 胜过贪生怕死的人。

我的理解

纵观历史，哪次起义不是不得已的事情。凡是反抗暴力，乱子闹得最大的地方，都是土豪劣绅、不法地主为恶最甚的地方。革命家是怎样造就出来的呢？革命者并不是一开始就是革命的，他们是被反动派逼迫革命的。没有法子，被逼上梁山。起义者并不想去梁山落草为寇，但反动派杀死了很多人，他们无路可走，最终走上了革命之道。

老子在本章提出三个问题，并一一做了回答：为何民饥饿？以其上食税之多，不是天灾，而是人祸；为何民难治？以其上之有为，不是民难治，而是官妄为；为何民轻死？以其上追求享受之甚，逼得民众无以生为。天下大乱，要从统治者身上寻找原因，是统治者贪得无厌，横征暴敛，官逼民反，民众不得已，轻死反抗。所以，要治国治乱，首先要治官而不是治民。

孔子相反，《论语》曰："无礼则乱。"孔子认为，天下大乱，礼崩乐坏的根源是，人而不仁，好勇疾贫。不安分守己，安贫乐道，遵守礼制。孔子的逻辑是，为政必先正名，以别同异，明贵贱。否则，名不正，言不顺，则事不成，什么事都不好办。事不成，则礼乐不兴。礼乐不兴，则刑罚不中。刑罚不中，则民无所措手足。故治乱必先治民。礼之用，和为贵。不以礼节之，亦不可行也。故必须以礼节之，使之不好犯上作乱。

谁为老百姓说话，谁为统治者说活，其立场还不清楚吗？

第七十六章

古　文	今　文
人之生也柔弱， 其死也坚强。 草木之生也柔脆， 其死也枯槁。 故坚强者死之徒。 柔弱者生之徒。 是以兵强则灭，木强则折。 强大处下， 柔弱处上。	人活着的时候是柔弱的， 死后变僵硬。 草木活着的时候也柔软脆弱， 死后也变得枯槁。 可见，坚硬者是死亡之徒。 柔弱者是活着的人。 所以，以兵逞强则灭，树木强盛坚硬则被砍伐。 强弩之末，正在走下坡路。 新生事物，如婴儿柔弱，却有很强生命力。正在上升阶段，处于优势。

我的理解

　　许多注家认为：本章主要讲老子的贵柔、处弱、戒刚思想。我则认为：主要讲新生事物。

　　通常我们认为：坚强好，软弱不好。谁都希望自己身体强壮，谁愿像林黛玉那样弱不禁风？老子却从另一个角度告诉我们，事情往往没那么绝对。有时候，坚强反而不好，柔弱没什么不好。例如："木强则折，兵强则灭。"人和草木活着的时候是柔弱的，死了就坚强。老子把新生事物比喻成柔弱者、具有强大生命力的婴儿是生之徒；把旧事物比喻成坚强者，貌似强大，却是物壮则老的死之徒。在这种情况下，谁愿坚强，不愿柔弱呢？

　　第 43 章："天下之至柔，驰骋天下之至坚，无有入无间。"第 78 章："天下莫柔弱于水，而攻坚强者莫之能胜，以其无以易之。弱之胜强，柔之胜刚。"老子首先看到新生事物，虽然柔弱，却具有无坚不摧，攻无不克，战无不胜的力量。首先认识到强大处下，柔弱处上，新生事物终将代替旧事物的历史趋势。

　　有人喜欢用"舌柔在口，齿刚易落"。"木强则折，狂风却吹不断柳丝。"来诠释柔弱胜刚强。这样解释不通，老子没做过如此肤浅的比喻。因为狂风不但能吹断柳丝，而且会连根拔起；人死后，舌头都烂光了，牙齿还在，又做何解释？老子所说的强大处下，柔弱处上，新事物终将代替旧事物，是指整体的、历史总的趋势。并不是所有柔弱都能胜刚强，不排除新生事物被扼杀在摇篮之中。因此，柔弱胜刚强要有条件：在战略上要藐视它，不要因为自己弱小而失去信心和勇气；在战术上要重视它，不要轻敌，集中力量打歼灭战。

　　老子之所以看问题比我们全面深刻，是因为他掌握了辩证法，能辩证地看问题，既看到这一面，又看到另一面，不为常识或习惯性定向思维所局限。

第七十七章

古　文	今　文
天之道，其犹张弓与？	天道不就像张弓射箭吗？
高者抑下，下者举之。	高了放下来，低了举上去。
有余者损之，	有多余的，减一点。
不足者补之。	不足的补上。
天之道，	天道自然，
损有余而补不足。	减有余而补不足。
人之道，则不然，	人道则不是这样，
损不足以奉有余。	剥削吃不饱的人，供奉吃饱有余的人。
孰能有余以奉天下？	谁能将有余的财富，无私奉献给天下？
唯有道者。	有道德的人能做到，统治者是做不到的。
是以圣人为而不恃，	所以，圣人为百姓办事而不白吃百姓。
功成而不处，	有功而不居功自傲，
其不欲见贤。	他不想显示自己的贤能。

我的理解

　　本章主要讲用平衡解决分配不公的问题。平衡不是绝对平均，不是绝对平等。有物理平衡、心理平衡。方法是：逐步调节。

　　老子认为：天之道是非常公平、公正的，损有余而补不足；人之道则不然，损不足以奉有余。第38章：孔子力挺不平等礼制，这种人之道，是愚之始，乱之首，必须攘臂而扔之。马克思《资本论》曰："只要还有一块肉，一根筋，一滴血，可供榨取，吸血鬼就决不罢休。"第75章："民之饥，以其上食税之多；民之难治，以其上之有为；民之轻死，以其上求生之厚，使民无以生为，活不下去。""民不畏死，奈何以死惧之？故民不畏威，则大威至！"不平等，分配不公，是动乱的根本原因。官逼民反，老百姓活不下去，不得已，才起来造反。历代农民起义，无不提出"均贫富，等贵贱"要求平等的口号，没有一个是按照儒家不许犯上作乱，不平等礼教办事的。宋代起义领袖王小波曰："吾疾贫富不均，今为汝均之！悉招乡是富人大姓，令具其家所有财粟，据其生齿足用之外，一切调发大赈贫乏。"钟相曰："法分贵贱贫富，非善法也。我得法，当等贵贱，均贫富。"太平天国提出："凡天下田，天下人同耕。"建立"有田同耕，有饭同食，有衣同穿，有钱同使，无处不均匀，无处不饱暖的太平天国"。

老子的"三玄"：玄道、玄德、玄同，充满"均贫富，等贵贱"的平等思想。之所以玄，是说老子主张的平等，不是绝对的平等，而是玄同，同之下有异，平等之下有不平等；不是绝对的平均，而是冲气以为和的平衡。这种情况就像射箭，只是把有余部分拿出来补不足。高者抑下，下者举之。这是一个逐步调节，使之趋于平衡的过程。第32章："天地相合，以降甘露，民莫之令而自均。始制有名，名亦既有，夫亦将知止，知止可以不殆。"老子实事求是地主张天地相合，即当官的和老百姓，上下和合，以降甘露，万众将自宾。在这种情况下，当官的比老百姓工资高，住房宽，生活好，老百姓是会接受认可的。而当官的也应该为腹不为目，知足常乐，适可而止，不要无限制地扩大分配不公。第61章："两者各得其所欲，大者宜为下。"双方都没有越过心理平衡的底线，各得其所，相安无事，就不会有动乱。矛盾双方，当官的人是矛盾主要一方。

但是，如果当官贪得无厌，鱼肉百姓，巧取豪夺，贪污腐败，据天下为己有，过着荒淫无耻的糜烂生活。富的越富，穷的越穷。穷人体无遮羞之衣，肚无果腹之食，住无立锥之地，弄得妻离子散。到了如此悲惨境地，民不畏威，则大威至。讲什么忠孝礼乐仁义道德，不许犯上作乱，有用吗？

历史上有许多改革家，应用了本章张弓射箭的原理，调节分配不公，损有余以奉天下。例如魏相李悝，采取改革措施："夺淫民之禄，以来四方之士。食有劳而禄有功，使有能而赏必行。谷贵则伤民，谷贱则伤农。设常平仓，则虽遭饥馑、水旱，籴不贵而民不散，取有余以补不足。"北宋王安石变法革新："因天下之力，以生天下之财。取天下之财，以供天下之费。"其方田均税法目的是，去疾苦，抑兼并，更趋农。

第七十八章

古　文	今　文
天下莫柔弱于水， 而攻坚强者莫之能胜， 以其无以易之。 弱之胜强，柔之胜刚。 天下莫不知，莫能行。 是以圣人云： "受国之垢，是谓社稷主。 受国不祥，是为天下王。" 正言若反。	天下没有比水更柔弱的东西， 而攻坚强者没有什么能胜过于水， 水具有无坚不摧的力量，没有什么能代替。 水滴石穿，弱能胜强，柔能胜刚。 对此，天下没有不知道的，现实却行不通。 所以，圣人说： "为国家承受屈辱的，才配得上是社稷之主。 为国家担当兴亡重任的，才能成为天下领导者。" 正面的话好像说反了。现在的王者，都缺乏这种忍辱负重，忧国忧民的精神。却还在当社稷主、天下王。

我的理解

　　本章分两段，前段讲柔弱之水，后段讲社稷主、天下王。前后似乎没有关联，其实不然。

　　一滴水是微不足道的，太阳一晒，就蒸发了。但是，团结起来，汇成洪流，却具有无坚不摧的力量。老百姓作为个体是柔弱的，只能任人宰割。但是，团结起来，作为整体，却有战无不胜，攻无不克的力量。总体的趋势是，柔弱胜刚强，新事物终将代替旧事物。老子首先看到人民的力量，一方面鼓舞老百姓，战略上藐视敌人，树立必胜的信心和勇气。另一方面，让社稷主、天下王知道，老百姓比统治者有力量。统治者不要以为自己强大、有权，想干什么就干什么，"无为"就是不能为所欲为。烹小鲜，鱼肉百姓，贪污腐败，最终是"民不畏威，则大威至"。可见，前后两段还是有关联的。

　　因为《道德经》大都是反向思维、反常识、反常规、反世俗的言论。所以，许多注家把"正言若反"理解成，老子故意把正面的话反着说，其实是误解。老子并没有故意把正面的话反着说，而是正面的话被误为说反了。老子提醒我们："请不要以为，我把这两句正面的话说反了。"一句是柔弱胜刚强，新事物终将战胜旧事物；另一句是能忍辱负重，担当兴亡重任的人，才能成为社稷主、天下王。因为在当时，人们看到的却是群雄争霸，弱肉强食，刚强胜柔弱；腐败无能的人正在当社稷主、天下王。所以，认为老子把话说反了。老子这两句正确预言，两千五百年后才得以证实。

　　事物的正面、表面往往易见、易知，故被认为是正常、正面的东西，受到重视；而反面、本质的东西难懂、难知，往往被认为是反常、反面的东西，受到忽视。例如：通常认为强好，弱不好，强可荣华富贵，软弱受人欺。故对名利、地位、权势，趋之若鹜，刻意追求。第13章：世俗认为，宠为上，辱为下。故受宠荣耀，惊喜若狂；失宠受辱，惊恐万状，失魂落魄。老子却说："及吾无身，吾有何患？"我没身份，没乌纱帽，我怕什么？

第七十九章

古　文	今　文
和大怨， 必有余怨。 报怨以德， 安可以为善？ 是以圣人执左契， 而不责于人。 有德司契， 无德司彻。 天道无亲， 常与善人。	调和大怨恨， 必有余怨。要彻底解决矛盾， 只有以德报怨。否则，冤冤相报，何时了！ 不这样做，怎么妥善解决问题？ 所以，圣人手执债单， 而不强行逼债。 有德就像圣人，手执债单不逼债。 无德就像税官，天天逼税，逼得百姓活不下去。 天道虽然六亲不认，但不偏心， 常与人为善。

我的理解

统治者收税，不是取之于民，用之于民。而是用于荒淫奢侈的生活，以及庞大的军费开支。他们杀鸡取卵，竭泽而渔，横征暴敛，是谓盗夸。第75章："民之饥，以其上食税之多。"搞得人间都是怨。老子不反对收税，而是反对食税之多，逼得百姓无以生为。

税收的积怨太深，矛盾尖锐，如何解决？老子认为："和大怨，必有余怨。"调和矛盾，矛盾还是存在，不能彻底解决问题；以直报怨，冤冤相报，何时了；无德司彻，官逼民反，安可以为善？只有报怨以德，欲取之，必先予之。想收税，必先给百姓一条活路。就像圣人一样，手执税单，不强行逼税。天道虽无亲，但常与人为善。

第八十章

古　文	今　文
小国寡民。	小国寡民，削弱诸侯力量。
使有什伯之器而不用。	使诸侯无法使用武力，发动战争。
使民重死而不远徙。	使民众用不着冒死远徙逃难。
虽有舟舆，无所乘之。	虽有车船，不需要乘坐。
虽有甲兵，无所陈之。	虽有甲兵，不需要布阵。
使民复结绳而用之。	恢复纯朴，过上没有战争的宁静生活。
甘其食，美其服，	吃得好，穿得美，
安其居，乐其俗。	安居乐业。
邻国相望，	国与国之间，不是枪炮声，
鸡犬之声相闻，	而是鸡犬之声相闻。世世代代友好相处，
民至老死不相往来。	老死都不再打仗。

我的理解

这是最受误解，倍受批判的一章。专家几乎异口同声说："小国寡民"是老子虚构的理想国度。在这个国度里，即使有先进的什伯之器也不用；虽有车船等先进的交通工具也不乘；"使人复结绳而用之。"回到没有文字，结绳而治的远古时代。老子反物质文明、反精神文明、反动透顶、妄图开历史倒车，要人们回到茹毛饮血、野蛮蒙昧的原始社会。过着鸡犬之声相闻，老死不相往来，自给自足，保守封闭，贫穷落后的生活。

不过，也有人欣赏老子描绘的田园风光。例如，陶渊明在他的传世名篇《桃花源记》中描写了坐落在桃花溪发源地山林深处，一个"不知有汉，无论魏晋"，脱离现实，与世隔绝，自给自足，没有战乱，没有官府苛捐杂税的世外桃源。

还有人感到愤怒，我们都希望国家强大，老子却希望分裂成许多小国寡民。这种误解，可能源自古代与现代，国家概念之不同。当时，东周王朝相当于中央政府，管辖的领地叫天下，相当于现在的国家。而诸侯管辖的领地叫国，大夫管的领地叫家，相当于省级地方政府。老子提出小国寡民的主张，目的是分裂诸侯国，从而削弱诸侯力量，使之无力发动战争，称王争霸。这种主张不是分裂天下，恰恰相反，是维护天下集中统一。

小国寡民的主张，到西汉时期才得到应用。刘邦夺取政权后，实行郡县、分封并行制。中央直辖 15 郡，分封 9 个诸侯王，最终酿成"七国之乱"。文景二帝和汉武大帝，运用小国寡民的原理，分别推行"削藩策""推恩令"，削弱诸侯力量，从而平定诸侯之乱。文景二帝把无为定为国策，开创文景盛世，使西汉成为我国历史上三大强盛朝代之一。而汉武帝独尊儒术，改无为国策为有为，长年征战，使西汉从此走向衰亡。汉武帝晚年觉悟到自己错了，还发布罪己诏，但为时已晚。

春秋无义战，都是诸侯发动的争霸战。根据老子的设想，实行小国寡民，诸侯无力发动战争，则天下太平。使有什伯之器而不用，虽有甲兵，无所陈之。老百姓也用不着乘车乘船，拖儿带女，冒死远徙逃难。这里说的是没有战争，用不着抓壮丁，派甲兵，使用先进武器去打仗，用不着乘车乘船去逃难。显然，说老子反对使用先进技术，反对物质文明是无端指责。邻国之间，不是枪炮声，而是鸡犬之声相闻，世代友好相处，老死也不相打仗。这里讲的是战争与和平，不是讲什么田园风光，世外桃源。

复结绳而用之，只是一种比喻。实为主张恢复上古年代，见素抱朴，少私寡欲，那种良好道德风尚。老子不会愚蠢到有文字，能写会算不用，非要去结绳记事。《老子》五千言也不是结绳记事写成的。

老子的理想社会是具有物质文明的甘其食，美其服，安其居；具有精神文明的乐其俗。试问茹毛饮血、野蛮蒙昧的原始社会有甘其食，美其服，安其居，乐其俗的幸福生活吗？老子的理想社会不正是我们正在建设的双文明社会吗？老子的理想社会既不是原始社会，也不是孔子做梦都想复辟的西周奴隶制社会。子曰周监于二代，郁郁乎文哉，吾从周，我爱其礼。孔子曰周之德，其可谓至德也已矣。西周奴隶社会是孔子心目中最完美的理想社会。

第八十一章

古　文	今　文
信言不美，	忠言逆耳，良药苦口，可信的实话不美。
美言不信。	甜言蜜语，漂亮的空话不可信。
善者不辩，	大辩若讷，善者不争辩。巧舌如簧的辩者不善，口蜜腹剑，糖衣炮弹，
辩者不善。	不安好心。
知者不博，	有知识的人，不卖弄自己博学，一瓶水不响。
博者不知。	卖弄博学的人，实际无知，半瓶水乱响。
圣人不积。	圣人不积累私产。
既以为人己愈有，	帮人己越有，
既以与人己愈多。	助人，付出越多，收获越大。
天之道，	天道自然，
利而不害。	利而无害。
圣人之道，	圣人之道，
为而之争。	为而不争。

我的理解

　　本章可与第 70 章一起，作为全书结束语。告诉我们，如何明辨是非。哪些话可信，哪些话不可信；哪些事可做（有为），哪些事不可做（无为）。为人、与人、为而不争，这都是有为的事情。可见，老子是主张有所作为，并非无所作为。帮助别人，充实自己；天道自然，利而无害；圣人之道，为而不争。

后　语

退休后，终于有时间做自己喜欢的事情。"皓首穷经"，琢磨起国学经典。我查阅了许多资料，顺手写下读书笔记，二十年来竟有些积累。两千多年前，当世界许多地方还处在茹毛饮血、野蛮无知的年代，我们的老祖宗已经写出这么多经典著作。一方面，我深深体会到传统文化的博大精深；另一方面，我又发现历来注家，对这些经典有太多误解。例如：《老子》开篇第一个字，什么是道；第一句话"道可道，非常道。"什么意思；第一章讲什么？自古以来，注书不下千百种，却没一本说清的。《老子》《庄子》是为老百姓说话的书，却被说成是神仙道书。《周易》是哲学之书、预测之书、汤武革命之书，却被说成是封建迷信卜筮之书。

又如《论语》子曰："我未见好仁者，恶不仁者。"儒家都自称是爱好仁德，厌恶不仁的人，孔子却说没见过这种人，岂不是否定自己？至今还没有哪本注书能作出合理解释，而我做了不同的注解。在先秦古籍中，我发现："民"往往泛指人，并不单指老百姓，其中也包括统治者。而《孟子》所说的民，是指拥有五亩之宅、百亩之田恒产的文王之民，显然是指奴隶主，而不是孟子所说的野人、小人、劳力者，或者现在所说的老百姓。

此外，我发现公孙龙不是名家，是儒家。惠子不是名家，是道家。荀子不是儒家，是法家。许多人都以为法家只主张以法治国，其实法家主张的是法、术、势一整套治国方略。法家的哲学和变革的主张与道家、墨家类似，不同的是道墨两家为老百姓说话，法家和儒家都以礼制为统治者说话。儒家为不变革的旧统治者服务，法家为变革的新兴统治者服务。阴阳家不是抽签爻卦的算命先生，而是主张变易，预测未来，为变革的新兴统治者服务的学派。墨家不是侠士组织，而是有严格组织纪律的革命团体。墨家在统治者残酷镇压下，有的被迫转入地下，有的成为行业帮会。所谓诸子百家，实际只有道、儒、法、墨、阴阳五家。而兵家、农家、医家、杂家、纵横家只是行业专家，够不上是哲学派别。所有这些，都是历史的误会。

这些发现，都有事实依据。针对这些误解，我撰写了《怎样读懂老子》《怎样读懂庄子》《怎样读懂周易》《怎样读懂论语》《怎样读懂孟子》《怎样读懂公孙龙》等书稿。我一生碌碌无为，对社会没有什么贡献。希望能出版，留给后人一点有用的东西。人们总认为：道是神仙之道，礼是文明礼貌，为这两个字，已经争论了千百年，说不清，道不明。厌倦了，到此为止，不想再争论了。我认为：不能因为说不清，就放弃探索求是。要传承传统文化，这个问题是回避不了的。涉及信仰什么，传承什么的大问题，不说清楚，百姓就无所适从。

观点不同，不怕争论，只为求真。彼此切磋，互相促进，共同提高。学术上，还是应该坚持百花齐放、百家争鸣的方针。如果只栽一种花，只唱一个调，学术就难以繁荣发展。

传播优秀传统文化，是国家和中华民族思想建设的一件大事。

《诗经·黍离》曰："知我者谓我心忧，不知我者谓我何求。"我已年高八旬，将不久于人世。秋后蚂蚱，能活几天？这把年纪，还求什么名利，无所谓啦。我忧心的是：这么多误解，至今尚未纠正，岂不是要把《老子》这么有用的书，继续当神仙道书而弃之不用？